40日間のスピリチュアル・ワーク

ある日、わたしの魂が開いた

イアンラ・ヴァンザント
荒木美穂子訳

ナチュラルスピリット

はじめの言葉

ある日、わたしの魂が開いた
そして不思議なことが始まった
それはとても説明できないこと
わたしは今までにないほど泣いた
多くの母親のように涙を流しながら泣きつづけた
わたしはもう感じることさえできなかった
感覚がなくなるまで泣きつづけたから

ある日、わたしの魂が開いた
わたしは誇らしさに圧倒された
わたしの誇りは神だけが知っている
生まれたてのわが子に栄光を感じる、
誇らしさに満ちた多くの父親のように
わたしは顔じゅうをほころばせて笑った

ある日、わたしの魂が開いた
わたしは笑いはじめた
永遠と思われるまで笑った
特におもしろいことが起こったわけではなかった
でも、とにかくわたしは笑った
まるで百万人の子供たちが泥んこになって遊んでいるような
大はしゃぎで笑った
わたしはお腹が痛くなるまで笑った
神さま、なんて気持ちがいいんでしょう

ある日、わたしの魂が開いた
そこには啓示があり、殺戮があり、決意があり、
疑い、裏切り、復讐、許しの感情がよみがえり、
いつのことだかわからないけれど
かつてわたしが生きていた場所で見たこと、
したことの記憶がよみがえった
わたしが生きたいくつもの人生があり
わたしが愛した人々がいて

わたしが戦った闘争があり
勝利した戦いがあり
敗北した戦争があった

ある日、わたしの魂が開いた
そしてすべてを吐き出した
わたしが隠していたものも
わたしが否定していたものも
わたしが切り抜けてきたものも
今までに起こったことのすべてを

ある日、わたしの魂が開いた
そしてわたしは決意した
わたしはもう準備ができている
十分準備ができている
わたしは人生を神に委ねよう

それで、わたしは魂を開いたまま座り

神に対して書き、告げた
わたしは神に人生を委ねる、と

——ゲムミア・L・ヴァンザント

序文——ベールを剥ぐ

わたしは人生の謎がすべてわかったと信じていました。夢にみた仕事をして、すてきな家に暮らしていました。恋人との関係は安定していたし、子供たちは普通の10代の若者でした。ところがある朝、目覚めてみたら、自分が惨めだということに気がついてしまったのです。何か特別な事件があったわけではありません。でも、何かが確実に起こったのです。その夜眠っているあいだに、自分自身に正直になろうと決めたのです。わたしは自分の仕事が嫌いでした。誰も知っている人のいない新しい街で孤独でした。わたしは既婚の男性とつき合っていました。そして自分のことを恐ろしい母親だと感じていました。子供たちに負わせた長年の心の傷を埋めてやることさえ、まったくできずにいたのです。外側から見れば、わたしはとてもうまくやっているように見えました。みんながそう言ってくれるのだから、どうして疑う必要があるでしょう。彼らの言う通りよ、とわたしはいつも自分を納得させていたのでした。

やがて惨めさ、混乱、絶望が心の中でどんどん大きくなっていき、頭はぼんやりとしてきました。機嫌が悪く、仕事でも攻撃的になり、闘争的ともいえるほど負けず嫌いになっていました。眠っているあいだにこれ以上の真実が現れてきたりしないように、毎日わたしは懸命に自分自身をすり減らしていたのです。不毛な関係であっても、それが終わってしまったら生きていけないと信じて必死にしがみついていました。

実際、心がおかしくなっていたのです。わたしは正気を失い、人生をよりよくすることを拒絶していました。わたしはおかしくなり、物事を歪めて考え、真実を半分しか認識せず、他人の意見で頭がいっぱいでした。まるでお腹をすかせた犬のように惨めでした。わたしはおかしくなり、母親に怒り、父親を憎み、兄弟に憤慨し、わたしを傷つける闇の中で、あらゆる物事、あらゆる人をコントロールしたいと思いました。その時は何が自分に起こっているのかわかりませんでした。たてつづけに不運に見舞われてばかりだわ、と考えていました。そして自分の人生が粉々に砕けてしまったことに気づいたとき、正気を失った人なら誰でも陥るところにはまっていきました。わたしは心底うんざりして、ぼろぼろになりました。一時的に心がおかしくなっていたのです。

心がおかしくなっている時には不思議なことが起こるものです。まわりの人々はあなたがおかしいままでいられるようにしてくれるのです。あなたの怒りを認めて、その状態が続くように手を貸すのです。あなたが自分の身に起こったことを人々に話した結果、彼らはなぜあなたが怒っているかを知ります。すると、彼らはどうすると思いますか。あなたと一緒に怒り出すのです。ますますあなたの怒りを助長するように仕向けてくれます。おまけにお酒をおごろうとまで言います。あるいは、その時にあなたの心がおかしくなっていることに気がつく人もいます。その人にも、あなたは自分が怒っているわけを話します。当然、毎日のようにその人に電話して、複雑に変化する状況を告げます。そうすることによってあなたは怒りと混乱の状態をさらに継続させることになります。彼らはどうするでしょうか。あなたに提案をします。こうしなさいとか、こう言いなさいとか忠告しはじめるのです。確かにその時はなるほどと思えるでしょうが、いざその通りに実行したり言おうとするやいなや、あなたの混乱はピークに達し、狂気に陥って、精神年齢0歳の状態にまで退行してしまうのです。

その時には気づかなかったのですが、わたしは幸運でした。わたしの混乱、怒り、狂気をただちに見抜いた一人の人物が人生に現れたからです。この人はきわめてすぐれた直感の持ち主で、わたしの重大な弱点を指摘してくれました。その弱点とは、わたしの「恐れ」でした。コントロールを失ってしまうという恐れ、人に判断されるという恐れ。それにこれは認めたくなかったのですが、罰せられるのではないかという恐れ。とても重要だったのは、その人はわたしの奥に成長の必要性を見て取ったということです。わたしには変化する必要があったのです。わたしは何もかも意味がわからなくなってしまう、いわゆる魂のトワイライトゾーンに入ってしまったことを彼は見抜きました。しかし、すべてに完璧な意味があったのです。わたしは旅の途上にいました。その旅を続けるには大胆な心、強靭な精神、力あふれる魂が必要でした。この人はわたしの話を聞くと、たった一つの、しかも必要とは思えないような提案をしました。「魂を開いていなさい。あなたが考えているより、もっと重大なことが起こっているのです」……ああ、これは一体どういうことなのでしょうか。

そんな状態をやっとのことでやり過ごし、一度はよくなりかけましたが、再びうまくいかなくなりました。仕事を変え、パートナーを変え、髪を切り、15キロ体重を減らした結果、一時的には改善されたのですが、またもや悪くなったのです。でもその過程にあっても、本当は素晴らしいことが起こっていました。それは、「何も悪くなってはいない、ただ変化するだけなのだ」ということに気づける能力と、それに気づく習慣が養われたことです。自分が混乱しそうになっている最中でさえ、あらゆることはいつもあるべき姿そのままなのだ、という考えを信じていられるようになったのです。もしわたしの心が異常をきたすという運命なら、そうなっていったでしょう。おそらく、わたしは眠っている時に自分を支えつづける一つの気づきを得たのです。それは、「わたしのとなりを一緒に歩いてくれているのが誰なのかを知ったら、二度と恐れることはない」というものでした。もしもその瞬間が正確にわかっていたなら、わたしはパーティーを開いていたに違いありません。今、わたしはこう信じています――そのとき、わたしの魂が開き、聖霊がわたしの人生に入ってきたのだと。

わたしは、何千何万という人々に会ってきました。それらの人々は、わたしの経験から見ればまったくまともでない人生を送っているとしか思えません。もちろん、入院の必要があるような精神病患者ということではありません。けれどもみんなとりつかれたように、自分の人生やすべての関係者をコントロールすることに躍起になっているのです。そして自分を駆り立て、もっと多くをこなし、よりよくなろうと努め、向上しようと頑張りつづけています。彼らは不幸なことに正気をなくしてしまっているので、実際に自分が向上したり、よくなったり、またはより多くを得たりしても、まだ十分とは考えられません。多くの国々では、大人たちの間にこんな病いが流行っています。つまり能力も技術も十分ある人々が、自分は惨めな仕事に縛りつけられていると感じているのです。その病気ゆえに人は騙し騙されるような人間関係に陥り、虐待され、無視され、自分の品位を落とし、見過ごされ、そのほか例にあげきれないほど非人間的な状況に縛りつけられています。ここでいう「病気」とは、誰が自分のとなりを歩いているか、誰が自分の中に住んでいるか、という記憶を失ったために自分の魂を閉ざしてしまったというものなのです。

あなた自身、あるいは知り合いの誰かにこのような兆候が見えたら、気をつけてください。当の本人は、自分は大丈夫と確信して歩き回っているかもしれませんから。あなたもすでに知っているように、多くの精神的疲弊者はそのように歩き回っています。「万事うまくいっている」という仮面の下に、魂を食い荒らすような恐れ、混乱、惨めさという悪質な病原菌が巣くっているかもしれないのです。魂が食い荒らされると、毎日がつらい労役となります。そういう状況にあると、他人の重荷を背負ったり、犠牲者になったり、典型的な脅迫者になったりしがちです。そして万一、あなた自身か知り合いの誰かに、何かがうまくいっていなかったり、何もかもうまくいかないという状況があったら、注意してください。これは混乱がその人をのっとり、心を曇らせ、魂を破壊する機会をねらっているという最初の兆候なのです。まさにその人の一部が閉じようとしているところです。それは生き残るための必要からくるのですが、こうした兆候が見える時に最もふさわしいアドバイスがあります。「魂を開いていなさい。あなたが考えているより、もっと重大なことが起こっているのです」

わたしがこの本を書いたのは、一時的に精神的疲弊に陥っている人々の支えになり、案内役になりたかったからです。わたし自身の経験が語っているように、それは本当に一時的なものだとわたしは知っているのです。人生は時に、自分が耐えられる以上の、または望んだ以上の重荷となります。その原因は、わたしたちが対処できないからではありません。どう対処していいかわからないからなのです。自分に混乱が忍び寄る前にこの本を選んだ、賢明で勇気ある読者のみなさんは、この先待っていることに対処する準備ができているでしょう。また二度と狂気じみた体験はしたくないという読者の方々も、このセラピー的なアプローチから多くの洞察を得るでしょう。あなたがどちらであるにせよ、自分が開かれて、本来は誰であるのかという叡智にしっかりと根を下ろせるようになるために、わたしが最も効果的だと発見したことを、この本であなたと分かち合いたいと思います。特に、人生に何かしら起こったためにそれを忘れさせられてしまったような時には、この本はとても役に立つでしょう。

人生で本当に大切なことを見つめつづけて過ごすこの40日間は、個人の成長と強い魂に向かう道のりの最初の一歩にすぎません。もしもあなたが、かつてのわたしのように混乱の真っただなかにいるとしたら、40日間のプロセスを終えるのに6カ月かかってしまうかもしれません。それでもいいのです。必要な時に、必要なぶんだけ進んでください。あまりに多くの光、多くの真実がどっと一度に入ってくると、まぶしすぎて何も見えなくなってしまうかもしれません。この本は、必要とされている時にその人の手に入るようになっています。魂についての40の原則は、あなた自身とその人生にまったく新しい視界を開いてくれるでしょう。以前のわたしのように、ぼろぼろになるまで苦しまないでください。頭で考えようとしないことです。新しい考え、新しい感情は、すぐには現れてきません。この本のプロセスは、これまでの考え方や感じ方がもはや今の自分には当てはまらないことに気づいたとき、初めて手に取ることができる新しい方法なのです。人によっては、40日間ではちょっと物足りなく感じるかもしれません。心の正常さが失われていると、複雑なものほどよいと考えがちですが、まったくそんなことはありません。40は神秘的な数字であり、混乱を癒す力を持っています。

あなたがもしここに書いたような精神的疲弊に陥っていて助けがほしいと思うなら、大歓迎です。あるいは、自分にはそんな経験は一度もないけれど、この方法で助けたい人がいるというなら、やはり大歓迎です。また、もしもあなたがこの本を誰かからプレゼントされて、それがなぜなのかわからないという場合には、その答えのヒントをこの本から見つけてください。それも大歓迎です。わたしたちは、もはや混乱や狂気が何の力も持たないところに向かう旅に乗り出しているところなのです。そこでは、今まで必要だとか、ほしいとか思ってきたことのすべてが消えてしまうでしょう。親愛なる友よ、わたしたちはあなたの魂の内に入っていこうとしています。

ある人にとって、この旅はあっという間の楽しいひとときでしょう。啓示がもたらされ、あふれるような理解がもたらされ、41日目にはきっと友人や家族や愛する人たちに何かを分かち合わずにはいられなくなっているでしょう。またある人にとっては、この旅路は恐ろしく、険しいものになるでしょう。時にはもう続ける必要はないと思うかもしれません。この旅をやめたいという誘惑にかられ、やるべきことをいくつか忘れることもあるでしょう。この本から得るものなど何もないと自分に言い聞かせるかもしれません。あるいは、もしかしたらお給料日の前日に誰かに本を盗まれて、新しい本を買えないという状況さえ招くかもしれません。その日こそ、まさにあなたに素晴らしいことが起こっているのです。きっとあなたのために人生が根本から変化していることがわかるでしょう。その日、あなたの足元から喜びが噴き出してきて、そのせいでこの本をどこかに置き忘れたのかもしれません。あなたのためにもう一度、支援と激励の言葉を書きましょう。

「魂を開いていなさい。あなたが考えているより、もっと重大なことが起こっているのです」

毎日のプロセス

この40日間の旅で必要とされる時間は、毎日たったの30分です。朝のエクササイズのために20分、夜のエクササイズのために10分。もちろん30分以上かかってもかまわないのですが、30分以下では短いかもしれません。わたしの経験からいうと、何かを始めて忙しくなる前に、起きたらすぐ朝のエクササイズをすることをお勧めします。寝室を出るとあなたの波動はまったく変わってしまいます。外向きの波動になるのです。あなたが外向きの波動に変化しはじめると、立ちどまってこの本を手にするのを阻むようなことが次々と起こるでしょう。これだけわかったらもう始める用意ができました。必要なものは、この本、ペンまたは鉛筆、そして蛍光ペンか色鉛筆を2色です。眠りに就く前にベッドのそばにこれらの物を置き、意識と心をそこへ向けるようにしておきましょう。

まず、朝目覚めたら、邪気を取り払うために深呼吸を五つから七つしましょう。鼻から息を吸って、口から吐き出しながら「あ〜〜〜」と声を出します。それから、寝そべったまま天井の一点を見つめ、体を落ち着かせて、普通に呼吸してください。もういいと感じたら、ゆっくりと上半身を起こします。頭を3、4回、右と左に回しながら、首の筋肉をゆるめましょう。そしてもう一回深呼吸をしてください。これで用意ができました。

この本にある40のテーマ(原則)のそれぞれには「あなたに役立つ定義」が記されています。この定義は、言葉の普遍的でスピリチュアルかつ形而上学的な意味に基づいたものです。このワークを行なう人のすべてが、ここに取り上げたテーマについて共通の理解を得られるように書かれています。この定義で辞書の意味を書き換えようとしているわけではありませんし、あなたの知性を試そうとしているのでもありません。この本はあなたの魂の道を開こうとするものです。ですから、ここで探求し取り上げるテーマはそうした観点から書かれています。

「あなたに役立つ定義」を読んだら、続けてその日のテーマについての解説を読んでください。あなたにとってすでによく知っているところ、真実だと思ったところ、まったく新しいと思ったところに蛍光ペンか色鉛筆の一色を使って線を引きましょう。また、抵抗を感じたり、ばかげていると思ったところには、もう一色の蛍光ペンや色鉛筆で線を引きます。

そして、解説を読み終わったら、「朝のワーク」のページを開いてください。このページには読んだ直後の反応や感想を書けるようになっています。また、あなたが解説で線を引いたところや、印象に残ったところ、湧いてきた感情を書き出すのもいいでしょう。

「朝のワーク」に続き、「朝のアファメーション」があります。これはその日のテーマをあなたの意識に統合するのを助けるための肯定的な祈りです。「朝のアファメーション」は、あなたの精神を変化させ、その日あなたが何を経験するかを決定する力を持っています。声に出さずに、あるいは大きな声で、何回でも好きなだけ読んでください。印象的な言葉に線を引いてもいいでしょう。「朝のアファメーション」を一度読んだ後には少し黙想の時間をとり、そのとき読んだことが、あなたの意識の一部になるのを待ってください。これはあなた自身や人々のために静かな祈りを捧げるのに最も適したひとときです。「祈り」と「読むこと」であなたの意志の方向性が定まります。これはエネルギーを集中させる素晴らしい方法なのです。あなたは今、一日を始める準備ができました。慣れてしまえば、この朝のプロセスは20分もかからないでしょう。

この本を持ち歩くにしても、家に置いたままにしても、その日のテーマをあなたの活動に統合できるような言葉が載せてあります。それは「今日のポイント」と題されたところで、一日のテーマを思い出すために、その日の解説に含まれる考えが数行にまとめられています。もしあなたが本を持ち歩くなら、必要な時いつでもそこを開いて読むことができます。本を持ち歩かないなら、インデックスカードにこの文章を書いておいて、バッグやポケットに入れておくといいでしょう。この文章はあなたがそのテーマを実行することを一日中助けてくれます。

夜のプロセスはもっとシンプルです。夜眠る前に、その日のテーマの解説をもう一度読んでください。あなたの一日を振り返り、その日のテーマ(原則)を使ってうまくいったこと、反対にあまりうまくいかなかったことを思い出しましょう。原則が有効に機能した時と機能しなかった時をはっきり見きわめるようにしてください。そうすることで「夜のワーク」を完成させる準備ができます。「夜のワーク」の質問と文章には、あなたの目をもう一度テーマに向けるためのガイダンスと考え方が載せてあります。そのテーマを、その日一日の生活体験にどのように応用できたか、できなかったか、そしてその時どう感じたかなど、思い浮かんだことを何でも書いてください。それはすべてあなたの魂の旅に関係あることなのです。書くというプロセスを通して、そのテーマは形あるものとして姿を現し、あなたが扱える確かな真理となります。

「夜のワーク」を終えたとき、あなたはそのテーマを卒業します。でも、もしそのテーマがまだ理解できなくて、もっと続ける必要があると感じたらそうしてください。翌日あなたが目覚めた時に、同じテーマをもう一度始めましょう。そして理解したと感じたら、次のテーマに進んでください。

もちろん、あなたはこの本に書かれた順序を気にせず、その日の必要性に最も適したテーマを選ぶこともできます。必要を感じたら、一つか二つのテーマをずっと続けてもかまいません。あるテーマについて、探求したり生活に応用しようとする際に理解できなかったり、穏やかな気持ちでいられなくなったり、抵抗や恐れを感じることがあるかもしれません。でも気にすることはありません。気づいているか、感じているか、信じているかどうかにかかわらず、あなたの心はすでに新しい考えに向かって開かれ、成長への道を歩んでいるのです。それに本当のことを言ってしまえば、どのテーマ一つとっても新しい考え方とは言えません。なぜなら、あなたはここに書かれていることを実はすべて知っているのですから。事実、この本はずっと昔あなたの魂に刻み込まれたことを思い出すために書かれているのです。

一つ、言っておいたほうがいいでしょう。それは、この本の考えを取り入れはじめると、あなたの人生が大きく変わってしまうということです。残念なことに、その変化はすべてがよく思えたり感じられたりするものばかりではありません。しかし、それもプロセスの一部なのです。魂のワークを学び、理解し、実践したからといって、人生で通過すべきレッスンを免れることはできません。新しいことをやり始め、新しい考え方を試み、この知識をあなたの人生に積極的に取り入れていくなら、それは奥深い学びのプロセスとなります。あなたがこのプロセスを続け、知識を取り入れることを学ぶにつれ、一つの考えは他の考えと結びつき、全体が関連しあって一そろいの有効な思考の基盤を形成するでしょう。あなたは自分の魂の礎《いしずえ》が何であるか、何であったかを思い出すのです。あなたの礎――この基盤は新しい体験に取り組む力を与え、古い経験の「結果」に情熱をもって直面する勇気を与えてくれます。

人生とこのワークがうまくいっているとき、あなたはとりたてて何も起こっていないように感じるかもしれません。それは素晴らしいことなのです。あなたの人生がうまく機能している時には、劇的な大事件はあまり起こらなくなるでしょう。そのようにドラマティックな出来事、衝突、混乱がない時期は、永続的な変化が起きるチャンスでもあるのです。いつもあなた自身に忍耐強くあってください。あなた自身に優しくあってください。すべてのことは、あなたにとってよい方向へ動いているのを知ってください。あなたが魂の光の方向へ一歩踏み出せば、魂はあなたのほうへ五歩あゆみ寄るのです。

ある日、わたしの魂が開いた＊目次

One Day
My Soul Just
Opened Up

phase 1
神をたたえましょう　23

phase 2
あなた自身をたたえましょう　101

phase 3 人をたたえましょう 175

phase 4 感じていることをたたえましょう 243

Phase

1

神をたたえましょう

*

親愛なる神さま、
今日、わたしの言葉を通してお話しください。
今日、わたしの想念を通してお考えください。
今日、わたしの行ないすべてを通してお働きください。
わたしをあなたの器としてお使いください。今日、そして永遠に。
今日、そして永遠に。

神をたたえましょう

わたしは人生のほとんどを、神への怒りに費やしてきたと言ってもいいでしょう。誰でもそんな気持ちになる時はあるかもしれません。でも、わたしは怒っていない時には混乱するか、そうでなければ恐れているかでした。キリスト教の影響下で育ったので、神を形のない、自分の外側に存在するものと考えていました。神とは強大で荒々しく、わたしが落ち込めば襲いかかってつかまえようと待ち構えているとばかり信じて育ったのです。わたしを「つかまえる」とは、母がわたしにしたように、苦しみを与え、ほしくて好きでたまらないものを取り上げたり、または人間なら誰でもありがちな誤った不適切な行ないをしたという理由でまったく認められず、受け入れてもらえないことです。わたしは人生のどこかで、「神さまはきっとわたしにご不満なのだろう」と考えるようになりました。でも、わたしにはもう、その時にはどうでもよくなっていたのです。なぜなら、わたしのほうでも神に対して何の魅力も感じなくなっていたからです。

「神を信じる」とはどういうことでしょうか。神はどこにでもいて何でも見ているという、子供時代に抱いたイメージは大人になるまで続きました。神はわたしがキャンディーを盗むのを見ていました。神はわたしが男の子とキスするのを見ていました。神はわたしが汚い言葉を使い、煙草を吸い、お酒を飲み、乱れた生活をしているのを知っていました。神はわたしが上司に祖母や親戚が死んだと嘘を言い、子供にも嘘をついたのを知っていました。そしてもちろん神は、わたしが母親に何度も何度も嘘をついたのを知っていました。そのほかにもたくさんの理由から、神はわたしのことを本当に怒っていると信じ込み、わたしは神を畏怖していました。その神の怒りは、現実の人生の成り行きや危機的状況のなかで証明されているとわたしは勝手に結論づけていました。神は16歳のわたしを妊娠させました。そして、わたしを殴り、置き去りにし、また殴りに戻り、騙し、また置き去りにするだけの男と結婚させました。神はわたしにひもじい思いをさせ、ホームレスにしました。神はわたしが本当にやりたかった仕事につくことを拒みました。そうです、わたしは滅多に神さまと話をしませんでした。そしてたまに話をすると、神はいつもわたしがしたこと、またはしなかったことに関して罰しているように思えたものです。わたしはどちらの理由で罰せられているのかはわからなかったのですが、いずれにしても、神はわたしの信仰を試しているのだと信じ込んでいました。

わたしはなんとか神の善良な子になりたいと努力しつづけました。祈りはすべて機械的に暗誦していました。詩篇第23篇。主の祈り。わたしは聖書を開くことなく、詩篇91篇をほぼ全部暗誦することができます。知っている言葉はもちろん大声で、自信のない言葉でも小声でなら言うことができたのです。それにわたしは多くの人々に深い味わいと安らぎを与える賛美歌や霊歌を知っていました。「主よ、わたしの手をお取りください」「アメージング・グレース」「汝のそばへ神が」「イエスこそわが友なり」……神よ、もうこのへんでいいでしょう。わたしはほんのちょっと神のことに触れるだけで、恐れでへなへなになってしまうのでした。でも、神さまに好い印象を持ってもらいたい時には、イエスの名がたくさん出てくるこうした歌を大声で歌いました。わたしが神のことをよく知って信じているふりをすれば、神はわかってくださると思っていました。神にたてついたり、神に批判的な人々をいかになだめるかも心得ていました。

わたしは「神は最善を知っている」と口にし、「あなたのために祈ります」と言って、そんな人々に好感を与える方法を知っていたのです。わたしは祈り方を知っていると、本当に思っていました。祖母や聖人たちが教会で祈るのを聞いて、そうした人々の指導に従ってきたからです。わたしは習ったことをどのように実行すれば神さまを喜ばせることができるかを知っていると信じていたのですが、しかしその実、心の奥深くでは自分がゲームをしていることもわかっていました。わたしは神を信じたかったのです。でも本当のところ、神を信じるとはどういうことなのか、わたしにはわからなかったのです。

祖母の口癖は、「神さまの名を軽々しく口にするものではありません」と「神さまを試してはいけませんよ」でした。無意味に見える多くの宗教的慣習のなかでも、これは特にわたしが困惑させられたものです。もし神が遍在しており、絶大な力を持っておられるなら、神はもう、わたしが怒り、混乱し、恐れていることを知っているはずではありませんか。もし神がそのことを知っているなら、祖母がいつもそう信じていたように、なぜその瞬間にわたしの命を奪わないのでしょうか。もし神がわたしにも愛を持ってくださっているとしたら、なぜわたしを助け、守り、もっとましな導きをしてくれなかったのでしょうか。そしてなぜ神は善良な人々に不幸がふりかかるのを黙って見過ごすのでしょう。それに悪かった人間がまさに善い行ないをしようとしているその時になって、なぜその人を罰しなければならないのでしょうか。わたしはこうした問いへの答えがほしかったのです。しかし何にもまして、わたしは人生全体に関する疑問であった、「神を信じるとはどういうことか」という問いへの答えを求めていました。それはあまりにも大きすぎて、とうてい計り知ることのできない問いでした。それでわたしは多くの人々と同じように、神を疑い、締め出し、拒絶し、追い払ってしまいました。でも、そんなことをしても少しも楽にはなりませんでした。何が起ころうとも恐れずに、ただやるべき時にやるべきことをするだけ。そう考えることがわたしには救いでした。それは理にかなったことに思えました。そして、神は一部の人だけのものだというひそかな信念をいっそう強くしたのです。もちろん、その特別な「一部の人々」にわたし自身は含まれていませんでした。

わたしにとって、あらゆることが変わってしまった日がいつだったのか、思い出せたらいいのですが。そのとき、わたしは何の本を読んでいたのでしょう。そのとき、どんな歌を聞いたのでしょう。そのとき、これが真実だと大きく心に響いた言葉は何だったのでしょうか。その言葉はすべての問いに答え、わたしの人生における神聖な存在としての神という、それまでとはまったく異なった視野を授けてくれました。わたしはそのとき、困難のさなかで苦しんでいたことを覚えています。打ち明けますが、自分がそこで何を信じていたにせよ、その深い絶望のどん底でわたしは腹ばいになりながら神のもとへ帰ったのです。わたしは本当に自分でも祈りの名人だと思います。「神さま、もしあなたが今回わたしを助けてくださったら、わたしは二度と再び神さまを困らせないとお約束します。今度こそ、本気です」と祈りました。わたしは重い病気に罹っていたわけではありません。つまり死の恐怖におののいていたり、肉体的な癒しを必要としていたわけではありませんでした。また、わたしの子供たちが危機に瀕するということもなかったので、そのことで神との結びつきが強められたわけでもありません。経済的な豊かさを求めていたわけでもありません。わたしは人生の大半を貧困のなかで生きてきて、神は貧しい人々にはお金を与えないという結論に達していたのです。また、わたしは恋人に戻って来てほしくて神のもとに帰ったわけでもありませんし、絶望による感情的な窮地から逃れるためでもありませんでした。わたしの人生で実際に神の存在を感じた日に思い出せることと言えば、それは心の中の、きわめて静かな「知っている」という感覚だったのです。あるいはまた、わたしの人生を永遠に変えてしまう導きとなる、何か深遠な考えだったかもしれません。それが何だったか、いつだったかはともかく、わたしはついに神さまと仲直りしたのだ、と疑いの余地もなく知った体験でした。その体験は、「神を信じる」とはわたし自身の内なる神の存在に気づき、それを認めることだと教えてくれたのです。

何年にもわたって、それ以前の愚かな選択や誤った決心のすべてを認めるという苦痛の日々が続きましたが、今では、「神さまはわたし自身の中にいて、わたしのことを信じてくれている」とわかります。これについてはユニティ・ビレッジの創始者であるチャールズ・フィルモア氏に感謝しています。「一つの心のみが存在する。わたしたちはその心、すなわち神聖な神の心の一つひとつの現れなのだ」ということを、今のわたしは心の底から信じています。そしてまた、わたしたち一人ひとりは神の心の独特な表現として、神聖な使命と目的を達成するために生きているのだと信じています。わたしたちはみな一つの神の心がそれぞれに表現された存在なのですから、自分が直接認識できることを超えて何かを求められたり、知らなければならないという必要はないのです。ラルフ・エマーソン氏、ジョエル・ゴールドスミス氏、ハワード・サーマン氏、エリック・バターワース氏、エミリー・キャディ氏に感謝します。そしてエルビス・プレスリー、あなたの歌と言葉によって、わたしはここまで連れて来てもらいました。今では人生で失望、混乱、大きな不幸というようなものにぶつかった時でも、「神さまはわたしがお願いする前に、わたしに必要なものを知っておいでだ」ということがわかります。イエスよ、感謝しています。わたしはやっとわかったのです。神はわたしをつかまえようとしていたのではなく、わたしとともに歩み、そして他の人々を愛すると同じようにわたしを愛してくださっていたのだと。そして何にもまして、わたし自身の内なる魂に感謝しています。それはわたしが自分で課した罰を享受している間にもずっと、わたしを導き、わたしに道を示し、辛抱強くそこにいてくれたのです。そのため、ついにわたしの心は自分よりも大きな「一つの心」、つまり「魂」の存在に向かって開かれたのです。

神を信じるとは、どういうことでしょうか。それはあなた自身の内なる神をたたえるのを学ぶことです。これは簡単な仕事ではありませんが、どんな努力にも値します。今やわたしは、神聖なる存在が自分の一部として生まれつき備わっていると信じ認めるとはどういうことかを知っていますが、それでもまだ昔に逆戻りして、恐れや思い込み、混乱などに陥ってしまう時があります。正直言えば、問題にばかり気をとられ、よきことや神の存在を忘れてしまうこともあります。ただ、今ではどうしたら心を静かにして問いを発し、答えを聞けるかを知っているのです。わたしは「どこにいようと、神さまがそこにいて、わたしを信じていてくださる」と常に思い出すようにしています。こういう時こそ、心が静かになり、魂が解き放たれて高く舞い上がります。そのとき、わたしの中で神の存在が息づき、平和で幸福な感覚に満たされているという静かな宣言を、確信をもってすることができるのです。その瞬間をもたらすための魔法の公式はありません。また、そこへ到達するための決まったやり方というものもありません。しかし、誰にとっても真実と思われる必要なことが一つあります。それは神を知りたいという切なる望みを持つことです。その望み以外のものに基づくことは不可能です。どんな理由であれ、それを望むという以外の理由から、それを望むことはできないのです。とても単純明快なことです。

神を信じ、聖なる存在を抱きしめるとは何を意味するのでしょうか。あなたはきっと、つまずくこともあるでしょう。何を求めているかを忘れ、昔の習慣や思いにまっさかさまに転落するかもしれません。でも恐れることはありません。それは自然のことなのですから。古いやり方を改め、新しいやり方に変えようとすれば、必ず今までの古いやり方があなたを引き戻そうと、あらゆる手段をつくして挑みかかってきます。あなた自身にも、まわりの人たちにも、いつも忍耐強く、愛情深くあることを忘れないでください。神は常にわたしたちに対してそのようにしています。恐れにのみ込まれ、息苦しくなり、頭がくらくらする時もあるでしょう。自分にはコントロールできないという恐れや、ぼろぼろになってしまうという恐れ、または、これまで慣れ親しんだ居心地のよいことを捨て、馴染みのない居心地の悪いものに馴染んでいかなくてはならないという恐れ。ある指導者がわたしに言いました。「居心地よい時というのは成長していないのです」生命の神聖さに触れるところまであなたが成長したいなら、思いきり深呼吸して、歩みつづけなければなりません。

あなたは、前のめりに倒れるかもしれません。一生懸命祈れば祈るほど、信頼しようとすればするほど、そして神聖な心で神に身を委ねれば委ねるほど、自分の人生が悪くなっていくように感じることもあるでしょう。それまで順調にいっていたことが駄目になるかもしれません。あるいは、うまくいっていなかったことが、もっと打ちのめされるような状況になるかもしれません。でも、それは罠《わな》なのです。表面的な出来事に惑わされないでください。あなたが思い起こせる言葉や文章、祈り、ひとかけらの信頼や信じる心をいつも携えていてください。あなたは試されているわけではないのです。強くなる機会を与えられているだけです。失敗はあり得ないということを思い出してください。すべての小道は一つの道に通じています。それは平和と喜び、神による無条件の愛の記憶へと通じる道です。

なぜ、とあなたは自問するでしょう。なぜわたしはこの旅がしたいのだろう、と。どうして物事がうまくいっている時にわざわざ神を探しにいこうなどと思うのでしょうか。それはあなたがすでに知っていること、学んだことの、さらにその先へ進もうとしているからです。なぜ神は今あなたを助けるのでしょうか。あなたにとってそれは何を意味するのでしょうか。わたしはこうした問いを自分自身にいく度となく投げかけました。そしてたくさんの答えをもらいました。そのなかには、わたしを恐れと混乱に陥れた古い宗教や古い信念からくる答え、つまり、わたしが神さまのところへ行かなければ、神はある日「わたしをつかまえに」来る、というものもありました。あるいは、神は素晴らしい、神は最善を知っている、と必死に自分に信じ込ませようとしたことも何回もありました。自分の思ったように物事が進まないとき、わたしは憤慨し、平静ではいられませんでした。でも、数多くの問いに対する一つの答えに、わたしは衝撃を受け、それが鮮烈な印象となって長く心に残ったのです。「あなたが神を頼りにしているように、神もまたあなたを頼りにしている」というものでした。生命の聖なるエネルギーである宇宙の創造主は、神があらゆる人に与えているよきことを、わたし自身が表現することを必要としておられるのです。わたしは「世界の光」であり、神はわたしがこの知恵の光で輝くことを望んでいます。神はわたしがそれを実現できると信じています。そうなったとき、何も失うものはなく、反対に得るものは世界中にあるのだとわたしは気づきました。あなたも、ほんの少しの信じる心と信頼と努力によって、それが真実だと悟る日が来るでしょう。

day
1
「真実」によって神をたたえましょう

＊あなたに役立つ定義

今日のテーマは「真実」です。真実とは絶対的なもので、生命を支配する原則である神の意志の表現であり、その意志に調和しています。真実は、きのうと同様に今日も、そして永遠に同じです。神に関する真実の全容は、すべての生きとし生けるものの心の奥底に存在しています。真実の基本原則とは、一人ひとりの心が「神の心」と永遠に結びついているということです。一人ひとりの気づきが広がり、聖なる真実の概念を抱くようになるにしたがい、真実は解き明かされていきます。

真実について

わたしは多くの嘘に囲まれて育ちました。母は、わたしが人生を送るうえで知っておいたほうがいいと思ったことを教えてくれました(神さま、お母さんに祝福を！)。母の言葉により、わたしは苛酷な世の中の現実から自分自身を守るため、心によろいをつけました。いとしいお母さん、不幸なことに、あなたがわたしに教えてくれたことは、わたしの存在の真実にはまったく関係ないことでした。そして自分の母親がその本質において嘘を言っているという事実を受け入れるのは辛いことでした。でも、もっと苦しかったのは、その母の教えを忘れ、真実、神の真実を見出すことでした。わたしは教わったことのすべてを見直し、宇宙の真実に照らし合わせてみなくてはなりませんでした。それに最も残念なことに、その真実までが、教会や夜のニュース番組によって歪められているのです。

世の中はきびしい。誰も何も与えてはくれない。人生で望みをかなえるためには必死に働かなくてはならない。人を信用してはいけない。用心しないと人に利用される。ほかの誰よりも優れていなければならない。人より目立たなくては誰にも気づかれない――これが両親とその友人たちがわたしにたたき込んだことです。それらのすべては、わたしが女であったことによる彼らの期待の低さから来ていました。母も父も祖母も、自分たちはわたしに正直に話し、教えていると思っていたし、わたしもそうだと信じていました。ところが不幸なことに彼らの教えは、わたし自身のものの見方も手伝って、人生に大きな混乱をもたらしたのです。

彼らのヒステリックなまでの自己防衛的な教えのなかにも、長い目で見れば役に立ったものもあります。それらは最初は混乱を招き、わたしを無力にするだけでしたが、やがて永続的な意味と力を持つようになりました。特に、「あなたの最初の考えに従いなさい」がそうでした。わたしは、「どうして自分の声なんか聞かなくてはならないの。わたしはこんなつまらない人間なのに。生まれつき原罪を背負っているんですもの。神の注目を得られるのは選ばれた人だけで、それはたいていは男だわ。わたしは若すぎて何も知らないし、そのうえ女なんだし」と思っていました。それから、古典的なことわざに「あなたがしてほしいことを、あなたの隣人にしてあげなさい」というのがありました。でも、ちょっと待って、隣人って、わたしを破滅させようと待ちかまえている人たちではなかったでしょうか。わたしに襲いかかり、信頼を裏切り、持っているものを奪い、見捨てる。そんな人たちに対して身を守らないで、いったい彼らのために何をしろというの、というのがわたしの思いでした。さらに、忘れてはいけないのは、「イエスはあなたたちの罪のために召されたのです。もし天国へ行きたければ、イエスを救い主として受け入れなくてはなりません」という教えでした。ほかの人たちはどうかわかりませんが、わたしはこの言葉によって死の恐怖が湧いてきたものです。自分が何かをしたために、しかもまったくそうと気づかずにしてしまったことのために誰かの命を奪ってしまったと考えると、罪の意識でいっぱいになりました。今でもわたしは罪悪感にさいなまれていると、それに関して自分がしたこと、しなかったことを思い起こさせるような人に会うのが辛くなります。そのほかにも、子供ごころに焼き付いた、十字架に掛けられたキリストのイメージは罪の意識を呼び起こし、彼はなぜ自分自身を救わなかったのだろうかと思ったものでした。イエスはそんな大変なことも避けられなかったというのに、どうやってわたしを救えるのでしょうか。メッセージ。イメージ。わたしには矛盾としか思えないことばかりで、本当は自分が到達したかった真実に立脚した場所から、どんどん遠ざかっていきました。

「あなたは自分自身の手で真実を探さなくてはならない」これはバハイの信仰について教えてくれた友人の力強い言葉です。真実を探求する旅へのはなむけの言葉です。真実だと教えられてきたことに向き合い、検証し直す勇気を持つと、受け入れた意味の背後にひそむ本当の真実を発見せざるを得なくなります。ただ一つの永遠の真実を発見し、それを悟ることは、あなたの心を満たし、目には涙を誘い、その瞬間あらゆる間違った信念を根こそぎ取り去ってしまうのです。真実を見出したと思った瞬間、どうしてそれが真実だとわかるのでしょうか。「羊はいつでも羊飼いの声を知っている」のです。もっと重要なことには、まさに母たちが言ったように、「真実はあなたを自由にする」からです。真実は、神の心における神聖な発想の出発点へとあなたを連れ戻してくれるでしょう。真実は、あなたが人生のさまざまな過程で身につけた習慣的な恐れから解き放ってくれるでしょう。真実はあなたがすでにそうであるもの――神――以外である必要をなくします。真実とともにあれば、何かを得るために必死でかき集めたり戦ったりする必要はないことがわかるでしょう。真実とは、わたしたちはすでに必要なものを与えられている、という気づきです。真実は、一番シンプルな形で言えば、「これをやれ、あれをやれ、今やれ、早くやれ」という精神をすべてなくします。真実はあなたをただ「存在」させてくれます。あなたが誰で、いつ何をしていようと、みんなが目の色を変えて探しまわっている天国は、自分自身を受け入れることで実現するのです。真実への個人的探求は、真実は永遠であり、首尾一貫していて信頼でき、愛から生まれたものであるという、議論の余地のない確信にまでわたしを到達させてくれました。わたしは「真実についての真実」を発見することで、母を許せるようになりました。母は自分がよいと思うことをしてくれただけだったのです。

それと同じ理由から、わたしが人生や自分自身について誤解するきっかけになった他の人たちのことも、すべて許すことができるようになったのでした。

真実についての考察

わたしは、自分自身で真実を探求しました。その結果、ある共通の概念を見つけ出すことができました。どんな宗教のテキストにも、またどんな自己啓発の本やニューエイジの文章にも出てくる考え方がいくつかあります。もちろんそれらはいろいろな表現で書かれています。表向きは楽しい物語になっていて、その奥に深い意味がこめられているものもあります。また挑戦的で、あえて人を試すような、まるで睨みつけるような感じの記述もあります。でも、わたしはそれらの言葉を読んで納得しました。どんな形式で表現されているかにかかわらず、人生は生きるに値するものだという、ある一定の共通した概念が浮かび上がってきたのです。わたしはこれを「真実についての考察」と呼んでいます。

考察1

神は生命である。神は魂である。神は心である。神は、生命、魂、心を統御する唯一のものである。

考察2

神はわたしたちの内に、そして生きとし生けるものすべての内に宿る。つまり、生命あるすべての存在が、神の本質である心、魂、生命のユニークな表現なのである。

考察3

わたしたちにあるのは時間だけで、時間はわたしたちの味方である。そのために、わたしたちはいく度も同じことを繰り返したり創造し直す機会として人生を与えられている。

考察4

神がわたしたちを罰することはない。わたしたちが自分の生まれ持っている神聖な性質に従わない行動を選択したとき、わたしたちが罪の意識、恥、恐れで自分自身を罰するのだ。

考察5

人生のあらゆることには神聖な秩序がある。このため、人生のある時点において自分がいるところは、まさに自分の意識と人生の神聖な展開によって、自分がいるべきところなのである。

考察6

人生は、人智を超えた宇宙の原則(自然の法則とも呼ばれる)の働きに気づくための体験が繰り広げられるように設計されている。わたしたちが、原則が作用していることに気づき、その原則と調和して生きるようになれば、人生での体験を理解しやすくなる。

考察7
神が人々を祝福するのではない。わたしたちが人生、自分自身、神について考えていること、感じていること、信じていることの作用によって、豊かさ、平和、喜び、幸福、愛として神の恵みを受け取るのだ。

考察8
わたしたちの人生は、みずからの意識的選択および無意識的選択を映し出す鏡である。選択しないことは人生を放棄することである。

考察9
すべての人は神聖な目的を達成するために生まれてきた。そして、神はその目的を達成するために必要なことは何でもわたしたちに与えてくれる。

わたしがそうだったように、誰もが人生について信じていることの真実をある程度発見することは可能でしょう。わたしたち全員にとって最も難しい試練とは、毎日、毎瞬、どんな状況であっても、自分が信じている通り生きられるようになることだと思います。人々はいつも神の分身のように行動できるわけではありません。時には、今経験していることの唯一の論理的・合理的根拠はあたかも処罰としか思えないこともあるでしょう。締め切りや時間的な制約が厳しくて、みじんも猶予が与えられないこともあります。

また、聖なる法則の代わりに「人間の法則」をあてはめてみると、物や資源の分配が非常に不公平に思えることもあるでしょう。しかも、あなたが他の人からされていることを今度はあなたがしようとすると、精神的に問題があると見なされたり投獄されたりする可能性が口を開けて待っています。そして、自分のまわりのあらゆる人が、今まで通りのやり方で――つまりできるだけ速く、どんなことをしてでも、何が何でも、できるだけ損をしないように――生活しているとき、神の分身であることを自分の人生に当てはめて生きることなど本当にできるのでしょうか。答えは簡単です。絶対にうまくいきます！「見て！わたしは新しいことをしている。わたしは宇宙の真実を生きている」神の完璧で不変な真実を手放さず、あなたの存在と人生のあらゆる側面に取り入れることによって、あなたは習慣の鎖から自由になります。神の完全な、しかもユニークな分身であることを毎日自分に思い起こさせていけば、前よりも物事にうまく対処できるようになっていることに気づくでしょう。このワークを実践することで、あなたの魂は真実を思い出し、それを実行に移せるようになるのです。

●朝のワーク●

今日の「真実について」を読んで気づいたことは、

今日、心にとどめ、取り組んでみたいことは、

■朝のアファメーション■

今日わたしは、真実がわたしに示されることを願います。
真実は永遠です。真実はわたしの魂の本質です。真実はすべての生命の
神聖なる源にわたしを結びつけてくれます。
今日、わたしは真実の存在を迎え入れます。それはどんな環境のもとでも、
すべての状況でわたしが何をするべきか知っている宇宙の知性です。
今日、何がわたしの前に現れても、わたしを導き守ってくれる、
愛、パワー、平和、喜び、叡智に基づいた大きな真実があるのを
わたしは知っています。
今日わたしは、分離感、制限、混乱のあらゆる考えを照らし出す光として
真実の存在を呼び出します。
今、真実の光がわたしの心を満たし、どんな物理的な問題よりも
大きな存在である、神の力と存在をわたしに思い出させてくれます。
今日、わたしは真実を語ります。真実を聞きます。
わたしが出会うすべての状況のなかに神聖なる真実を見出します。
真実は神聖で永遠で、すべてを知る不滅のものであり、今わたしを自由にし、
存分に、完全に、豊かに生きられるようにします。
今日、わたしに明らかにされた真実に感謝します。
心から感謝します。

■■今日のポイント■■

神は真実である。真実は神聖である。

真実は永遠で一貫している。決して変わることはない。

神は生きとし生けるものすべての内に宿る。したがって、わたしが見るものすべての根底には神聖で永遠の真実がある。

真実は物質レベルでのどんな問題よりも大きい。

真実とは、神がわたしを信頼しているということである。

●● 夜のワーク ●●

わたし＿＿＿＿＿＿＿＿が自分自身の真実を知りたいと望むことは、

わたし＿＿＿＿＿＿＿＿が真実を知りたいと望むことは、

わたし＿＿＿＿＿＿＿＿が真実として受け入れることは、

day 2

「信頼」によって神をたたえましょう

＊あなたに役立つ定義

今日のテーマは「信頼」です。生命が維持され、必要なものが与えられるという完全なる信頼を神に寄せることです。神の存在は究極のよきことであると思考と感情で認識し、受け入れることこそ、何より強く、どこにいてもできることなのです。

信頼について

誰かを信頼することと、信用することには大きな違いがあります。最初、わたしはなかなかその違いがわかりませんでした。けれども胸が張りさけそうな苦しい思いを何回もして、失望を限りなく繰り返したあとで、その違いがはっきりとわかったのです。誰かを信頼する時は、その人を神聖なエネルギーの表われとして認識しています。その人が何をしようとも、その人の存在の中心においてその人が誰であるかは変わらないことを知っていて、できる限り最高の光でその人を見ようとします。それと同様に、たとえわたしに何があっても、わたしの中心において自分が誰であるかは変わることがありません。わたしは、

「人」を頼みにするのでなく、人々の内にある「神聖な存在」を信頼することを学んだのです。そして相手とともに、相手のために、その魂に宿る真実の光は永遠に輝きつづけるということを、最終的に知ったのです。

けれども誰かを信用している時というのは、その人が言葉通りに行動することを期待していて、それはたいてい自分自身のためなのです。その時には、ほとんどの場合、自分に必要だと思うものを相手が持っています。あるいは、自分自身が相手から何かを奪われることによって害を被るかもしれないと信じています。つまり神よりも、相手の言葉や約束した行動のほうを信じているのです。人間というものは、内面的な恐れや罪悪感、恥の気持ちからさまざまなことをしがちだとわかっていながら、わたしたちはなぜお互いを信用するのでしょうか。それは、すべての状況に「聖なる存在」を招き入れるのを忘れてしまうからです。たとえ「聖なる存在」を招き入れても、自分の信頼が裏切られた時には、「人」を責め、その経験を神聖な学びの機会と受けとめることはまずありません。

わたしはこの違いについて初めて人に説明する時に、とても苦労しました。友人の一人に、ドラッグ中毒のお兄さんを持つ女性がいました。彼女は何回も兄にリハビリをさせようとしましたが、その試みはすべて失敗に終わりました。そして何カ月も家族と音信が途絶えた後、お兄さんがある日とつぜん戻って来ました。彼は健康で、ドラッグからきれいに足を洗ったように見え、その状態を続けようと努力していると妹に確信させました。兄は妹に住む場所がないことを告げ、彼女は自分自身の恐れ、罪の意識、恥から、兄を自分の家に住まわせることにしました。その後何週間も彼は仕事を見つけようと「努力」しました。彼女は食事を提供し、着る物を買ってあげ、兄を助けようと最善を尽くし、お金を使いました。そんなある晴れた土曜日の朝、彼女は兄がまだ寝ているうちに買い物に出かけました。ところが午後になって家に戻ってみたら、テレビ、ステレオ、カメラ２機、いくつかの高価な宝石類、毛皮のコートがなくなってい て、おまけに彼本人もいなくなっていました。

わたしの友人は途方に暮れました。お兄さんは彼女の信頼を裏切ったのです。でもわたしは、彼女と同じようには考えませんでした。彼はドラッグ中毒であり、そういう人としては当然の行為をしたまでだと彼女に話しました。彼は妹に直接何かをしたわけではないし、盗まれた物には代わりがあります。もちろん、好ましい体験ではありません。でも、なぜ彼女はそうなることを予期しなかったのでしょうか。それは彼女には説明できませんでした。「努力」しているとは、まだそうなっていないということです。「努力」したか、しなかったかが重要なのではありません。信頼できるかどうかは、努力したかどうかとは別問題です。しかし、彼女はわたしの言うことが理解できませんでした。彼女は、全力で兄を助けながら自分の身を守ったのだと言い、彼がリビングからテレビを盗んだことは気にしていないと言いました。それはもう古びていて傷もあり、ほとんど金銭的価値のないものでした。でも、お兄さんは彼女の寝室のドアの鍵をこじ開け、高価な所持品を見つけたのでした。彼女が自分の兄を信じていたのなら、なぜ寝室のドアに鍵を取り付けたのか、その理由をわたしは尋ねました。本当のことを言えば、彼女は兄を信じていなかったのです。それなのに彼女はドアに鍵をかけさせた聖なる知恵を信頼するよりも、彼の言葉のほうを信用したのです。聖なる知恵は、彼はまた盗みをするかもしれないと告げていたのに。

信頼とは人から得られるものではありません。また信頼とは、自分がそれに値すると証明すれば得られるものでもありません。信頼とは神聖で、わたしたちの魂が生まれながらに持っているものです。神聖なエネルギーの表現として、あらゆる生きとし生けるものは信頼に値します。あなたが信頼するしないにかかわらず、その価値があるのです。信頼するには、聖なる知恵がわたしたちの行動として現れるのを信じることが求められます。世の中には、ここで信頼するのは賢明でないという状況や人物もたくさん存在します。そのようなとき、直感というわたしたち自身の内なる叡智が信号を送ってくれます。すると、なにか無理な感じ、不安感、葛藤などが湧いてきて、そのまま進もう、見聞きしたことを信頼しようとしても、抵抗が出てくるでしょう。もしそこで自分自身を信頼せず内なる神を信頼しなければ、みずからエゴの感情や同情心の餌食となり、叡智を軽んじ、愚かな判断の犠牲となってしまいます。

満たされて平和に豊かに生きるために必要なものは、すべて神が与えてくれることを信頼してください。わたしは、人々がいつも神聖で正しいことをすると言っているわけではありません。信頼するのは人ではないのです。人を通して神が現れるのを信頼する、ということを思い出してください。これは、車が盗まれることも財布がひったくられることもないとか、人から傷つけられることがなく、なくなった物がみんな戻ってくる、ということではありません。つまり、どんな事態に遭遇しようとも正しい判断をする知恵を神が与えてくださると信頼することなのです。何をすべきか知りたい時は、静かに心に尋ねてください。一度そうすれば、あなたは導かれます。あなたは守られます。必ずしもあなたがその瞬間にしていることが正しく見えるとは限らないでしょう。まわりの状況や人々があなたを阻もうとするかもしれません。そしてあなたは自分自身を疑いはじめるかもしれません。そうした時こそ、神への信頼を強める時なのです。あなたの心が語ることが真実だと信頼してください。その状況の真実を知り、その真実にそって行動することを恐れないでください。神を信頼していると、あなたの人生に必ずポジティブな作用をもたらす、とても重要な側面が加わります。つまり、いつでもやって来るサインに気づき、その意味を解釈することが身についてくるので、自分を信頼できるようになるのです。

● 朝のワーク ●

今日の「信頼について」を読んで気づいたことは、

今日、心にとどめ、取り組んでみたいことは、

■朝のアファメーション■

今日、わたしは神の遍在を信頼します。

今日、わたしは神によって導かれることを信頼します。

今日、わたしは神によって守られることを信頼します。

神の完璧な意志により、わたしに関するあらゆることが神聖な秩序に
落ち着くことを信頼します。

今日のわたしの体験から神聖な啓示が与えられ、
その啓示は神への理解に導き、わたしの意識に生きた力となって
聖なる知恵を開示してくれることを信頼します。

今日、わたしは自分に必要なことすべてが満たされるのを信頼します。

今日、わたしは心の純粋な望みが現れることを信頼します。

愛に満ちた神の存在が過去の日々と同様に今日を支え、そして
永遠に支えてくれることを信頼します。

わたしの全信頼は、すべてなるよきことである神にあり、そして
神はわたしがこれからずっと生きていく上でただ一つ必要なもので
あることに感謝しています。

心から感謝します。

■■今日のポイント■■

神を信頼することは、人を信頼することと同じではない。

信頼は、聖なる知恵の道具である。

信頼とは神があらゆることを与えてくれると信じることである。

信頼は壊すことができない。それは知恵の中にあり、また恥、罪、恐れの中にも見出すことができる。

自己を信頼することは、神を信頼することである。

●● 夜のワーク ●●

今日、信頼するのが難しかったことは、

今日、わたしが楽に信頼できたことは、

今日、自分を信頼するのが難しいと感じたところは、

day 3

「祈り」によって神をたたえましょう

＊あなたに役立つ定義

今日のテーマは魂のコミュニケーションです。「祈り」とは、魂のコミュニケーションの一つの形です。それは人と神が交流する方法です。意識を浄化して完全なものにするための内側への探求であり、ハイアーセルフ(高次元の自己)に到達するための行為です。

祈りについて

わたしたちは「祈り」について、かなりはっきりしたイメージを持っています。両親から習い、教会でも習いました。祈りによって何らかの状況や関係する人々がいかに変わったかという話を、わたしはいくつもの本で読んだことがあります。かつてわたしは、祈りとはベッドの横にひざまずいてするものだとばかり思っていました。でもその概念は、教会での祈りが大きな声で、時にはものすごい大声でなされていることを発見して、粉々にくだけました。それによって、のちのちハンドヒーリングその他の癒しの行為へと導かれることになったのです。わたしは多くのトレーニングやワークショップ、セミナー、講座などに参加し、静かに、肯定的に、そして他の人へのとりなしの行為として祈ることを学びました。いろいろなことに関して、そのことのために祈り、その原因について祈り、その渦中に祈ることを教わりましたが、さらに重要だったのは、そのこと自体を目的として祈るという行為でした。そのようにしていくと、祈りはとても個人的で親密な行為であることがわかりました。どのように祈るか、いつ祈るか、なぜ祈るのかは、あなたの神への理解と、その理解があなたの人生で果たしている役割をそのまま反映しているのです。

祈りは、最も効果的な魂の行為です。神の存在を信じる心の証しとして行動に表わされた祈りは、あなたに内在している精神的、感情的エネルギーを加速させます。祈りの言葉は、(何かを求める)懇願であっても、(それがすでになされていると宣言する)アファメーションの形であっても、思考体、肉体、感情体を調整し一体化します。「頭、体、心」とよくいわれる思考体、肉体、感情体は、三者が一体化した時に神のエネルギーが点火されるのです。多くの人々は、この神聖なエネルギーは自分の外部に存在し、自分が獲得することによって作用すると信じていますが、本当はこのエネルギーは自分の内側にあるのです。祈りはその人の内部にすでにあるものを一体化するように働き、その存在が外界に現れるように心を開いてくれます。つまり祈りで求めているということというのは、すでにわたしたちの内部にあったことなのです。でもたいていの場合、わたしたちはそれに気づきません。

わたしはひどい精神状態に陥っていたころ、やたらに勝手気ままなことを祈っていたものです。お金を求めたり、愛を求めたり、あるいは誰かが傷つくようにとか、愛する者が悲劇から救われるように、誰かが死なないようになどと祈っていたのです。本当は、どんな場合でもわたしの祈りに答えは与えられていたのですが、不幸なことにわたし自身はそのとき、ほとんどわかりませんでした。神がいつも祈りを聞いてくださっていたことに気づいたのは、神は何も答えてくれないと長年不満を言いつづけたあとでした。真実の原則にてらし、自分に最もよきことのための神聖な意志にてらし、信じる心(これについては後で述べます)にてらして、わたしはいつも祈りへの答えを受け取っていたのです。さて、素晴らしいのはここからです。わたしの心に疑いの入りこむ隙がなかったとき、わたしの祈りは聞きとどけられました。わたしが本当にポジティブな結果を予期したとき、祈りは聞きとどけられました。そしてわたしの望むものが非常にはっきりしていたとき、祈りは聞きとどけられました。それからわたしの人生がうまくいかないことについて神や他の人を非難するのをやめ、わたしの人生の責任をみずから引き受けたときも、わたしの祈りはすぐに聞きとどけられたのです。

わたしは経済的な苦境に陥り、親友に電話して、お金ができるように一緒に祈ってほしいと頼んだことがありました。そして二人で祈り、電話を切りました。するとすぐに彼女は電話をかけ直してきました。

「あのね。わたしたちは今、外側にいる神さまに祈って、ここに来て何とかしてくださいと頼んでいたのよ。これは西洋宗教の哲学で教えられたことの影響だと思うの。東洋哲学では、神聖なる魂はわたしたちの内に宿っていると教えているわ。わたしたちがしなくてはならないことは、その神の存在を認め、わたしたちの内に、わたしたちを通してそのパワーが現れ、何であろうと必要なことをする強さを与えてくださいと願うことよ。わたしたちは何をすべきか知っているわ。ただそれを実行する強さを必要としているだけなのよ。わたしはあなたが自分の神聖さを認め、それを自分の強さとして呼び起こすことを今から祈るわ」まさにその通りでした。わたしは泣きました。

わたしたちは、いつでもどこでも祈っていいのだと教わったでしょうか。結果を得るためには、一定のやり方で、信仰と忍耐をもって祈らなければならないと教えられてきたのではないでしょうか。長い間わたしの祈りは、ある特定の結果を求めるための祈りだったことを告白します。ある望みがあって、それを自分の力では叶えられない時に、祈ることによって叶えられるのだと思っていました。祈りとは現に存在しているもののアファメーションであるということに、なかなか気づけなかったのです。祈りとは、わたしたちにとってよきことである真実を信じる心の結果として、すでに存在しているものを受け取る用意があることを表明する行為なのです。そしてまた、必要な時に必要なものすべてを神が与えてくださるという信頼を認めることなのです。懇願や祈願の祈りさえ、受け取る用意ができているという肯定的な表明です。わたしたちが祈るとき、自分や人の代わりに聖霊の介入を求めているのです。聖霊の介入は神聖な意志に基づいて、神聖な方法で示され、必ず神聖な「ともに勝つ状況」をもたらしてくれます。

　自分が本当は誰なのかということが理解できていないとき、祈りはたいてい真の意味をなくしています。**あなたがしなくてはならないと知っていることをするための力として、内なる神を呼び起こしてください。**決断をしなくてはならないとき、神を呼んでください。争いを解決しなくてはならないとき、神を呼んでください。癒し、経済的な助け、強さ、叡智が必要なとき、神を呼んでください。あなたに必要なものはすでに自分の中にあり、ただその存在をあなた自身が気づいていないだけなのだと知ってください。何かがほしいからではなく、何かを実現するために神を呼んでください。懇願ではなく、それが現実化するという信頼から神を呼んでください。ほかに何をしたらいいかわからないからではなく、何をすればいいのかわかっていて、そのために魂の力が必要だからという理由で神を呼んでください。祈りとは、神を呼び、その結果、頭と体と心がまさにその時の必要に応じて一体化されることなのです。

●朝のワーク●

今日の「祈りについて」を読んで気づいたことは、

今日、心にとどめ、取り組んでみたいことは、

■朝のアファメーション■

全生命の神聖なる根源は、どんな潜在的可能性も成就させます。
宇宙の叡智である神聖なエネルギーが、今わたしを
導いているのを信じます。
宇宙の神聖なる供給の源が、今わたしのすべての必要を
満たそうとしていることを信頼します。
全体性と幸福の源である神聖な存在が、今わたしを
満たしていることを信じます。
わたしは神が知っていることを知っています。
わたしは神が所有するものを持っています。
わたしは神の存在そのものです。
わたしはそれが自分の存在の真実だということを知っています。
わたしはこの真実を神の意志として受け入れます。
わたしは一つの命、一つの心、一つのパワー、一つの存在が
その最高の可能性を実現し、わたしの心で望むあらゆるよきことを
成就させるのを信頼します。
わたしはこの真実の知識が明かされていくことに深く感謝します。
心から感謝します。

■■今日のポイント■■

わたしには神を呼び起こす力がある。
あらゆる祈りは、神聖な意志に基づいて聞きとどけられる。
わたしは必要なものはすべて持っている。
わたしは自分が知る必要のあることはすべて知っている。
祈りはわたしのよきこととの一体性をもたらす。
祈りへの答えが示されたとき、わたしはそれに気づけることを信頼している。

●● 夜のワーク ●●

今日、わたしが神を呼び起こすことを思い出した時は、

今日、わたしが神の存在を認められたのは、

今日、祈ることがやさしい、あるいは難しいと感じたのは、

day
4

「瞑想」によって神をたたえましょう

＊あなたに役立つ定義

今日のテーマは「静寂」です。それは、外部からどんな刺激が入ってきても肉体と意識を静かに保っておく「瞑想」という行為によって達成されます。瞑想は真実に道を開く継続的な黙想であり観想です。内なる神の声を知り、聞こうとする精神のたゆまない努力でもあります。「ただあること」の意識を広げるようとする「何もしない」行為です。わたしたちが静寂であるとき、意識的な心は神聖な存在の声を聞きます。

瞑想について

最初わたしたちは、目がなく、耳もなく、鼻も口もない、とても小さな存在でした。つまり、わたしたちは静寂な存在だったのです。黒人か白人か、男か女か、金持ちか貧乏か、魅力的かそうでないかなどはいっさい関係ありませんでした。働いたり勉強したりしなくても、自分を怠け者だとか非生産的だとか思うことはありません。自分や他人に責任を感じることもないし、自分が何かを知っていると自覚することもありません。自分が知っているという事実さえ知らないのですから、何かを知らないという理由で劣っていると考えることもありません。この最初の過程では、生き、そして存在するだけで満たされているのです。まわりの人はわたしたちが成長の過程にいることを理解し、そして自分自身で成長できるよう、そのままに放っておいてくれます。

もし幸運なら、あなたが何もせず何も知らない状態の時にも成長しつつあるのだと知っている人たちがまわりにいて、あなたの存在を祝福してくれるでしょう。そしてまだ目も見えないあなたを愛してくれるでしょう。あまり幸運でない場合には、あなたのことがよくわからず、とても動揺したり、場合によっては半狂乱になっている人がまわりにいるかもしれませんが、それも大したことではありません。あなたはまだこれから成長するのですから。たとえ誰かが半狂乱になっていたとしても、あなたの内部と周囲には生命の力が存在しています。あなたを取り巻くその生命の力は、あなたが成長できるように助けてくれるのです。その助力は惜しみなく、何の見返りも期待していません。あなたは知らないでしょうが、とても不器用に暗闇を漂っていたような時にも、その力はあなたとともにあり、愛をもたらしてくれたのです。わたしたちの体の器官がすべて間違いなくきちんと配置されるのは、この生命の力のおかげです。栄養が確実に十分ゆきわたるようにしてくれるのもこの生命のエネルギーの働きです。この力強いエネルギーによって、暗闇の中でわたしたちは守られます。外の世界でうまくやっていけるように、内側にいる時にそのエネルギーを通して働きかけてくれます。わたしが先ほどから言っているエネルギーとは、最初からずっとわたしたちとともに、わたしたちの中にあったエネルギーであり、神の本質なのです。

わたしたちはいったん生まれてしまうと、かつて自分を統合していたこの生命の神聖なエネルギーについてすべて忘れてしまいます。たぶんそれは、自分の目でこのエネルギーを見ることができないせいでしょう。それはテレビの配線に流れる電流のようなものなのです。プラグを差し込み、スイッチを入れるとすぐに画像が現れ、何か見えない力が働いているのがわかります。ふだんわたしたちはその力についてほとんど意識することなく、滅多に話題にもしません。けれども、もしプラグを差し込まず、スイッチも入れなければ、テレビはまったく作動しません。そこで初めて目に見えない存在である電気が、わたしたちの望むものを創り出していることに気づくのです。神の力も同じように働きます。目に見えないその存在は、わたしたちが活動するうえで不可欠なエネルギー源なのです。活動するためには、テレビのように最初は休止状態でなければなりません。プラグを差し込む前に、一度すべての音と光のスイッチをオフにしておかなければならないのです。そこに電源が入ると、音と光の電流が通り、テレビを見たり聞いたりできるようになります。瞑想という行為は、神聖な力にプラグを差し込み、スイッチを入れるために最もよい方法なのです。

では、また最初の状態の話に戻りましょう。目なし、耳なし、口なし。何も知らない、何もしない、何者でもない。これ以上の瞑想の説明はないでしょう。あなたは暗闇の海の中で流れに身をまかせなければなりません。それはまた手放すことでもあります。自分自身についてのあらゆる思い、人生の責任、自分自身、自分の望み、恐れについての思いをみんな手放してください。瞑想は、自分が「知っていること」を手放せるようにしてくれます。瞑想するためには、自分を通して活動する目に見えない命の力が、必要なものを与えてくれることを受け入れなくてはなりません。考えてみれば、あなたは子宮の中で闇を9カ月間も漂い、心地よく過ごしたのです。その状態に1日わずか5分か10分、あるいは15分ほど戻るのは、そんなに大変なことでしょうか。試してみる価値があるとは思いませんか。

「どのようにして瞑想するのかわかりません」とか「瞑想は難しそうで。何もしないでただ座っているだけなんて、ばかばかしい気もしますが」と、わたしは何回も人から言われました。その質問にお答えしましょう。「何もしていない」わけではないのです。プラグをコンセントに差し込み、電流を通しているのです。パワーを活性化し、あなたがどこから来たのかを思い出しているのです。日常から離れ、神聖な命の力を自分の存在に流入させているのです。瞑想は難しいと思うと、本当に難しくなってしまいます。わたしは最初に瞑想を始めたとき、細部まで計画を立てました。ローソク。お香。特別な敷物と瞑想用の服。そのため、座るまでに20分はかかりました。そして、いつもある期待を抱いて瞑想していたのです。かつて一緒に学んだスワミのように、宙に浮かびたかったのです。わたしの目標は、エネルギーと注意を集中させて64キロのお尻を敷物から浮かせることでした。そして当然ながら、そのようなことは何も起こりませんでした。わたしが空中浮揚することばかり考えていたから何も起こらなかったのです。瞑想に願望を混ぜてしまったので、わたしの心はそのことでいっぱいになり、自分の身を空中に浮かべられるほどの心の静寂にはとうてい到達するはずもありませんでした。

「静かな心で知りなさい」です。静寂こそが重要なのです。心を静かにしてください。体も静かにしてください。何かが必要だという気持ちを鎮め、プラグを入れられる状態にしてください。いったんプラグを差し込めばパワーが活性化され、エネルギーは活動しはじめます。知る必要があることは、知るでしょう。何かする必要があるのなら、教えられるでしょう。何かが見えるかもしれないし、見えないかもしれません。何か聞こえるかもしれないし、聞こえないかもしれません。何が起こっても、また何も起こらなくても、自分が活性化され、エネルギーが増し、よみがえるのを知るでしょう。本当にそんなことが起こるのでしょうか。信頼してください、あなたは知ります。ただ、その現れ方は人によって異なるのです。

わたしは呼吸のしかた、座り方、座る場所などについて細かく指図したくなる時もあります。けれどもそういう指示をすると、正しい方法と間違った方法があって、正しい方法でやらなくてはいけないという思いにとらわれて混乱してしまう人がいるかもしれないので、やめておきましょう。一つの言葉に集中するのがいいと言う人もいるでしょう。そこから始めるのが一番ふさわしい人もいるかもしれません。また人によっては、声を出したり、頭の中でチャント(詠唱)を唱えるのが最良の方法かもしれません。それもよい方法です。わたしは以前、心を静かにして神聖なパワーに近づくには、呼吸を深くリズミカルにしなくてはならないと教えていました。わたしにはとても適した方法で、今でもこれを信じています。しかし、どれが一番正しいやり方かということよりも、瞑想する必要を感じることのほうがもっと大切だとわたしは思っています。もしアドバイスするとしたら、あなたを通して宇宙のパワーが出口を見つけられるように、ただ静かにして知りなさい、ということだけです。あなたの心がこのパワーの道具なのです。あなたが外界の影響や内側でのおしゃべりを逃れて心を鎮めるとき、パワーが活性化されます。心を静かにし、宇宙の力の存在とともに過ごす時間は何よりも大切であるのを知ってください。一日のうちのわずかな時間でも、あなたは一人でいることが必要です。目に見えない命の力に身をゆだね、自分を明け渡さなくてはなりません。この静寂と黙想、信頼の行為により、あなたは成長するでしょう。考える力が増し、スピリチュアルな理解が深まるのを感じるでしょう。そして気づきと能力が育まれるでしょう。あなたの意識が成長し、魂が成長するのです。

あなたにちょっとした提案をしたいと思います。瞑想を始める時は、祈りとともに始めるようにしてください。祈りはわたしたちのほうから神に語りかけるもので、瞑想は耳を傾けるものだと言われています。もし自分が知りたいことについて神に話しかけることから始めれば、瞑想中に適切な回答を得られるでしょう。ただし、答えを得ることが瞑想の目的ではありません。答えが必要だということを祈りの形で示せば、答えはやって来ることを知っていてほしいのです。今すぐにはやって来ないかもしれません。でも、いつかは来ます。瞑想に何らかの意図的な目的をもって臨むと、失望を味わったり、瞑想する気をなくしたりするかもしれません。わたしのもうひとつの提案は、瞑想をあなたの人生における主要な魂の糧《かて》の源にするということです。体に一日3回の食事を与えるのと同じように、自分の魂にも栄養を与えるべきです。ガソリンを入れないで車を走らせようとする人はいないでしょう。神の力なしで人生を送ろうとするのは、それと同じです。瞑想はピット(カーレースの給油・整備所)のようなものだと考えてください。あなたも、すべてのシステムが正常であることを確認するために、ときどき立ちどまる必要があるのです。

●朝のワーク●

今日の「瞑想について」を読んで気づいたことは、

今日、心にとどめ、取り組んでみたいことは、

■朝のアファメーション■

宇宙の理知、叡智、判断には、一つの命、一つの力、一つの心、
一つの魂だけが存在することをわたしは知っています。
わたしはその命、力、心、魂が全知全能で限りがなく、豊かで
喜びにあふれ、平和であることを知っています。
そしてその存在が、わたしであることの真の本質として
わたしに流れ込んでいることを知っています。
このことに、深く感謝します。
わたしは今ここに、宇宙の心、生命の魂がわたしの中に流れ込み、
すべての思考と感情のかけらを神聖な理知の絶え間ない流れに
結びつけているのを知っています。わたしは今ここに、
神の心である限りない癒しの存在が、その光、その愛、その完璧さで
わたしの存在全体を満たしているのを知っています。
このことに、深く感謝します。
わたしは今ここに、すべてのよきこと、すべての聖なるものは
わたしの自由になることを、また、わたしが自分の成長と全人類の成長の
ために、よきこと、平和、幸福、愛を広げる神の器として使われることを
知っています。わたしは今、自己の感情と思考を浄化し、生命の神聖な
真実の光、愛、理知、叡智に満たされます。
このことに、深く感謝します。

■■今日のポイント■■

瞑想は難しくない。瞑想は必要なものである。
わたしに必要なことや知る必要があることは、静寂の内にやって来る。
わたしが静寂であるとき、神の力が活動する。
自分を活性化したければ、神聖な力にプラグを差し込まなければならない。
知は静寂の中にある。

●● 夜のワーク ●●

わたしが今日、瞑想することが難しかった理由は、

瞑想することができたとき、わたしが感じたことは、

わたしには瞑想が必要(不必要)だと思う。なぜなら、

day 5

「意志」によって神をたたえましょう

＊あなたに役立つ定義

今日のテーマは「意志」です。意志は精神的にも感情的にも受容力のある状態をつくり出します。意志には、意識や性格を決定する心をコントロールし、方向づける働きがあります。意志とは、心の機能が神の意志に満たされるようにする意識の状態です。

意志について

こんなことがよくありました。何をすれば紛争の最中に解決を、耐えきれない状況に終わりを、混乱と無秩序のさなかに明晰さをもたらすのかは知っていました。でも、何をすればいいのかわかっていても、心からそうしたいという気持ちになれなかったのです。しばしばわたしは結果を恐れ、誰かを怒らせたり感情を傷つけたりすることを恐れて、ためらってしまうことが多々ありました。最初の一歩は足が重く、特にその一歩を踏み出すことでこの先どうなってしまうかわからない時や、どんな結果になるかを恐れている時はなおのこと、二の足を踏んでしまいました。自分がへんな人だとか、ばかみたいとか、知ったかぶりをしているなどと思われるのは恐ろしいことでした。それに間違った結果になるかもしれないというリスクを冒すことも、恐れていました。誰かに反対されて、自己弁護するようなはめになるのはいやだったし、その覚悟もできていませんでした。そう、わたしは認めます。本当はそのとき、わたしは何をすればいいのか知っていました。でも、それを心からやりたいという自発的な意志に欠けていたのです。わたしは抵抗していました。

やらなくてはならないとわかっていながら抵抗してしまうのは、「恐れ」が原因です。恐れはエゴの支配下にあります。恐れは巧みに形を変え、「抵抗」という姿をとって、みずから進んでやろうとする意志を失わせます。わたしたちは、間違いをおかすこと、愚かに見えること、戦いを挑まれることや、打ち負かされることは避けたいと考えます。しかし、抵抗すればするほど純粋な意志から遠ざかります。神はわたしたちの過ちなどいちいち覚えていないし、失敗を指折り数えているわけでもありません。ですから神聖な生命のエネルギーは、どんなやり方も、またどんな選択も裁いたりはしないのです。神は、わたしたちが自分自身の神聖なあり方へと入っていくために必要なことは、どんなことでもただみずからの意志で喜びをもって行動することを望んでいます。つまり、わたしたちは自分の心からの意志で自発的に行動することにより、叡智、判断力、勇気を養わなければならないのです。

わたしたちは人生で難局にぶつかったとき、たいていは何をし、何を言えばいいかがわからないわけではありません。多くの場合、それをどうやればいいのか、どう話せばいいのかがわからないのです。自発的な意志があれば、その時に言わなくてはならないことを言えるようになります。それはあなたの意識が愛のスピリットに満たされ、それを受け入れる勇気をもったとき、あなたの口から奇跡的な言葉が出るからです。何をどのように言うべきかわかっていても、わたしたちはいつ言えばいいのか、今言うべきかどうかを判断することができません。自発的な意志に満たされていると、神聖な判断力に導かれ、完璧なタイミングで口を開くか、沈黙しているか、そのとき最も適切な行動をとれるようになります。わたし自身について言えば、ふだんは何をすべきか、どうふるまうべきかわきまえていますが、空想やイメージが湧いてきたりすることがあります。そのイメージの中では、自分が「正常」なら決して言わないようなことを話したり、できないようなことをしているのを、見たり聞いたりするのです。実はこの「正常」とは、「人々を喜ばせたい」というエゴの部分からきているもので、自発的な意志を根本から崩してしまいます。わたしは、自発的な意志を持てば勇気ある性格が育まれ形成されるということを知りました。人として待ち受ける挑戦をものともせず、神を純粋にたたえるには誰でも勇気が必要なのです。

自発的な意志は、肉体の心と、神聖な魂の心との結びつきを強めてくれます。この結びつきによって、しっかりしたスピリチュアルな特性が育つようになります。もしあなたがみずから神聖なエネルギーの真の体現者でありたいと願うなら、確固たる魂の礎《いしずえ》を作る必要があるのに気づくでしょう。あなたはまず祈ることを知り、答えがやって来ることを信頼します。そして神がいつも直接あなたの心や感覚に真実を告げるのを知って、自分の心が語りかけてくることに基づいて行動するようになるのです。あなたが魂の礎を築こうとする自発的な意志を持ったとき、守られ、導かれ、神の光と愛に満たされることがわかるでしょう。この「満たされる感覚」はもともと魂レベルのものなので、肉体レベルではとても奇妙に感じられるかもしれません。

あなたが魂からの意志に満ちているとき、魂が告げるままにあなたが話したり行動したりしていると、おそらくあなたに不満を持つ人も現れるでしょう。あなたを目の上のこぶのように思う人もいれば、平穏な現状をかき乱すと非難する人もいるでしょう。従来のやり方を守ろうする人々から攻撃されるかもしれません。それでも、魂の意志に満ちているあなたは、そのとき神が使える唯一の器かもしれないのです。神は常にそのエネルギーを注ぎ込む器を求めています。かつてマーク・トウェインは「あなたはある人にとって、そのとき読むことのできる唯一の聖書かもしれない」と言いました。この言葉が真実だとすれば、わたしたちは自分自身に対して、また神に対して、明確で頼りになる、心強い存在として自己を表現する義務があります。神聖な聖書として生きるためには、自発的な意志から生まれた勇気が必要とされます。

自発的な意志を持つということは、必ずしも人々の賛同を得られるわけではありませんし、またあなたの考える通りになるわけでもありません。でもその一方、自発的な意志があれば、あなたは協力へと導かれるのです。協力とは、進んで自分の考え方の枠を超えようとする意志の表われです。何らかの場面において、たった一人でも積極的にみずからの枠を手放そうとする意志をもち、手放すことができれば、その場の緊張が緩和されるのです。緊張がないところには平和が訪れます。平和こそ、神のエネルギーです。自発的な意志は、あなたの人生を平穏にするわけではありません。しかしあなたが遭遇するあらゆる人生体験を、より乗り越えやすいものにしてくれます。怒りや恐れからではなく、愛からあなたの心を語り、真実を語る勇気を持ち、脅されたとか負かされたとか感じることなく人の意見を受け入れ、平和をもたらすためなら何でもするという意志を表明し、何でもコントロールしないと気がすまないというエゴの欲求を手放す——こうしたあらゆる意志があなたを成長へと導くのです。あなたは明晰な思考力、不屈の魂の精神力、神聖な耐久力を身につけていくでしょう。

真の意志からはもうひとつ、神聖に秩序だてられた思考が生まれます。あなたの思考を神の心に明け渡そうとする意志を持った時には、神聖な導きが得られます。この導きはあなたの感覚を高め、神聖な性質である愛や無私、平和などを感じられるようにしてくれます。神聖な性質が現れるにつれ、きっとあなたは祈りだけでは物足りなくなるでしょう。あなたにとって最善であると同時に、あなたを取り巻く世界にとっても最善の利益となることを、進んで求めたくなるはずです。心からの意志を持つことは、生きることは神聖なゲームであるという積極的な宣言であり、あなたが前に進んでいるということです。あなたが前進している時には、困難や試練に直面してもそれを乗り越えていきたいと望むでしょう。間違うことを恐れないでください。回り道をすることも恐れないでください。転び、起き上がり、また転ぶことを恐れず、時おり神からの助言のみが静寂を破ることを知ってください。わたしたちを慈悲の瞬間へと導くあらゆる魂の原則のなかで、意志は、自分が持っているすべてを喜んで託せば、神はそれを十倍にして返してくれることを教えているのです。

●朝のワーク●

今日の「意志について」を読んで気づいたことは、

今日、心にとどめ、取り組んでみたいことは、

■朝のアファメーション■

わたしは自分が静寂であることを望みます。
わたしはみずからの意志で、
わたしの内なる神聖な存在を信頼します。
わたしはみずからの意志で、
わたしの静寂な思考の中にある神を信頼します。
わたしはみずからの意志で、
わたしの心の秘密とともにある神を信頼します。
わたしはみずからの意志で、
わたしの生命力と魂の本質とともにある神を信頼します。
わたしはみずからの意志で神の声を聞きます。
わたしはみずからの意志で神の意志を知ります。
わたしはみずからの意志で、神の存在にわたし自身を明け渡します。
わたしは生命の神聖な力がわたしを気にかけ、わたしに話しかけ、
わたしを愛し、守ってくれていることを知っています。
わたしは深く感謝しています。
心から感謝します。

■■今日のポイント■■

わたしの意志を超えた、大いなる意志がはたらいている。
わたしは大いなる意志を実行する意志がある。
神の意志するところはわたしの救済である。
自発的な意志には、勇気を湧き起こす力がある。

●● 夜のワーク ●●

今日、わたし自身が心からやりたいことを実行している時に感じたことは、

今日、自分が抵抗している時に感じていると気づいたことは、

わたしが抵抗を感じていたけれども、今は実行する用意ができていると感じることは、

day 6

「創造」によって神をたたえましょう

＊あなたに役立つ定義

今日のテーマは「創造」です。それは目に見えるどんな現象の背後にも存在する、見えない力です。生命の元素がもともと持っている再生力です。創造性とは潜在している魂のはたらきです。それは、人が思考レベル(意識的であれ無意識であれ)と感情レベルにおいて身ごもった種子を、物質レベルつまり目に見えるレベルへ生み落とす能力です。

創造について

神ご自身の手ではすべてを創造することができなかったので、神は子供たちに自分と同じような創造力をお与えになりました。本当は、神はすべてを創造することもできたのですが、そうするとわたしたちのやることは何もなくなってしまいます。神はそうする代わりに、わたしたちに自分自身の創造力の果実を宿し、表現し、享受する力を与えてくれました。人間は思考、言葉、行為を通じて創造します。この能力についてはあまり触れられていませんが、わたしたち一人ひとりは、神の創造の理念を顕現させるためにここにいるのです。この力は、芸術における創造として表現されるばかりでなく、愛、平和、豊かさ、喜び、調和、パワーなどの神聖な概念の反映である、この世界状況を創造する力としても存在しています。でも、創造に関する考え方にはいささか混乱があるようです。わたしたちはみずからのこのパワーを、神の意志に則した創造に使う代わりに、無意識的な創造に使っています。それは自分の創造力をどのように使ったらいいか理解していないからです。

生命は内から外へと展開されます。それがなぜなのかは知らなくとも、どうしたらいいかは知っているのです。でも実際のところ、「どのように」と「なぜ」はそれほど重要なことではありません。単にわたしたちがそれを問題にしてしまうというだけです。創造についての理論を探究し、それを現実に実証した人がたくさんいます。種から植えられたりんごの木を見ても、精子と卵子から生まれた人間を見ても、そこには内なる暗闇から外なる光の世界へ命を運ぶという創造の原理があります。でも、たいていが「どのように」と「なぜ」についての議論に終始してしまうのは残念なことです。今は自分の可能性をどう使っていくかを考えるほうが、もっと大切な時なのです。さらに残念なことに、自分の創造力を開発するためにはそれなりの訓練と指導が必要だと知的な人々が信じていることです。神は、人類全員に創造の能力を授けているのです。

優れたスピリチュアルな教師であるケン・キースは、『*Handbook to Higher Consciousness*（高次意識への手引き）』という本の中で、「あなたの予想と期待は……自己成就する。あなたの意識（思考）があなたの宇宙を創るのだ。自分の世界を変えるのにしなくてはならないことは、あなたの意識を変えるだけである」と語っています。最初にこれを読んだとき、わたしは少しも理解できませんでした。一種のいかさまのようにさえ感じたものです。あることを考えると、あら不思議、望んだことが現れると言うのです。わたしはすぐに宝くじを当てることを考えました。でも、もちろん宝くじは当たりませんでした。しかしその後、シャクティー・ガーウェインの『*Creative Visualization*』(邦訳『理想の自分になれる法―CVという奇跡』廣済堂出版)、ホエル・ゴールドスミスの『*Invisible Supply*(目に見えない贈り物)』とチャールズ・フィルモアの『*Atom-smashing Power of the Mind*(原子を砕く心のパワー)』を読んで、わたし自身が、自分のあらゆる思考を目に見える物理的な形での体験として表現している神聖で創造的な存在なのだと気づいたのです。不幸なことに、それまでわたしが創造していたものは悪夢だったのですが。

わたしたちは誰でもある特定の思考と行動のパターンを身につけ、そのパターンは変えることができないと信じています。母の世代がそうでしたし、そのまた母の世代もそうでした。今、わたしたちの世代もそうです。「わたしたちと同じ間違いをおかしてはいけません」と言う親を持った幸運な人もいますが、たいていの親はそんなふうには言いません。両親と同様、わたしたちも自分の思考と感情の創造的な可能性について教えられていないので、多くの過ちをおかすのです。自分の存在の中に数えきれないほどの可能性の種があることを教えてもらった人はほとんどいません。そうした種は、わたしたちの思考パターンと感情反応によって芽生え、それが成長して経験になるのです。では、わたしたちが人生や世界で今経験していることは、自分が考えたことの反映だというのでしょうか。まさにその通りです。わたしたちが創造したことを見てみましょう。

一般に、この世界にはたくさんの憎しみが見られます。黒人の多くが白人を嫌い、白人は黒人を嫌います。ストレートはゲイを嫌い、共和党支持者は自由主義者を嫌います。そして生粋の南部出身者は、早口で要領のいい北部出身者を嫌い、たいていはO・J・シンプソンと言っただけでさまざまな理由で嫌います。人は相手が自分に同意しなければ怒り、自分を傷つければ怒ります。相手が自分と同じように物事を見ない時にも、普通の人間ならひどく怒ります。あなたが誰かを怒らせた時も、その人はあなたを嫌いになるでしょう。でも、本当のことを言えば、その人はあなたを恐れているのです。

恐れは、理解の不足、支配欲、さらに重要なことに愛の不在から生まれます。キリスト教徒はイスラム教徒を愛せないし、イスラム教徒はユダヤ人を愛せません。しかし、お互いを「愛せない」というのは、本当は真実ではありません。ただ、思い込みで貼り付けたレッテルを超えるのがとても難しいのです。わたしたちは怒りに満ちたレッテルをいくつも創造しています。ちんぴら、黒人、あばずれ、ホモ、ユダヤ人、レズ、有色人種、ろくでなし、デブ、やせっぽち。こうしたレッテルを誰かに貼り付けたら、相手は間違いなく怒り出すでしょう。そのレッテルの言葉を声に出して言えば、相手はたぶん恐怖を感じるでしょう。本当のところ、実は思っていることを口に出して言うまでもないのです。あなたがそういうふうに考えているだけで、相手はあなたを嫌い、恐れます。その人はなぜ自分がそう感じるのか説明がつかないかもしれません。それでも人は、あなたがその人について感じていることを実際に感じ取ることができるものです。わたしたちはそれだけの力を持った存在なのです。

「思考＋言葉＋行為＝結果」、これは創造のプロセスです。『*Conversations with God: An Uncommon Dialogue*』（邦訳『神との対話』サンマーク出版）のなかで、ニール・ドナルド・ウォルシュは書いています。「創造はすべて思考から始まる（父から生じる）。創造はすべて言葉になる（求めなさい、そうすれば与えられるだろう。話しなさい、そうすれば成就するだろう）。創造はすべて行為によって成就される（言葉は人となってわたしたちの間に住まわれた)」。人間に内在する生まれ持った創造力は、休みなく働いています。その力に気づけば、料理に使われる火のように建設的に用いることができます。しかし、創造の力について自覚せずその存在を疑っていると、その同じ力が放火魔の道具のように破壊的なものとなってしまいます。人生のあらゆる瞬間に、わたしたちは個人的にも集合的にも創造をしているのです。

わたしたちは自分の創造力の可能性を教えられていないので、信じている状態と信じられない状態の間を行ったり来たりしています。ある時はその力を使い、またある時は他人への影響力を忘れます。わたしたちは無自覚のままに、そのさまざまな結果を体験しているのです。たとえば自分が思っても口に出せなかったことの結果や、思わず言ってしまった言葉で相手から恐れや愛のない反応を返されたことの結果や、あるいは他人がしたり言ったりしている思って自分が反応したことの結果などを。わたしたちの思考は言葉へと発展し、言葉は行動を生み出し、行動はわたしたちみなが経験する環境条件を創造します。憎しみ、怒り、不安、貧しさ、戦争、それにあらゆるよきことの喜び、美、豊潤もすべて、神によりわたしたちのDNAに深く刻み込まれた創造力の公式によって現実化されます。

わたしは個人的に、国税庁の荒々しさや政府の腐敗、ロサンゼルスのホームレス、デトロイトの殺人、ソマリアの飢餓などに自分が責任をとろうとは思っていません。ローンを期限までに返済するという事実に対してすら、なかなかその責任に直面できずにいるのです。わたしたちは人生で直面する数々の試練に対して、合理的に説明できる理由や釈明、言い分けを自分の外側に見つけることができます。けれども魂が成長し、理解が深まってくると、自分が神のイメージに似せて創られているという事実から逃れることができなくなります。わたしには創造する力があるのです。わたしの心は呼吸によって神の心と結びついています。心は思いを生み出し、思考として結晶化します。わたし自身、怒ることもあれば恐れることもあり、時にはせまいエゴの認識で反応して、すっかり憎しみにとらわれてしまうこともあります。そうした認識の反応から言葉を吐いたり行動したりしたとき、わたしの子供や、友達、スタッフ、たまたまわたしの前や後の車を運転していた人たちに、ネガティブな影響を与えたことを認めないわけにはいきません。わたしのエネルギーは石が池に落ちた時のようにさざ波を立て、他の人々に影響を与えるのです。それはわたしにとって真実であり、あなたにとっても真実です。そしてまた、わたしたちがとても醜悪な世界を創ってしまったことも真実です。

わたしたちの本来の創造力をよりよく使えるようになるための、とても簡単な修正プログラムがあります。一日の始まりに、あなたがそうあってほしいと願うイメージを見ることからスタートしてください。あなたがすべての責任に、平和にしかも効果的に対処しているところをイメージするのです。あなたが望んでいる現実がすぐに現れなくても信頼してください。いずれは現れます。そして笑顔で、心に喜びを感じて一日を過ごしている自分自身をイメージするのです。あなたのまわりの人はこの本を読んでいないかもしれませんが、彼らもあなたと同じように平和と喜びを返してくれるのをイメージしてください。たとえば、もしあなたがガードマンにとがめられて腹が立ったり驚いたりしたような時には、その瞬間すぐに修正を願ってください。あなたはとても創造的な力を持っていることを思い出しましょう。破壊的な状況に、さらにネガティブな思考、言葉、行為をつけ加えないでください。そこに立って祈ってください。平和と愛の中で、神の光の中で祈りましょう。必要としている場所にエネルギーを呼び入れ、あなたの創造力を、神をたたえることに使ってください。それは必ずしもやさしいことではありません。しかし、覚えていてください。まわりに甚大な害を及ぼし破壊的にふるまう人ほど、癒しと修正を求める叫びは大きいのです。そして神のみが癒し、修正することができるのです。神はどんな状況でも、あなたを創造の装置として使い、修正し、癒しの体験に変容させることができます。神聖な癒しと進化をもたらす創造的な器として、喜んでみずからを提供しましょう。

● 朝のワーク ●

今日の「創造について」を読んで気づいたことは、

今日、心にとどめ、取り組んでみたいことは、

■朝のアファメーション■

わたしを通して神の創造力が働いています。

わたしはよきこと、平和、喜び、豊かさの表現であることを選択します。

神はわたしを使って思考しています。

わたしの思考は明瞭です。

神はわたしの心に神自身を表現します。

わたしの心は人生のよきことに開かれています。

神はわたしがとる行動のすべてを通して創造し、癒し、回復させ、
構築します。

わたしの目、耳、手、足は神の器です。

今日、わたしは正しい思考、開かれた愛の心、正しい神聖な行為によって
自分が創造するすべてのよきことを前もって祝福します。

これらすべてのために、そして
それ以上のことためにに深く感謝します。

心から感謝します。

■■今日のポイント■■

創造力の神聖な公式は「思考＋言葉＋行為＝結果」である。

すべての思考は創造の道具である。

わたしのまわりの世界は、わたしの内なる世界で創造されたものの反映である。

わたしは、どんな時でも自分の思いを変えることができる。

わたしは、自分の考えを意識的に選ぶ力を持っている。

●● 夜のワーク ●●

今日、わたしが自分の世界で創造したものは、

明日、わたしが自分の人生で創造しようと意図しているものは、

わたしが世界に創造しようと意図しているものは、

day 7

「平和」によって神をたたえましょう

＊あなたに役立つ定義

今日のテーマは「平和」です。それは平和への気づきから、内なる調和と静けさがもたらされた状態です。思考、言葉、行為は、平和をつくり出し、広め、保つために生み出されたのです。

平和について

わたしの友人のホイアが、一人の女性と鳥についての物語を教えてくれました。その話から、わたしは心の平和についてとても大きな洞察を得ることができました。彼女はその話を、シッダヨガの先生であるスワミ・チヴィラサナンダ（一般にはグルマイと呼ばれています）から聞いたそうです。

ある日、一人の女性が瞑想するために公園へ出かけました。日の当たる静かな場所を見つけ、敷物を広げて座りました。彼女は目を閉じ、深呼吸をして、自分の思考と内なる感覚の探索に出ようとしました。ところが、呼吸が規則的になり心が静まってきたとき、近くで鳥が何羽か啼いているのに気がつきました。

最初は内なる旅に美しい平和が加わる程度でしたが、すぐに鳥たちは大きな声でガアガア啼きはじめたのです。そして彼女が呼吸に集中しようと努力すればするほど、啼き声はどんどん大きくなるのです。

彼女はびっくりして目を開けました。まわりには少なくとも20羽以上もの鳥がいて、口々に啼き声をあげています。あたりを見渡しても、なぜか公園内のほかの場所にはいません。手を振って鳥たちを追い払うと、何羽かは飛び去り、何羽かは残りました。残った鳥はとても静かになりました。

ところが、彼女が目を閉じたとたん、鳥は再び啼きだしたのです。不思議に思って彼女が立ち上がると、鳥はいっせいに飛び去っていきました。あらためて彼女はほかにちょうどいい場所を見つけると、草の上に座り、さっきの手順をもう一度最初から始めました。するとすぐにまた鳥たちが舞い戻ってくるではありませんか。「なんてことなの、まったく！　シーッ、シーッ！　あっちへ行って。ここをどきなさい！」と彼女は言いました。鳥たちは少し舞い上がりましたが、その言葉を無視するかのようにガアガア啼きつづけています。心の平和をかき乱されてすっかり気分をそがれた彼女は、ついに立ち上がり、鳥を追い払いにかかりました。まず左に走って、敷物を鳥たちに投げつけました。鳥は飛び上がりましたが、それでも啼きやみません。左側を払いのけたと思ったら、今度は右側に別の一群が降り立ちます。彼女は向き直り、そちらも追い払いました。しかし鳥たちは彼女を取り囲んでガアガア啼いたかと思うと、また少しばかり遠くに舞い降ります。そのとたん、いきなり彼女は気でも違ったかのように腕を振り上げ、ガアガア啼いている鳥に向かって金切り声で絶叫したのです。彼女はそこで自分がどんなに正気の沙汰から外れたふるまいをしているかに気づき、ハッとわれに返って、地面から敷物をひったくるように抱えると公園を飛び出しました。

その日の夕方になって、彼女は公園での出来事をグルに話す機会がありました。彼女は話している間でさえ、まだ憤慨がおさまらないようでした。グルは微笑み、こう尋ねました。「なぜあなたは鳥たちを仲間に入れてやらなかったのでしょう」「一体どうすれば、そんなことができるのですか」という彼女の問いに、グルは「オム・ナマ・シヴァ」と言い、「自分の中のシヴァ(神)に明け渡すという意味です」と教えてくれました。

数日後、彼女は再び公園に行き、もう一度同じように瞑想を始めました。彼女が静かに座ると、またもや鳥たちがさえずり出しました。それを聞くやいなや、今度は心の中で「オム・ナマ・シヴァ」と唱えました。すると急に鳥はガアガア啼きはじめました。「オム・ナマ・シヴァ」とともに、すべての鳥がそれぞれの場所から彼女の座っているその一点めがけて、いっせいに啼き声を放ちはじめたのです。彼女は決して目を開けませんでした。深い呼吸を続けながら「オム・ナマ・シヴァ。オム・ナマ・シヴァ。オム・ナマ・シヴァ」と唱えつづけました。それは心の中でどんどん速く高らかになっていき、やがてあまりにも大音響で早口になってしまったので、くたびれて中断しました。そのとき、彼女はあたりの静けさに気づいたのです。鳥たちは飛び去っていったか、あるいはそこにとどまり啼きやんだかでした。しかし彼女はもう、それを確かめるために目を開けようとはしませんでした。

子供が泣き叫んでいるとき、その部屋へ踏み込んで「静かにしろ!」と大声で怒鳴ったりするでしょうか。平和がほしければ、自分が平和でいることです。わたしの孫のオルワは、よく子供にありがちな症状を呈します。彼は100デシベル以下では話せないのです。つまり、まるでそこにいる人たちはみな耳が遠いと信じ込んでいるかのような大声で叫ぶのです。ある日、家族の一人が(その人の名誉のために名前は伏せますが）ひどく苛立って、「お願いだから静かにして！」と怒鳴りました。すると部屋にいた他の人たちも「よく言ってくれたわ、ありがとう！」と口々に叫んで同意しました。ところが彼の沈黙は約３分しかもたなかったのです。おまけに、次の言葉は耳をつんざくようなわめき声でした。

平和がほしければ、平和でいてください。わたしは「知恵のあるおばあちゃん」ですから、まったく違ったアプローチのしかたを知っています。オルワがわたしに何か叫んだとき、彼と同じ目の高さになるように膝をつき、鼻と鼻を直接つき合わせて笑いながらこう囁きます。「よく聞こえないわ。あなたの声が大きいからよ」彼は最初、その意味が理解できませんでした。でも、わたしが同じ高さのままで彼の目を見つめていると、彼はついに声を低くしたのです。今ではオルワがわたしに近づいて来る時は、いつもあまりにそっと話すので、もう一度言ってくれるように頼まなくてはなりません。でも他の家族との間には、相変わらず会話の問題を抱えています。わたしはそんな彼らを見ていると微笑んでしまいます。平和を体験したい時には、平和な状態から始めなくてはなりません。最後に、あなたに一言。できる限りその平和な状態にいられるよう、心の準備をしておいてください。

●朝のワーク●

今日の「平和について」を読んで気がついたことは、

今日、心にとどめ、取り組んでみたいことは、

▩朝のアファメーション▩

わたしは平和であり、自分の平和を平和に表現しています。
わたしは平和であり、自分の平和を平和に表現しています。
わたしは平和であり、自分の平和を平和に表現しています。
わたしは平和であり、自分の平和を平和に表現しています。
わたしは平和であり、自分が平和を平和に表現しています。
わたしは平和であり、自分の平和を平和に表現しています。
わたしは平和であり、自分の平和を平和に表現しています。
わたしは平和であり、自分の平和を平和に表現しています。
わたしは平和であり、自分の平和を平和に表現しています。

平和に表現された平和を乱せるものは何もありません。
平和に表現された平和を乱せるものは何もありません。
平和に表現された平和を乱せるものは何もありません。
平和に表現された平和を乱せるものは何もありません。
平和に表現された平和を乱せるものは何もありません。
平和に表現された平和を乱せるものは何もありません。
平和に表現された平和を乱せるものは何もありません。
平和に表現された平和を乱せるものは何もありません。
平和に表現された平和を乱せるものは何もありません。

平和は今日の秩序です。
平和は今日の秩序です。
平和は今日の秩序です。
それはわたしそのものです。
心から感謝します。

■■ 今日のポイント ■■

平和を望むなら、わたし自身が平和でなければならない。
どんな状況でも、平和を選択することができる。
わたしが心の中に創造した平和は、世界の何ものであれ乱すことはできない。
わたしは人々が平和の輪に加わってくれることを歓迎する。

●● 夜のワーク ●●

今日、わたしが平和でいるのはやさしいと気づいたことは、

平和でいるのは難しいと気づいたことは、

今から、わたしが完全に平和であろうと決めたことは、

day
8

「シンプルさ」によって神をたたえましょう

＊あなたに役立つ定義

今日のテーマは「シンプル」であることです。それは簡素で、混じり気がなく、複雑でない状態です。明確で直接的です。最も根本的な形で存在しており、判断や認識から自由です。

シンプルさについて

わたしと彼はお互いに愛し合っていました。そして30年という年月と3つの別の結婚を経て、この結論に達しました。つまり、わたしたちは残りの人生を夫婦としてともに過ごすことにしたのです(この話を全部したら本がもう一冊書けるくらいです)。最もシンプルかつストレートに言えば、これがわたしたちの結婚話のすべてです。人生でずっと愛しつづけてきた一人の男性とついに一緒になれるなんて、おそらくたいていの女性なら考えただけで心がときめくでしょう。あのマドンナでさえ、ため息をつくかもしれません。誰が聞いても、きっととても幸せな話に違いないと思います。ところがわたしにとってその話は十分満足とは言えませんでした。わたしはそのとき、結婚式というものにひどくこだわっていたのです。

ちょっと想像してください。彼は46歳で、わたしは44歳。彼には七人の子供が、わたしには三人の子供がいます。彼の両親は離婚しており、父親のほうは再婚しています。わたしの両親はもう他界していました。彼は別れた二人の前の妻たちとも非常に良好な友人関係を保っていました。わたしには三人の親友がいました(そのうちの一人は娘です)。そしてわたしは結婚式を挙げたいと、いえ、訂正しましょう、「盛大な結婚式」を挙げたいと思っていました。ちょっと待ってください、まだあります。それは野外結婚式で(わたしの考え)、生バンドの演奏つきで(彼の考え)、テントはなしですが(高価すぎるので)、ホテルに近くて(子供たち、両親、親友、元パートナー、バンド全員が市外に住んでいましたから)、しかも母の日直前の土曜日でなければなりませんでした。愛し合って結婚したいということから考えると、随分ややこしい話です。おまけにこれだけ話してもまだ全部ではありません。彼はジョージア州に住んでいて、わたしはメリーランド州に住んでいたのです。そのうえ、他にもありました。

まず、占星術師に日どりを選んでもらわなくてはなりませんでした。そしてそれは数秘術師にも確認してもらわなくてはなりませんでした。万が一、自分たちで日を決めて星や惑星の影響が悪かったりしたら、悔やんでも悔やみきれないからです。ところが占星術師と数秘術師の結果は一致しませんでした。わたしたちは情報を分析して、二つの日付のうち最善と思われるほうを選びました。次にわたしは招待状をデザインしました。珍しい紙に印刷された特殊サイズの招待状で、普通の封筒には入らず、印刷業者に「こんな招待状は見たことがないですよ。できなくはありませんが、値段は高くなりますよ」と言われました。

次にわたしは式のプランナーを頼みました。すると、まず聞かれたのは「ご予算はどのくらいですか」ということでした。予算ですって？　何の予算？　むしろわたしのほうが教えてほしいくらいでした。それが問題でプランナーの助けを求めたのですから。「すべてを適正な金額におさめるには、予算を決めておく必要があります」という言葉に、わたしは頭の中で必死に金額をはじきだして伝えました。「それはなかなか適正な額ですね」と彼女は言い、必要なものを集めに出かけていきました。わたしはそれほど知名度が高いわけでもないのに、名前を彼女が相手に告げるだけで価格のレベルが全体的に一ランク上がってしまうことなど、どうしてわたしに予測できたでしょう。そうなってしまうと、予算の調整や複雑な値段交渉の手腕が必要です。彼女はそういった面倒な駆け引きをいかにうまくまとめるかを心得ていました。それでも、不運なことにドレスの生地に関してはその手腕も通じませんでした。なぜなら、その生地は海外から取り寄せなければならず、しかも別の州にいるデザイナーに直送してもらうことになったからです。それだけではありません、まだあります。

結婚式のあとにもプランがありました。式とパーティーを4時間でおさめなければなりません。1時間は結婚式に、1時間は写真撮影に。するとダンスと会食と300人のお客への挨拶に、たった2時間しかありません。考えただけで息が詰まりそうです。では1時間早く始めよう。そう考えると少し安心しましたが、スケジュールをやりくりするために、プランナーと何度も話し合いを重ねなければなりませんでした。普通なら、新婦がシンプルな結婚式を経験ゆたかなプランナーと計画するのは、それほど大変なことではないでしょう。でもわたしの場合、計画していたのは「シンプルな結婚式」ではなかったのです。

わたしは結婚式の準備を進めながら、その一方で仕事場を新しいビルに移すことになり、ようやく引っ越したと思ったら、不思議なことにわずか3日後に雨漏りを起こしはじめました。わたしは結婚式の準備を進めながら、原稿の仕上げにかかっていて、しかもその原稿は二種類ありました。わたしは結婚式の準備を、アラスカとデトロイトに住む介添え人とそれぞれ打ち合わせながら進める必要がありました。また、父が他界していたので、式でわたしと一緒にバージンロードを歩いてくれる人を決めなくてはなりませんでした。サングラスなしでは出席しないと言い張る26歳の息子か、人前に出たがらない名付け親か、それとも10年間音沙汰がなかったあとで「僕が出席するのはわかっているだろう」とあやふやな返事をくれた、来るかどうか定かでない兄に頼むか。

人間の心理には、何かしらシンプルさを嫌う精神があると思います。劇的な事件がないと不安になるような時期が、わたしの人生にもありました。わたしはそういう厄介な思い込みを何年もかけて根気強く癒してきました。それでもなお、自分の世界を創造する時に、以前のような思い込みに逆戻りすることがあります。なぜわたしは、彼の母親と子供たち、わたしの子供たち、そして何人かの友人を自宅の小さな裏庭に招き、牧師でもあるわたしの名付け親に式を挙げてもらうというシンプルな形にしなかったのでしょう。なぜわたしの未来の夫は、もっと静かでシンプルなやり方でわたしたち夫婦の人生を始めようと、わたしに疑問を投げかけ、反対し、説き伏せなかったのでしょう。なぜでしょうか？ それは、わたしたちはみな人間で、そんな結婚式ではシンプルすぎるからです。

ある日、わたしはバスに乗っていました。そしてある女の人と母親の話をしました。わたしは自分の母を亡くし、どんなに死を悼んでいるかを話しました。母はわたしのインスピレーションの源であり、親友でした。今でも、よい知らせの時も悪い知らせの時も、いく度となく母の家に電話しようと受話器を取り上げます。そのたび、電話局のテープを聞いて、母がもういないことを思い出すのです。「お母様はどうなさったのですか」とその婦人は聞きました。「母は亡くなりました」「それはお気の毒に。でも、お母様はどうなすったの」と彼女は繰り返しました。「母は息をするのをやめたんです」わたしは、その婦人がどういう答えを求めているかはわかっていましたが、バスの中で見知らぬ人に話す気にはなれませんでした。「お母様が亡くなられたのね。でも何が原因でしたの？　ご病気だったのかしら？」その表情はとても当惑していました。「たぶん。でも、最期には、母はただ肉体と地上から離れることを決意したのです。それで息をとめたんですわ」とわたしは答えました。その婦人はすっかり気分を害してこう言いました。「まあ、それはお母様の死に関するきわめてシンプルな見解ですこと」

死はいたってシンプルなものだ――わたしは自分の内側でつぶやきました。息をとめる。生きるのをやめる。人生に劇的なドラマを創造したとき、わたしたちはしばしば息ができなくなります。思考が停止し、手は冷たくなります。感覚は鈍り、口がからからになります。それをストレスと呼びます。ストレスは必ずしも現在直面している状況について引き起こされているわけではありません。それは状況に対するわたしたちの反応から来るのです。人間はたいてい、複雑でドラマティックで血なまぐさく、心が揺さぶられるような出来事を渇望しています。わたしたちはその証拠を、2年半に及ぶO・J・シンプソン事件の前にも繰り返し目にしてきました。実際、あの事件全体は、わたしたちの集合的渇望に対して演じられたものだったのです。「シンプルでありなさい」このシンプルな言葉を聞くことができるようになるために、わたしは410万ドルもかかってしまいました(たぶんこれについては別の本でお話しすることになるかもしれません)。わたしは、シンプルさに関する問題について自分はすでに癒されていると思っていましたが、明らかに違っていたようです。でも、人生はいつも自分で修正する機会を与えてくれます。わたしの結婚式の一件も、いずれ種明かしされるだろうと確信しています。

●朝のワーク●

今日の「シンプルさについて」を読んで気づいたことは、

今日、心にとどめ、取り組んでみたいことは、

■朝のアファメーション■

今日わたしは、神がわたしを愛しているという
シンプルな真実に気づきます。
今日わたしは、自分が神に似せて創られた創造的な存在であるという
シンプルな真実を認めます。
今日わたしは、自分が何を考えるか、何を言うか、何をするかによって、
自分の世界を選択しているというシンプルな真実に気づきます。
今日わたしは、人生が困難である必要はないという
シンプルな真実を理解しています。わたしには、何であれ
よきものが欠けていなければならない理由は一つもありません。
神聖な権利により自分のものとされたものを否定される必要はありません。
今日、シンプルな信頼に基づき、シンプルな祈りに基づいた
シンプルな信念が、シンプルに素晴らしい結果を生み出すという
シンプルな真実を受け入れます。
こうしたシンプルな真実についての知識にわたしは深く感謝しています。
心から感謝します。

■■今日のポイント■■

神はシンプルにわたしを愛している。
愛は複雑なものではない。
恐れはすべての問題を複雑にする。
真実と意志を持つことは、シンプルさへと導く。
わたしは複雑さのかわりにシンプルであることを選択できる。

●● 夜のワーク ●●

今日、自分がシンプルにアプローチできるとわかったことは、

今日、自分が容易にシンプルでいられると気づいた状況は、

わたしがシンプルなアプローチを生み出したいと思うことは、

Phase

2

あなた自身をたたえましょう

＊

あなた自身をたたえましょう
あなた自身について瞑想しましょう
あなた自身を敬いましょう
あなた自身にひざまずきましょう
あなた自身を理解しましょう
あなたの神は、あなたの内にあなたとして住んでいます

——ムクタナンダ

あなた自身をたたえましょう

その日、わたしは出かけたくありませんでした。特に何か理由があったわけではないのですが、実のところそこに集う人々はわたしを好きではないし、わたしも彼らのことをあまり好きではなかったのです。わたしの家系には悪しき伝統があります。その伝統とは、平穏を保つためにはすべての力を注ぎ込むというもので、たとえ人々のなかで自分が惨めな気分で座っていたとしても、いかにも楽しそうにふるまってしまうのです。わたしの家族はみんなで「どんなことがあっても、あなたが好きよ」ごっこをしています。全員、どうしたらそれをうまく演じられるかわかっていて、内心の煮えくり返るような怒りや恐れを隠すために微笑んだり品よくふるまう方法も知っています。決して認めようとはしませんが、本当はみんなお互いが敵か味方かわかっているのです。その日は美しい快晴でしたから、わたしはいつものそんなゲームをする気にはなれませんでした。でも、わたしが死んだということでもない限り、みんなが納得するような言い分けはないことも知っていました。だから行く支度をする代わりに、どうしたらその日だけ死んだことにできるだろうかと考えていたのです。

わたしたちは、「何かを感じた時には、そう感じたと言ってよい」と、どこかで教わったでしょうか。いいえ、子供の頃はもちろんそんなことは教わりません。逆にほかの人を不愉快にさせないように、子供は何を言ってはいけないか、何をしてはいけないかを教わります。そのようにしてわたしたちは、自分以外の人は「偉い人」だと信じ込んだのです。子供として、偉い人や大人や権力者の心を気づかうように教わります。偉い人が話している時は黙っていなさい。偉い人の考えと違う時は自分の考えを話してはいけません。気に入らなくても、偉い人に言われたことは必ず聞き入れなさい。そう教える側に悪意はありませんが、知らない間にわたしたちは、「偉い人」が大切なのであって、自分は大切ではないのだと教え込まれるのです。わたしたち自身が「偉い人」になった時でさえ、まだもっと偉くて年上で重要な人がいます。その人たちは、わたしたちが敬わなくてはならない人々です。けれども、わたしたちは偉い人を敬うという行為によって、自分自身をさげすむことを学んでしまったのです。

最初にわたしたちは、真実を口にしないことで自分をおとしめることを学びます。どう感じているのか、何を望んでいるのか、何を考えているのか、自分の真実を言わなくなるのです。わたしの家庭の方針は、「子供は見てはいけない、聞いてはいけない」そして「あなたに答えを求める人など誰もいない」でした。そのほかに「もらったものに感謝しなさい」「そんなこと言うものではありません。お行儀が悪い」というのもありました。そんな言葉を聞いたとき、わたしは薄氷を踏むような思いでぎゅっと口を結び、感情を飲み込まなくてはならないのはわかりきったことでした。その氷が割れたら、怒鳴られ、たたかれ、罰せられるのです。もっと悪いことに、行儀の悪さについて30分はお説教されるのです。子供としてわたしが学んだことは、偉い人に対して自然に感情が湧いてきた時や、本能的に偉い人の誤りがわかったり偽善的行為が明らかな時であっても、それについていっさい口出ししてはならないというものでした。しばしばわたしは自分が見たことを信じるなと言われて、やがて自分が感じたことは間違っていたのだと確信するに至りました。そして自分を信じる代わりに、その状況に関する「偉い人」の説明を受け入れるようになったのです。大人になってからも、わたしは両親や年上の親戚を「偉い人」と見なしつづけました。そして雇い主や権力のある人たちも「偉い人」の中に入りました。それによって自分をさげすむことになったとしても、わたしは自分以外の人の感情や願望を尊重するためなら何でもしました。

自分が何を必要としているか、それについて自分自身を偽っていると、同じように人をも偽ることになります。わたしが初めて男の子とつき合いだしたとき、自分の気持ちよりも、相手が気分を損ねないようにとばかり考えていたのを思い出します。待ち合わせに彼が遅れてきても、何でもないふりをしました。約束通り電話をかけてこない時は、「どうしたの」と質問はしても、とげとげしくならないように気をつけました。約束通り現れた時には、わたしの意見はほとんど言いませんでした。「どこに行きたい？」「どこでもあなたが好きなところでいいわ」「何が食べたい？」「あなたは何を食べたいの？」――質問に対して質問で答えるのは、自分の望みを叶えるのにふさわしい方法ではありません。それは自分を尊重する行為ではないからです。でも、わたしはあまり多くを要求しないように、そして間違ったことを言わないように細心の注意を払っていました。相手が今日どのくらいお金を持っているのかわからない時は特にそうでした。彼は、わたしの両親や先生、上司、近所の人、牧師さんと同じように、わたしが必要とし、手に入れたいものを持っている人です。わたしは彼を怒らせたり動揺させたりするほど愚かではありませんでした。彼はわたしにとって「偉い人」だったのです。

自分が何を必要とし、何を求め、何が好きで何が好きではないのかについて、自分自身を、そして人々を欺くというのは、病原菌に感染するようなものです。それはあっという間に人生の全領域に蔓延し、あなたの存在そのものを侵します。屈辱という名の病原菌に侵されたとき、自分自身のためにきちんと発言するのは難しくなります。誰かがあなたに不当な物言いをしたとき、その病原菌はあなたの口を封じさせます。また、誰かがあなたに不当なふるまいをしたとき、その病原菌はあなたの思考をくもらせます。口を封じ、頭をくもらせるこの病原菌は、必ずあなたが自分自身を疑うように仕向け、あなたが何かを感じても、感じている自分の気持ちに疑いを抱かせるのです。そして自分が「偉い人」から傷つけられた時も、その場でどう対応するのが一番ふさわしいかを見出せなくしてしまいます。すべての病原菌がそうであるように、この病原菌も治療しないで放っておくと病気に進展します。あなたが自分を尊重しないとき、その病気は進行し、怒りや激情となって表われます。相手が偉い人であろうと取るに足らない人であろうと、自分が長年気づかないできたことを相手が言ったり行なったりしたとき、怒りや激情が自分の内から噴き出すのです。感じた時に自分の感じていることを尊重せず、言う必要がある時にそれを言わないという病原菌は怒りとなって噴出し、あなたの人間関係を破壊するでしょう。家族関係、仕事上の関係、個人的な親しい関係。あらゆる人との関係において、どんな場面であれ自分自身を尊重しないとき、あなたの内でその病原菌が育ってしまうことは避けられません。

自分が何を感じているかを、他の人から気にかけてもらってもいいのだと初めて教えられたとき、わたしはすでに30歳になっていました。そのとき、わたしは知らない人の輪の中に立っていました。そこにいたのは、ほとんどみなわたしより年上でお金があって高学歴の人たちでした。「では、あなたはどう思いますか?」と、ある人がわたしの目を見て言ったのです。彼は「あなた自身をたたえましょう!」とわたしに言いました。その当時のわたしは結婚して子供を三人生んで、離婚していました。あなたが心に感じたことを語りなさい――それは今まで考えてもみなかったことでした。自分をたたえるですって? 自分が感じていることを認めるですって? わたしが何を考えているかを、偉い人だらけのこの部屋で声に出して言えというの？　聞いてもらえるかどうかもわからないのに、わたしの望みを言えだなんて！　この人、どうかしてるんじゃないの？　もちろん、彼は頭がおかしいわけではありませんでした。彼は牧師で、そこはエンパワーメントのワークショップの会場でした。そして信頼と真実を培うためのエクササイズをしているところでした。彼はわたしたちにこう語りました。自分自身を神の神聖でユニークな表現としてたたえられるほど深く自分を信頼できるようになる方法はただ一つ、真実を述べることだけだと。彼はそのワークショップを率いており、その場における「偉い人」でした。ところが、出席者の一人が彼にとても辛辣な批判をしました。すると唐突に彼はわたしのほうを見てこう尋ねたのです、「では、あなたはどう思いますか？」と。頭の中が真っ白になっているとき、何かを考えるというのは実に大変なことです。

「ええ〜と……」とわたしが言いかけると、「『ええと』は、なしで！」と彼は怒鳴りました。「あなたが『ええと』とか『わからない』と言うとき、それについて話したくないと言っているのと同じです。あなたは話すためにここにいるのです。だから話してください。その女性がたった今言ったことについて、あなたはどう思っていますか？」　部屋中の50の目玉がいっせいに集中し、視線がわたしの皮膚を突き刺しました。そのとき、どこからともなく祖母の声が聞こえてきました。「適当な言葉が見つからない時は、何も言ってはいけないよ」おまけに部屋の向こうから母の目がわたしを射るように睨んでいるのが見え、その目は、わたしが口を開けば即座に死ぬだろうと告げているかのようでした。わたしは自分の脳みそが煮えたぎっている匂いまで感じ取ることができました。しかしこの間にも、「偉い人」が目の前に立って、わたしの答えを待っているのです。考える間もなく、口から言葉が出ました。「わたしも同じように感じています。自分の言いたいことを理解させるのに怒鳴る必要はないと思います。わたしたちは耳が悪いわけではないし、お金を払ってここに参加しています。それは学びたいから来ているのです。怖がりながら学ぶことはできません」彼は優しく「本当にわたしが怖いですか」と尋ねました。「いいえ。本当はそうじゃありません。あなたへの答えが正しくなかったとき、あなたが何と言うか、どうするかが怖いのです」彼はたたみかけるように「正しい答えとは何ですか？」と聞きましたが、いやな感じはありませんでした。「わたしは、正しい答えとはその瞬間に心に浮かんだものではないかと思います。難しいのは、いかに人を傷つけたり怒らせたりしないでその答えを伝えるかです」すると彼は膝をついて、わたしの目をまっすぐに見つめて言いました。「あなた自身が人からこういうふうに言われたいという言い方で相手に伝えることによって、あなたの感じたことを尊重してください。あなたがそれを正直に愛をもって語ったとき、あなたのやり方は完璧なのです」

わたしは夕食の招待をすっぽかしました。自宅にいて、家の周辺をぶらつきました。全部の窓を開け放ち、新鮮な春の空気を入れました。そして顔の手入れをし、つめを磨きました。それから靴を買いに行きました。いい靴が見つからなかったので、代わりにアイスクリームを買って帰りました。家に着くと、うたた寝をしてしまい、悪夢を見ました。夢の中では、わたしが夕食に来なかったと言って、叔母と祖母がヒステリックに叫んでいました。「どうして人よりも自分の気持ちのほうを大切にするの？　なぜいつも自分勝手にことを進めてしまうの」と、二人が言うのが聞こえました。それから兄が、「なんでおまえはそんなに愚かなんだ？」と何度も繰り返し、「おまえもみんなのことはよく知ってるだろう。なのにどうしていつも騒動ばかり起こすのか」とわたしを非難しました。そこへ幼なじみが近づいてきて、わたしがそこで何をしているのかと尋ねました。彼女はわたしに、そのまま離れていたほうがいいと言いました。わたしが来るとトラブルになるだけだからと。夢の中で、みんなが口々にわたしに向かって叫んでいました。彼女らの怒りを感じてわたしは悲しみと憤りに襲われました。わたしも叫び返したのですが、いつものように、みんなにはわたしの声が聞こえません。なぜなら怒りの病原菌がわたしたち全員の耳を塞いでしまったからです。わたしは胸がつぶれるような思いで、泣きながら目を覚ましました。

ベッドの縁に腰かけて鼻をかんだとき、わたしは少女の頃に戻っていました。またみんなを喜ばせようとしてしまった。また自分自身をさげすんでしまった。偉い人の機嫌を損ねることと、自分が感じたことを黙殺することの、いったいどちらが気分が悪いのか、自分でもわからなくなっていました。するとそのとき、電話が鳴りました。叔母からでした。挨拶もしないうちに彼女は尋ねました。「今日はどうしたの?」わたしが答えずにいると、叔母は質問を繰り返しました。「あなたに何かあったのではないかと心配していたのよ。どこにいたの?」――あなた自身をたたえましょう!――「体調がすぐれなくて……」それは本当のことではありませんでした。「それに行きたくなかったの」「あら、もっと大切なことがあったのね」と叔母。「いいえ、わたしは自分が感じていることを尊重しようって決心したんです。だから今日は家にいて、自分のことをしていたの」「まあ!」彼女は言いました。「どうしたらそんなことができるのか教えてほしいものだわ。わたしだって本当は行きたくなかったのよ。でも、みんながどういう人たちか、あなたも知っているでしょう?」そして叔母は、誰がどんな服を着てきたとか、誰がこう言っていたとか、誰がどのくらい飲んで、それをあの人がああ言ったとか、どうしたとか、その日のことをこまごまと話しつづけました。それを聞いているうちに、わたしは微笑み、頭の中で確認したのです。「あなた自身をたたえましょう!」その言葉はわたしたちが考えているより、はるかに大きな意味があるのです。

day 9 「気づき」によってあなた自身をたたえましょう

＊あなたに役立つ定義

今日のテーマは「気づき」です。それは直感的な知です。真実の意味を認識し、行動に結びつけることです。感情的なとらわれや判断のない知識あるいは情報です。

気づきについて

あるマスターがわたしに語りました。「『あなたは馬だ』と言ったのが一人なら、その言葉を聞く必要はありません。『あなたは馬だ』と二人に言われたら、自分のしていることに少し注意を払ったほうがいいでしょう。『あなたは馬だ』と三人から言われたのなら、たぶんあなたは口から干し草をのぞかせ、背中に鞍をつけているでしょう」つまりあなたを見ている人には、あなた自身が気づいていないものが見えるということです。しばしばわたしたちは、お互いに自分の不快な一面について語り合うことができなかったり、避けたりします。それに関してどう感じているかを話し合うよりも、お互いを批判したりしがちです。わたしはいつも怒っているように見えると言われていました。そうでない時は、防衛的とか喧嘩腰などと言われました。このように言われると必ずわたしは気分を害し、あなたたちはわたしのことをわかっていない、わたしが何を考えどう感じているか知らないでしょう、と言って長々と攻撃的に弁舌をふるうのが常でした。わたしはたいていその長広舌を締めくくるにあたって、自分が批判されたことでどんなに嫌な気持ちがして憔悴したか、それでもそのことについて、わたしは怒ってはいないと告げました。

人生があなたに語っているのに、あなたがそれに注意を払わないでいると、人生はその問題点をとても鮮明に示してくれます。人生は、あなたが自分自身に気づき、より調和的に生きるために必要なことを実行するよう求めているのです。わたしの人生は、わたしが馬のようにふるまっていることを気づかせようとしていたのですが、自分では仔猫だと言い張っていました。人生は、わたしが神の神聖な現れである一方で、まったく愚かにふるまっていることを気づかせようとしていたのです。ところがある日、口から干し草をのぞかせていることが自分でもごまかしようのないほど明らかになったのでした。

わたしの友人の一人がある行政機関のオフィスに事務手続きに行かなければならず、手助けを必要としていました。わたしはその機関の行政官として何度かそこを訪れたことがあったので、担当の女性がいる部屋へ友人を連れていきました。わたしたちが部屋に入ると、その担当者は別の人と応対していたので、わたしたちはカウンターのところに立って静かに順番を待っていました。すると突然、その女性がわたしたちのほうに向き直ったかと思うと、意味もなく叫び出したのです。そしてわたしの顔に指を突きつけ、強い口調でここから出ていくように言いました。わたしは彼女に、何が問題なのか、なぜ彼女がそんなふうに言う権利があると思っているのか尋ねました。きわめて思いやりに欠けた大人げない言葉の応酬が続き、結局事態が解決しないままわたしはその場を立ち去りました。

その2日後、わたしが自分の仕事場にいるとき、上司から電話があって部屋に呼ばれました。行ってみると、上司のほかに二人の男性がいて、そのうちの一人がわたしに1枚の書類を渡しました。それは裁判所の召喚状でした。なんと、わたしは2日前に言い争ったあの女性に対する重大な暴行罪で告発されていたのです。その召喚状によると、わたしは壁ぎわまで彼女を追い詰め、彼女はその攻撃から逃れるために戸棚に隠れなければならなかった、ということになっていました。そのうえわたしは駐車場で待ち伏せして、車の背後から彼女に襲いかかり、頭や顔を殴って首と背中に重傷を負わせたとまで書いてありました。おまけに、わたしが彼女の車のタイヤをナイフで切り裂いたというのです。警官である二人の男性はわたしに、その告発に答弁するために裁判所に出廷しなければならないと告げました。上司はわたしに事件の顛末を尋ねました。わたしはできる限り当日の状況を思い出し、そのオフィスを出たあとは彼女の顔を見ていないと言い、彼女がどんな車を運転しているかも知らないし、自分は車を持っていないので駐車場で待ち伏せすることもないと話しました。証人ですって？　証人って一体何の証人でしょうか？　そんな人はいません。でも、その女性はわたしを名指しで特定したというのです。

自分がしていないことをしたと言って責められることは、場合によってはあるかもしれません。しかし、身に覚えのない罪で告発まで されるというのはまったく別問題で、実に恐ろしい話です。一体何がどうなっているのかを確かめるために、わたしはその女性のオフィスを再び訪れました。ところが、わたしがその部屋に入っていくやいなや、そこにいた人たちはいっせいに机の上の書類を整理しはじめたのです。つまり彼らはわたしを無視したわけです。わたしはみんなに向かって、「このなかで、わたしがあの女性を追い詰めたのを見た人はいますか？」と尋ねました。誰も答えません。それからわたしは、そこにある戸棚を見せてくれるように頼みました。でも、そこには6段の棚がある事務用戸棚しかありませんでした。「彼女はどこに隠れたというの？」とわたしは尋ねましたが、やはり答えはありません。彼らはわたしと知り合いでした。何年も一緒に働いてきた人たちです。みんな、おかしくなってしまったのでしょうか。それともわたしのほうが頭がおかしくて、気を失っている間にその女性を襲ったのでしょうか。わたしは自問しつづけ、人々にも聞いてまわりました。でも、本当のところ一体何が起こっているのか、誰からも何の手がかりも得られませんでした。

それから数週間たって、この恐怖は悪夢のような現実になりました。その女性が首にギブスを着けて職場に戻ってきたのです。彼女は職員の行動を管轄する責任のあるその機関を告訴し、地方紙にはその経緯や写真が掲載されました。もともとわたしに手助けを頼んだ人も含め、何年も知り合いだった人までが、わたしに話しかけなくなりました。わたしは瀟洒で居心地のいいオフィスから、倉庫を兼ねたビルへ異動になり、警察、役員会、そして会社の顧問弁護士から繰り返し質問されました。けれどもわたしが一番驚いたのは、彼女の主張にはまったく何一つ証拠がなかったにもかかわらず、わたしが話した人のほとんどが告発人を信じたということでした。

人生は明らかにわたしに何かを告げていました。しかし、恐怖と怒りでわたしは耳が聞こえず、口もきけず、目も見えなくなっていました。なるほど、確かにわたしは会議で激昂し部屋を飛び出したことは何回かありました。その前の年には五、六人の秘書をクビにしました。でも、それがこの事件と何の関係があるのでしょう。だからといって、わたしが誰かを襲うために駐車場で待ち伏せしたことにはならないはずです。しかしながら、このことが意味していたのは、人がわたしをどう見、どう反応するかということとにわたし自身ぜんぜん気づいていなかった、ということだったのです。ある日、上司のアシスタントがわたしの席に立ち寄りました。話をしているうち、わたしの告発についての話題になりました。わたしは、どうしてみんながあの女性の言うことを信じるのかわからないと話しました。すると彼女は言いました。「それは彼らがあなたをどう見ているかを表わしているのよ。彼らはあなたのことを怒りっぽくて怖い人だと思っているわ。あなたを恐れているのよ。わたしはあなたが実際にやることは、あなたの怒鳴り声ほど強烈でないのを知っているし、あなたが無実なのはわかっているわ。でも他の人たちは、彼女が言っていることは大いにあり得ることだと信じてしまうのよ」そして、「たいていの人は、ストレートで思ったことを何でも口にするような人物を好きになるのではないかしら。しかもその人が誰かを黙らせたり参らせたりすれば、もっとスリリングに感じるものじゃない？」と。わたしは彼女が何を言いたいのかわからない、と言おうとしましたが、それを言えば嘘になりました。わたしにはわかっていたのです。

わたしの上司は以前、わたしが部屋に入ってくるとトラブルのもとだと言いました。なぜ？　どうして彼はそんなことを言ったのでしょうか。さらに重要なことに、なぜその言葉は真実をついていたのでしょうか。わたしには何かしら人々に苦味を残すようなところがあると言った人もいます。このような意見は通常、批判という形でなされたため、わたしはむきになり続けました。批判がそのようなやり方で示されたとき、自分が人によって損なわれます。批判とはまさにそういう働きをします。でも、もしあなたが気づきと成長の途上にあるなら、批判はとても深い洞察を与えてくれるものになるのです。怒りと恐怖を乗り越え、その先に行くことができれば、批判してくる人というのはあなたが世界にどんな衝撃を与えているかを気づかせるために、その人の知る唯一の方法で伝えているのだと見えてきます。もしあなたがエゴを十分にコントロールでき、人々の声に耳を傾けることができるようになれば、彼らがふだんあなたに言っていることこそ、ほかならぬあなた自身が自分に対して小声でつぶやいていたことだったと気づくかもしれません。

その告訴は、最終的に取り下げられました。でも、それがわたしにとって何の意味も持たなくなるまでには何年もかかりました。なのにその状態も、ある日終わりを告げました。わたしは夫を刺し、車をぶつけ、神経衰弱になったのです。それは怒りでした。そして恐怖でした。この一連の事件によって、わたしはいかに自分が攻撃的で闘争的だったかに気づいたのです。それは怒りによる反応でした。あなたが誰かに本気で怒ったことがあるなら、その人に対してよい感情を持つのがどんなに難しいかわかるでしょう。少しでも相手のことを考えただけで気分がむかむかします。誰かに向けられた怒りは、どれほどの衝撃で伝わるか想像してみてください。もしその衝撃が、あなたが毎朝鏡の中に見ている人に向けられたとしたら、どうでしょうか。その強さを感じてみてください。人はあなたが怒っていると、わかります。あなたの声でわかり、身振りでわかるのです。怒りに対して人は恐れで反応します。そして恐れは人に、そこにないものを見せ、言っていない言葉を聞かせます。わたしが経験したのはまさにそういうことでした。まったく気づいていなかった自分の内部のエネルギーが、怒りと恐怖の体験となって現れたのです。

自分自身について、そして自分が世界に与えている衝撃について気づくのは、たやすいことではありません。臆病だったり意志が弱くてはできないのです。オリンピックで長距離を走るのと同じくらい強い決意が必要です。あなたは耳を傾け、本来のあなた自身を受け入れ、理解し、愛することを、辛抱強く学びつづけなくてはなりません。気づきの最初のプロセスは、あなた自身とその人生を、判断も自己批判もなしに見つめようとする意志から始まります。どんな些細なことも検証してみる必要があります。すべての出来事、トラブル、もつれた人間関係などを見直し、調べなくてはなりません。ジェームズ・ボードウィンの言葉に、「あなたが直面しなければ、それを正すことはできない」というものがあります。気づきを成功させる鍵は、ただ見て、気づくだけです。自分で正そうとしなくていいのです。いったん気がつけば、何がうまくいき、何がうまくいかないかを選ぶ能力が身につきます。しかも、もう批判を恐れる必要がなくなります。人々はあなた自身——あなたが誰であり何をする人か——を否定しようとしているわけではないとわかるからです。誰かがあなたについてあまり愉快でない指摘をした時も、あなた自身すでにそれに気がついていれば、怒りの罠《わな》にはまる代わりに、「話してくれてどうもありがとう。そのことは自分でも気がついてるの。そしていま取り組んでいるところなのよ」と言うことができます。

●朝のワーク●

今日の「気づきについて」を読んで気づいたことは、

今日、心にとどめ、取り組んでみたいことは、

■朝のアファメーション■

今日、わたしは気づきを選択します。

わたしは人生と生きていることの美しさに気づくことを選択します。

わたしは人生のシンプルな真実に気づきます。

わたしは人生のシンプルな楽しみに気づきます。

わたしは喜びに気づきます。

わたしは平和に気づきます。

わたしは愛に気づきます。

わたしは自分の内側とまわりに神聖なエネルギーの存在を見、

感じ、知ることを選択します。

今日、わたしは、よきこと、高貴、神聖なるものすべてに気づき、

胸に抱くことを選択します。

喜び、平和、愛、よきことの気づきがわたしの意識の中に育つにつれ

喜び、平和、愛、よきことがわたしの生きた現実となります。

わたしは深く感謝しています。

心から感謝します。

■■今日のポイント■■

人生はいつもわたしが知る必要のあることを気づかせてくれる。

わたしが直面しない限り、それを変えることはできない。

気づきは、よりよい選択への道である。

自己への気づきこそ平和の鍵である。

気づきはわたしの心と頭を新しい可能性に開いてくれる。

●● 夜のワーク ●●

今日、自分が衝撃を受けたのに気づいたことは、

今日、自分がいつも気づいていなかったと発見したことは、

今、わたしがまわりの人に大きな衝撃を与えていると気づいたところは、

day
10

「受容」によってあなた自身をたたえましょう

＊あなたに役立つ定義

今日のテーマは「受容」です。それは批判や判断なしに受け入れることです。状況や体験のすべてを抱きとめることです。表面に現れたことが何であれ、すべてはこれでいいのだと心から悟ることです。

受容について

わたしは夫が浮気しているのを知っていました。でもそれを受け入れることができず、受け入れるつもりもありませんでした。受け入れるということは、それに対して何らかの行動を起こすことを意味しており、そうなったら自分はどうすればいいのかわからなかったからです。その時のわたしには仕事もお金もなく、夫のもとを去ることはできませんでした。それに三人の子供たちが父親を好きだったので、無理に引き離すこともできません。それに加えて、わたしには劣等感からくる重症のコンプレックスがあり、「自分の男」をほかの女性にとられるのは嫌でした。自分は価値も魅力もないし、素敵でもないと感じてはいましたが、わたしの7年にわたる結婚生活がたった一人の女性の出現によってとつぜん崩壊させられるというのは、とても受け入れられる話ではありませんでした。わたしは彼女を襲って殺したいとさえ思いました。そうすれば崩壊をくいとめられるかもしれないと思ったのです。

自分の人生で起こっていることを好きである必要はありません。けれども、それが現実に起こったのなら、それが何であれ受け入れなくてはなりません。現実を受け入れない限り、自分がどんな役割を演じているのかを理解することはできません。現実を受け入れないということは、自分の意識的な選択の力を放棄することです。みずから選択しないとき、あなたは生きることを逃げています。そして環境の犠牲者になります。これはとても筋の通った話であり、おそらくあなたも納得できるでしょう。しかしながら、自分の人生が思いがけない結果になってしまったのに気がついた時には、すべて意味がわからなくなってしまうのです。そのときあなたは怒り、恐れます。怒っていると何も理解できなくなります。恐れているど、わけがわからなくなります。怒り、恐れ、殺人を考えているような時には、何もかもわからなくなっています。そして誰の人生にも、自分が何もわからなくなってしまったことを受け入れなければならない時があります。すると、いったんそれを受け入れるやいなや、意味はわからなくても、あらゆることがよい方向へ動きはじめるのです。受容とは、それが何であれ、すべてはそれでいいと知ることであり、また、よくなると知ることなのです。

受容とはただ認めることです。認めたとき、あなたはそれをあるがままに見ることができます。事態がどれほどひどく見えたとしても、わたしたちのあらゆる体験は一時的なものです。その体験を一時的な状態だと受け入れると、ずっと対処しやすくなります。受け入れたからといって、怒りや驚きや無分別がなくなるわけではありません。けれどもそれが一時的な状態だと知っていれば、冷静に対処することができます。受容とはまた、恐れと怒りから素早く離れる特急列車の切符だとも言えます。つまり、ネガティブな感情のすべてに各駅停車することなく、今いるところから行きたいところまで速やかに運んでくれるのです。受容とは起こっていることを肯定するという意味ではありませんし、衝撃を受けなくなるということでもありません。受容とは、感情的な執着から十分な距離をとって、本当は何が起きているかを見極められる状態を指します。感情的なとらわれがなくなったとき、そこで起こっていることは自分にはどうにもできないと気づくかもしれません。見て、感じて、その結果、何かがなされなくてはならないとわかるかもしれません。いずれにせよ、それは感情的なとらわれのない受容という状態のみが可能にする、叡智ある選択なのです。

その女性が家の戸口に現れたとき、わたしは現実を受け入れざるを得ませんでした。受容はイニシエーションの一つの形態であり、通過儀礼です。それは自分を守るために自分自身の心でつくりあげた幻想の世界から、真実と事実の現実世界へと移ることです。受容というイニシエーションを通過するとき、何かしら秘密に隠されていたものが明るみに出ます。それは、自分自身がどういうもので成り立っているのかを知るために引き出されたのです。自分が拠り所にしてきた基盤が何だったのか、それをはっきり見る時が来ましたよ、という知らせを受け取ったのです。それは勇気ある行為です。受容とは、そうせざるを得なくなる前に、あえて自分がしなくてはならないと知っていることをしてしまう、勇気ある行為なのです。

わたしは、その女性を家の中に招き入れました。

受け入れることとは、自分自身と人を尊重することの本質と言えます。あなたが自分の人生の現実を受け入れ、そこで意識的な選択をする意志を持ったとき、あなたの内にある神聖な魂の叡智、強靭さ、忍耐強さをたたえることができるのです。たとえ現実に起こっていることが好きになれないとしても、それをやり過ごす強さと勇気を自分が持っていることに気づき、他の人の選択する現実を受け入れたとき、自分が傷ついたことの責めを人に向けることなく、その人の選択の権利を尊重するでしょう。ピクニックに行ってアリがいたために不愉快になったとしても、公園中の土を掘り返すわけにはいきません。アリにもあなたと同じように公園にいる権利があることを受け入れ、ポテトサラダにアリが近づかないよう気をつけるでしょう。受容とは、ピクニックにアリがいるのを知るようなものです。そこにあなた以外の人の必要性や状況があるのを認めることです。それを認めることにより、人の必要性に踏み込まずに自分を守る術を培う力が生まれるのです。彼女がわたしに夫と離婚することを求めたとき、もし夫と一緒に犬も引き取ってくださるのなら、とわたしは答えました。

怒り、恐れ、犠牲などという感情的なとらわれがなければ、ずっと人生の現実を受け入れやすくなります。現実を受け入れると、思った通りにいっていないことに敏感に気づくようになります。そして何かがうまくいっていないことを知ったとき、自分がしなくてはならないことを決められるようになります。受容は信頼と忍耐強さを必要とします。自分を十分に信頼して、自分が正しい選択をすると知っていなくてはなりません。そして自分が設定したことを達成するために必要な物事は、すべて宇宙が与えてくれるのを信頼しなければなりません。さらに、自分がしようとしていることが容易ではないことも受け入れなくてはなりません。つまり、自分自身に忍耐強くなければいけないのです。怒りや恐怖に襲われたとき、忍耐強くあってください。また、自分を偽り、真実を受け入れたくないという誘惑にかられた時も、忍耐強くあってください。物事が順調にいかず、ぜんぜん見通しが立たない時にも忍耐強くあってください。自分自身のものは必ず適切な時に、適切な方法でやって来ることを受け入れてください。そしてどんなふうに自分に言いつくろうことを選んでも、あなたにとってよくないことは、よくないのだと忍耐強く認めつづけ、受け入れてください。アリはピクニックのテーブルにのぼって、ごちそうがアルミホイルに包まれているのを発見しても、がっかりしたりしません。地面に這い戻ってテーブルの脚もとでごちそうが落ちて来るのを忍耐強く待つのです。

その女性が、夫の服でいっぱいになった6個の荷物袋と犬を伴って立ち去ったあと、わたしは裏庭に出て、洗濯物を干しました。そして洗濯カゴに残った1枚だけのシーツを見たとき、草の上に座り込んで泣きました。

●朝のワーク●

今日の「受容について」を読んで気づいたことは、

今日、心にとどめ、取り組んでみたいことは、

■朝のアファメーション■

わたしは、神聖な生命の存在がそれ自身をわたしとして表現しているのを
受け入れます。
わたしは、自分の生きる権利を受け入れます。
わたしは、喜びを知る権利を受け入れます。
わたしは、平和に生きる権利を受け入れます。
わたしは、愛を知り、愛を与え、愛を受け取る権利を受け入れます。
わたしは、人生の礎《いしずえ》として喜び、平和、愛を選択しなかったとき
神聖ではない現実を選択していることを受け入れます。
何にもまして、わたしは神の意志、喜び、平和、愛を
自分の存在の中心、人生の礎として受け入れます。
わたしは深く感謝しています。
心から感謝します。

■■今日のポイント■■

受容は勇気のしるしである。

受容は、わたしが意識的に選択する力を与えてくれる。

現実を受け入れることは、その状態の現実を好きであることではない。

恐れからの選択は、受容ではない。

怒りからの選択は、受容ではない。

受け入れるには、自分自身と神への信頼が必要である。

受け入れるには、自分自身、他の人々、人生のプロセスに対して忍耐強くなければならない。

●●夜のワーク●●

今日、わたしが現実を受け入れるのに抵抗していると気がついたところは、

今日、わたしに受け入れることができたのは、

今、わたしは＿＿＿＿＿＿＿＿＿＿が＿＿＿＿＿＿＿＿＿＿であること(でないこと)を受け入れます。

day 11

「アファメーション」によってあなた自身をたたえましょう

＊あなたに役立つ定義

今日のテーマは「アファメーション」です。それは真実の言葉をしっかり心に根づかせ、声に出して表明することです。その言葉が真実であると宣言し、自分のものにする行為です。

アファメーションについて

今日、自分自身に話しかける時は、よいことを言いましょう。わたしはとても素敵でいい香りがする、と自分自身に言ってください。あなたの美点を認め、賞賛してください。自分には褒めるに値するようなところは何もないと思うなら、誰かに褒められたことを思い出して言ってみましょう。自分に好ましい言葉をかけて一日を始めることを日課にしなくてはなりません。今日、自分自身について考える時は、あなたが心地よく感じることを考えてください。今までに嬉しかったことを思い出してください。人のために何かよいこと、素晴らしいことをした時を思い出してみましょう。過去に体験した愛や喜び、何かを達成した時の誇らしさを思い起こしてください。自分自身に関するポジティブな思いで心をいっぱいにすることは欠かすことのできないプロセスなのです。

今日しなくてはならない義務や仕事以外に、あなた自身のために何かする時間をとってください。自分にちょっとしたプレゼントを買いましょう。自分のために祈りましょう。自分を抱きしめましょう。自分の思いに耳を傾け、自分を肯定する考えや言葉を繰り返して、心をしばしば駆けめぐるネガティブなおしゃべりから離れる時間を持ってください。自分のために一日3回、5分の時間をとってください。それだけの価値は十分にあります。植物が生きるために水が欠かせないのと同じです。自分について肯定的なことを考え、自分に嬉しい言葉をかけるのは、枯れかかった植物に水を与えるようなものです。できるだけ何度も繰り返し自分を肯定する必要があります。

わたしたちは人生の大部分を、自分について聞いた批判と判断を心の中で繰り返しながら過ごしています。潜在意識の力はとても強いので、今までに聞いたすべての言葉の痕跡をそこに留めています。誰かが怒りや恐怖にかられて、あるいは痛みや無知のために投げた否定的な言葉は、わたしたちの潜在意識に永続的な印象として刻み込まれるのです。こうした言葉は思考となり、その思考は自己価値と自己尊重を締めつける雑草となります。本来のあなた自身は神聖で、パワフルで、決して変えることはできません。これがあなたの真実なのです。あなたが何を聞き、何を経験したとしても、真実は真実であり続けます。あなたが人生でなすべきことは、真実を知り、できるだけ頻繁にそれを肯定することです。

詩人のマヤ・アンゲローはかつて言葉の力について語ったことがあります。彼女は、言葉は人生の目に見えない領域に芽を出す、小さなエネルギーの球のようなものだと言います。そしてわたしたちに見ることはできなくても、言葉は部屋、家、環境、心を満たすエネルギーになると言い、どのように言葉が壁、家具、カーテン、服に付着するのかを説明しています。環境における言葉はわたしたちの存在にしみ込んで、わたしたちが誰であるかということの一部になると彼女は信じているのです。わたしは自分自身に関するネガティブな言葉や、その言葉と格闘した月日を思い返して、彼女の言葉に深く納得しました。言葉はわたしたちの人生にとても重要な意味を持ちます。書いたり言ったりした言葉は、人生で何をどうするのかを決定します。究極的にわたしたちを行動へと導くのは言葉なのですから、真実を語り、愛を語り、現実に経験したいと思うあらゆるよいことを話すことが大切です。自分を肯定する言葉や行動は、自分自身について聞いた不愉快な言葉を帳消しにしてくれます。

わたしは予定より早く産まれました。事実、早すぎたために母が病院まで着かないうちにタクシーの中で生まれたのです。運転手は怒り、タクシークリーニングの費用のために両親を告訴しました。わたしはこの話を最低千回は聞かされました。そしてその話は結局、「この子はいつも問題児だ」とか、「この子は何でも自分だけ勝手に早くやってしまう」とか、「この子は何をするかわからないから目が離せない」などという言葉になるのでした。やんちゃざかりだった2歳の時や、うるさいぐらいの聞きたがり屋だった5歳の時や、ホルモンの作用に衝き動かされていた10代の時に聞かされたそれらの言葉は、わたしの中でネガティブなつぶやきに変換されました。その結果どうなったかというと、わたしは自分でもどこかおかしいのではないかと思うほど何にでも遅れるようになりました。仕事にはいつも遅刻、自分の結婚式にも遅刻、請求書の支払いも遅れました。夜遅く食べるのが好きで、何をするのも待てるだけ待って最後のぎりぎりまで引き延ばし、たいていは遅すぎて間に合わないのでした。わたしの遅刻癖が直ったのは、弁護士として仕事を始めたおかげでした。

わたしが裁定申請を提起するのを誰かが拘置所で待っているというのに、まさか遅れるわけにはいきません。判事がわたしを侮辱罪で拘留する権利、つまり監獄に入れる権利がある時には遅刻しないほうが賢明です。自分のすることに誰かがお金を支払っていたり、誰かの自由や憲法上の権利が自分の行動にかかっている場合、とても遅刻できたものではありません。遅くなることに弁明の余地はありません。太陽は決して遅刻せず、月も絶対に遅れません。春は毎年必ず冬の後にやって来ます。いつ来るのか正確には定かではなくても、年内には必ずやって来ます。神聖な活動はいつも時間通りに現れます。遅刻は、単にバスに乗り遅れたとか交通渋滞に巻き込まれたという以上の問題です。それは自分自身の神聖さと人々の神聖さを尊重していないことの、暗黙の表現なのです。

16年前、わたしは腕時計をはずしました。そして自分を肯定するアファメーションを始めました。「わたしがすることのすべては神聖なタイミングと神聖な秩序に導かれています。わたしは時間を守るに値する人間です。わたしはいつも時間に正確です」 わたしはこのアファメーションを紙に書き出し、家のあちこちや車の中に貼りました。その1枚は、もともと時計をはめていた腕に貼りました。今何時なのかわからないので、かえって服を着替えたり移動にかかる時間を読み誤れなくなりました。わたしは一つの場所から別の場所へ行くのに10分で行けると思ってしまうような人間です。わたしの目標は、世界のどこへ行く時でも時間を守れるように早めにスタートすることになったのです。しかし、そのコツを十分つかめるようになるまでには約10年もかかりました。それでもなお、いまだにときどき遅刻することがあります。そんな状況でわたしが気づいたことがあります。わたしは、やりたくないことをしている時に遅れます。そして結果を恐れている時に遅れます。自分を肯定せず、尊重しなかった日に遅れるのです。

●朝のワーク●

今日の「アファメーションについて」を読んで気づいたことは、

今日、心にとどめ、取り組んでみたいことは、

■朝のアファメーション■

わたしは宇宙の力の神聖な器です。

わたしは宇宙の愛の神聖な反映です。

わたしはわたし自身で完璧です。

わたしはすべてであり、完全です。

わたしは無限で豊かです。

わたしは神聖な能力に恵まれています。

わたしは魅力的で美しい。

わたしは行動する喜びです。

わたしは世界の最も偉大な奇跡です。

わたしは世界の光です。

わたしはわたしであることのすべてであり、

人生はわたしの存在で美しく輝きます。

わたしは深く感謝しています。

心から感謝します。

■■今日のポイント■■

わたしは世界の光である。

わたしは神の器である。

わたしは世界の最も偉大な奇跡である。

わたしが誰であるかという真実は変えることができない。

わたしが自分自身をどう扱うかによって、人々がわたしをどう扱うかが決まる。

●●夜のワーク●●

今日、わたしが気がついた自分の中のネガティブなつぶやきとは、

わたしが、自分自身についてよいことを考えるのが難しいと思うところは、

わたしが自分自身について知っているよいところは、

day 12

「選択」によってあなた自身をたたえましょう

＊あなたに役立つ定義

今日のテーマは「選択」です。それはさまざまな選択肢と起こりうる結果に気づける能力で、最も望ましくて好ましい、高貴な選択を可能にします。選択とは、気づいた選択肢に応じて行動する能力です。

選択について

選択の力について教える、うさぎと魔女の素晴らしいおとぎ話があります。

魔女とうさぎが森の中で暮らしていました。二人は毎日、木々の生い茂る道をおしゃべりしながら散歩して過ごしました。ある日のこと、魔女が一緒に町へ行かないかとうさぎを誘いました。うさぎは本当は行きたくないと思いましたが、何も言いませんでした。そして別に何ごともないようなそぶりで魔女について行きました。しばらく歩いてから、二人はひと休みしました。うさぎは言いました。「ぼく、喉が渇いた」それを聞いた魔女は一枚の木の葉を摘んで、フッとひと吹きしました。すると木の葉に水が満たされ、それを魔女はうさぎに差し出しました。うさぎはその葉っぱの器を受け取って水を飲みましたが、何も言いませんでした。二人はまた旅を続けました。次の休憩になると、うさぎは魔女に言いました。「お腹がすいたよ」 そこで魔女は石を拾い上げ、それをひと吹きすると、一かぶのハツカダイコンに変えました。うさぎはハツカダイコンをもらって食べましたが、やはり何も言いませんでした。そして二人はまた旅を続けました。少し行くと、どういうわけか、うさぎは足をすべらし、山から深い谷底に転落してしまいました。魔女はすぐに鳥になって、うさぎのそばへ舞い降りていきました。近づいてみるとうさぎはひどく体を痛めていました。魔女は再び人の姿に戻りました。そして見つけられる限りの葉っぱや石を集めてきて、呪文を唱えて魔法の軟膏を調合し、うさぎの体中に塗ってやりました。うさぎはそのまま横になっていました。その間ずっと魔女はうさぎのそばにつきっきりでした。何日かが過ぎ、うさぎがよくなると、魔女はワシに姿を変え、うさぎをくちばしにくわえて飛び立ちました。魔女はうさぎを彼の家まで運んでやってから、どこかへ飛び去っていきました。

それから長いこと魔女はうさぎを見かけませんでした。魔女はうさぎを訪ねていき、うさぎの姿を探しましたが、どこにもいません。ところがある日、偶然にも森の中で魔女はうさぎと出会いました。「なぜ、わたしを避けていたの？ どうして元気になったと知らせてくれなかったの？」 するとうさぎは「ぼくに近づくな！」と叫びました。「あんたは恐ろしい。ぼくはあんたのことも魔法も嫌いだ」 魔女はひどく傷つきました。そして目に涙を浮かべながら、うさぎにこう言ったのです。「友達だから助けたのに。あなたは友達として、わたしの魔法を受け入れたわ。なのに今になって急にそんなふうに言うの。わたしはその気になればあなたを殺すことだってできるのよ。でも、ずっと友達だったからそんなことはしない。そのかわり、呪いをかけることにするわ。今日からあなたは、自分の望みを言わなければ、望む力を失うでしょう。そして望みを持たずに恐れていれば、恐れた通りのことが降りかかるでしょう」

この物語の教訓は、あなたが選択しないと、そのことがあなたを選び、あなたの恐れていることがあなたを見つけてしまう、というものです。

わたしたちは、選択の必要性に気づいていないわけではありません。しかし多くの場合、選択を誤ることを恐れているのです。あるいは、新しいことのために古いことを、未知のもののために馴染んだものを手放すことが怖くて選択できないのです。選択の本質とは、自分の望みを明言して、不要なものを手放し、新しく馴染みのないところに立つことです。選択が神聖な教師であることはあまり知られていません。わたしたちが選択をすると、その道の上に理由なく置かれているようなものは何一つないことを学ぶようになります。ある一つの道、ある一つの活動を選択することは、その選択により自分にとって何かしら学ぶことがあるのです。そこにとどまり、選択することを拒否していると、自分の直感を発達させて心の囁きに従う神聖な機会を失ってしまいます。選択は、どのようにして内なる声に耳を傾け、なぜわたしたちはその声に従わなくてはならないのかを教えてくれます。

わたしたちが選択してもしなくても、その結果は自分のハイアーセルフとどう調和を保って生きていくかを教えてくれます。ハイアーセルフはいつもわたしたちを導き守っているので、ハイアーセルフが言っていることを聞くかどうか、選択はわたしたち次第なのです。それは感情として語りかけ、また成長すべき必要性として語りかけます。人生のペースが速すぎたり、あるいは習慣的に思い悩んでしまったりして、いやがおうでも選択せざるを得ないはめになってしまったとき、内側に耳を傾けて可能な選択肢をすべて考慮したり、選択の結果を吟味したりする時間はないかもしれません。そのように強制的に選択を迫られる時というのは、人生で何がうまくいき、何がうまくいかないのかを明瞭に教えます。一方、十分に考え抜かれた選択は、自己の気づきと信頼に基づき、あなたに内なる真実を明かしてくれます。あなたがした選択は個人的な勝利と成功の積み重ねとなり、もっと自己を尊重するための時間をもたらすでしょう。すべての選択は、強制的であろうと自発的であろうと、抵抗しようと勇敢であろうと、究極的にはあなた自身の人生観に変化を及ぼすまで深い理解レベルへとあなたを到達させるのです。

意識的な選択をする意志があるということは、選択を迫られる前に新しい生き方とあり方を見つける用意があることの表われです。一つのやり方がもはや自分の人生の目的に合わなくなった時には、何をするのか、どうするのか、何か新しいものを選択しなくてはなりません。すなわち自分のパターンに気づき、それを繰り返さないという選択です。それは成長への選択です。停滞と恐れを超えて成長していくことを意識的に選択するとき、宇宙の聖なる魂が優しく愛をもって学びをもたらし、わたしたちの決定を助けてくれます。あなたが心配していたのは、たいてい実際よりもずっと悪いことだったと気づくでしょう。つまり、選択の結果に耐えられるだけのあなたの真の強さ、パワー、能力を知ることを選択すれば、想像したよりも決して悪い結果にはならないのです。選択は物事をより容易にします。なぜなら、もしあなたがいったん選択して手に負えないとかまだ準備ができていないことがわかったとしても、そこでまた新たな選択をする能力と権利とパワーがあなたにはあるからです。

● 朝のワーク ●

今日の「選択について」を読んで気づいたことは、

今日、心にとどめ、取り組んでみたいことは、

■朝のアファメーション■

わたしの心、体、あらゆる人生の出来事に作用している、
唯一の力と唯一の存在があります。
それはすべてを包含する神の力です。神の力と存在です。
神の真実、神の平和、神の叡智、神の喜びが今、わたしという存在の
あらゆる面を満たしています。
神の真実は、わたしがするあらゆる選択に示されます。
神の平和は、わたしがするあらゆる選択に示されます。
神の叡智は、わたしがするあらゆる選択に示されます。
神の愛は、わたしがあらゆる選択をするのを支えます。
わたしは深く感謝しています。
心から感謝します。

■■今日のポイント■■

選択は、わたしの聖なる教師である。
わたしの選択は神聖な叡智に支えられている。
沈黙は、選択しないという選択である。
無意識の選択であっても無効ではない。
抵抗しているとそれが存続する。
意識的選択は、個人としてのパワーをもたらす。

●● 夜のワーク ●●

今日、わたしにとって選択するのが難しいと気づいたことは、

今日、わたしにとって選択するのはたやすいと気づいたことは、

今日、わたしが意識的な選択をしていないと気づいたのは、

day **13**

「慈しみ」によってあなた自身をたたえましょう

＊あなたに役立つ定義

今日のテーマは自分を「慈しむ」ことです。それは意識してリラックスしている状態です。自分という資源の保全と保護です。

慈しみについて

わたしがいつも忙しくしていなくてはならないと考えるようになったのは、祖母の影響だと思います。祖母はわたしに、暇なことはすなわち怠惰であり、怠惰は罪だと言いました。人生のずっと後になって、「罪」とは「自分で自分に負わせた意味のないもの」だと学びましたが、その時はすでに手遅れでした。わたしは働きすぎて次第に心が荒れ、多くのことをあれこれ手がけては駆けずり回っていました。25歳にして、もうくたびれ果てていたのです。わたしはリラックスする方法も、自分のエネルギーを大切にする術も知りませんでした。

リラックスすることはエネルギーを保持し、長生きできる一番よい方法です。それは忙しい行動パターンを見直し、学び直すことから始まります。あなたは、真っ先にテーブルに飛んでいってその上を片付ける人ですか。あるいは率先して「お手伝いするわ」「わたしがやりましょう」と言う人でしょうか。わたしたちは1年生の頃から、そんな行動に賛辞をもらってきました。あなたがどんなふうに手を挙げて黒板拭きを申し出たか思い出してください。すでにその時には忙しくすることが始まっていました。わたしたちは、自分の割り当て以上のことを率先して行なうことで褒められ、忙しくしていることを奨励されました。その結果、自分に課した義務によって自分自身を苦しめることを学び、ついには心も体も魂もぼろぼろにすり減らしてしまうのです。

自分を慈しむには、あえてあなた自身を静かに保ち、怠惰のように見られるリスクも覚悟しなければなりません。それは肉体的に静かというだけでなく、思考と感情の静穏も含みます。こうすることによって、自分の肉体のみならず心と魂をも慈しむのです。あなたは休むに値し、そして快適なペースで行動する権利があります。よい精神状態を保ちたかったら、自分のために自分と一緒にいる自分の時間が必要なのです。いつも忙しくしていることは精神的危機を招きます。そういった特別な種類の精神的危機は、常に自分で呼び寄せているのです。わたしたちは、人生でどれだけ多くをこなしているかによって自分の価値を計ることを学んでいます。ですから、何もすることがないとき、自分は役立たずで無能だと感じるのです。最悪のシナリオでは、自分という人間には何の価値もないと信じ込んで、みずからに課した無価値感がやがて狂気という形をとるまでになってしまいます。

わたしたちは自分を慈しむことを学んでいないのと同様に、自己の資源を大切にすることも学びそこねています。時間、お金、知識はどれも大切にすべきあなたの資源です。自分自身にも人にも喜びをもたらさないようなことに時間を費やすのは、貴重な資源の無駄遣いです。また、お金を誰の役にも立たないことにつぎ込むのも資源の無駄遣いです。本人のためとはいえ、あなたに耳を傾けたがらない人を説得しようとするのも、やはり貴重な資源の無駄遣いです。自分が誰であるかに気づき、自分が持っているものの価値を学んだとき、わたしたちは自分を大切にすることを意識するようになるのです。

自分を大切にするという原則に対立する最大の敵は、自分が怠け者、けち、身勝手なのではないかという恐れです。いくつかの奇妙な理由により、わたしたちは現に自分のために持っているものを温存しておくのは悪いことだと信じています。あなたに学識があれば知識を分かち合うように期待されますが、教師はこの社会では報酬の低い職業です。また、資産家なら、より恵まれない人のためにお金を出すことが期待されます。もちろん、与え、分かち合うのは素晴らしいことですが、銀行に７００万ドルあるからといって、それをみんなに分け与える方法を探し出さなくてはならないことにはなりません。それにドアを閉じてブラインドを下ろし、一人で静かな時間を過ごすことは、別に冷淡でもなければ、おかしいわけでもありません。自己への慈しみは、あなた自身を十分に尊重し、誰からも離れて一人で過ごすことから始まります。自分を慈しむことについて、わたしもかつて罪の意識を感じていました。そして裕福な人がわたしにとって十分なお金を出してくれなければ、守銭奴と呼びました。また人々が時間とエネルギーをわたしがそうすべきだと思う通りに、思う理由のために使ってくれなければ、自分勝手と呼びました。そのうえ忙しそうにしていない、もの静かな人たちのことを風変わりと呼んでいました。もちろんそれは、わたしが慈しみという原則と概念を学んでからは変わりました。

自分を慈しむことは癒しの形の一つであり、自己の目覚めと許し、自己尊重へと導きます。自分の行動とエネルギーと資源を大切にすることを学ぶにつれ、みずからの破壊的な行動パターンが癒されていくのです。そのような破壊的パターンは多くの場合、誤った責任感と固く結びついて、自分自身に意味のない重荷を背負わせます。年がら年じゅう忙しくしていると、おしまいには、もしかしたら自分の幸福とはまったく関わりのない人々や環境や事態まで、みんな自分の責任だという信念にたどり着いてしまいます。自分を慈しむことは、みずからの信念体系にも癒しをもたらします。わたしたちの信念は、子供の頃に教わったり経験したことに基づいて築かれますが、その多くが有害で自滅的なものです。わたしたちがすること、そのやり方、その理由の多くは、こうした有害で自滅的で自己否定的な体験から生まれたものなのです。自分自身とその資源を大切にすることによって、わたしたちはこうした傷を癒すことを学びます。そうしていくうちに肉体、精神、感情、魂が健康になり、その健全さがわたしたちを全体的な進化成長へと導くのです。休養が十分にとれ、経済的にも安定していて、地球での自分の存在の価値をよく理解しているとき、わたしたちはさらに多くを与えることが可能になります。自分を慈しんでいると、何か提供するにも行動するにも、また存在するうえでも、あなたの最高の状態を発揮することができるのです。

あなたはいつも何かしていなければならないわけではありません。何かすることがあるのなら、快適なペースで進めてください。急がないことです。競わないことです。すべてのことは常に神聖な秩序に則って神聖なタイミングでなされることを知り、頭と心と魂がリラックスした状態で過ごしましょう。あなたのコップからよいことがこぼれてしまった時でも、コップの中にはまだあなたのものが残っていることを思い出してください。あなたの資源の一部をあなた自身のためにとっておきましょう。祖母が言いました。「いっぺんに全部使い切ってはだめよ」祖母の知恵にさらに加えるなら、「決して全部使い切ってはだめ」

です。まさかの時のために、何かしらはとっておきましょう。もしその時が来なかったとしても、とっておいてください。

聖書は忠告しています。「神聖なものを犬に与えてはならない、真珠を豚に投げてはならない」あなたの知識と時間とエネルギーをそれだけの甲斐のない物事や人々に注ぎ込むことは、何があっても避けてください。ではその甲斐がないかどうかは、どうすればわかるでしょうか。愛の行為としてあなたが差し出すものを受け取ってもらうために、その人と争わなくてはならないような場合には、その甲斐はありません。樹木、熱帯雨林、鉱物、動物だけが保全に努めるに値する天然資源なのではありません。あなた自身もまた神聖な天然資源なのです。人生はあなたに長生きしてほしいと望んでいるし、この世にいる限り元気でいてもらいたいと望んでいます。あなたがやつれ、無一文でぼろぼろになっているとき、あなたの人生は決して幸せではありません。くつろぐことを知り、あなた本来のエネルギーを保つよう学ぶことは、あなたが人生に与えられる大きな贈り物なのです。

◉朝のワーク◉

今日の「慈しみについて」を読んで気づいたことは、

今日、心にとどめ、取り組んでみたいことは、

■朝のアファメーション■

わたしは神の中に憩います。
わたしは神の中に憩います。
わたしは神の中に憩います。
わたしであることのすべてにおいて、わたしは神の中に憩います。
わたしが持っているもののすべてにおいて、わたしは神の中に憩います。
わたしが与えるもののすべてにおいて、わたしは神の中に憩います。
わたしがなすことすべてはあなたの栄光であり、
あなたの御名《みな》によってなされます。
わたしの内なる神聖なあなたをたたえられるよう
存在すること、行動すること、与えることをお教えください。
いつでもあなたの完璧な仕事ができるよう、
わたし自身と、贈り物と、資源を大切にすることをお教えください。
わたしの行くべき道へとお導きください。
あなたの完璧な意志にそった、完璧な人生の道へとお導きください。
あなたの意志を知り、喜びとやすらぎをもってそれを実行するための
叡智、識別力、ビジョンをお授けください。
わたしは深く感謝しています。
心から感謝します。

■■今日のポイント■■

わたし自身も貴重な天然の資源である。
自分を慈しむことは自分を癒す道である。
自分を慈しむことは自己尊重の気持ちを育てる。
自分を慈しむことは成長に欠かせないプロセスである。
わたしは休むに値する。
わたしが自分に与えるものは、わたしが世界に与えるものである。
くつろいで。

●● 夜のワーク ●●

今日、自分がリラックスするのが難しいと感じたところは、

わたしが自分の時間、エネルギー、資源を大切にすることを学ばなくてはならないと気づいたところは、

今日、わたしが自分の時間、エネルギー、資源を大切にすることで進歩したのは、

day 14

「自由」によってあなた自身をたたえましょう

＊あなたに役立つ定義

今日のテーマは「自由」です。それは抑制、束縛、制限、抑圧がなく、魂の力によって引き起こされる性質または状態です。自分の内外を満たす幸せな感覚でもあります。

自由について

わたしは人生のなかで、いつもお金がほしいと思っていました。何かしたいと思った時にそれができるだけのお金があったら、さぞ嬉しくて幸福で自由に違いないと信じていました。子供の時も、大人になってからも、気がついたらよく「100万ドルあったらなあ……」とつぶやいていたものでした。わたしはそれが自由への切符だと思ってたのです。ところがある朝、目が覚めていつものそんな思いに浸っていたら、なんとその日のおしまいには本当に110万ドルを手にしていたのです。わたしが実際にほしかったのは実はお金ではなかったと気づくのに、そう時間はかかりませんでした。自分の本当の望みは、お金があれば手に入れられると思っていた「自由」だったのです。でも、気づくのが遅すぎました。すでにお金を手にしていたため、わたしはそれに伴って発生するあらゆる義務を背負わねばなりませんでした。

作家のスチュアート・ワイルドはエンパワーメントのワークショップで、「あなたが完全に自由でないとしたら、なぜそうなのかを自分自身に尋ねてください」と言っています。なぜでしょうか。わたしたちはみな、自分がしてもいいと決めた箱の中に自分自身を塗り込めているのです。その箱は人種、性別、年齢、その他さまざまな外からの期待に基づいてできており、その外からの期待というのも、実は箱がそう告げるからとわたしたちが信じているだけなのです。わたしたちはたいていの場合、行きたいところに行き、したいことをし、食べたいものを食べ、飲みたいものを飲み、着たいものを着て、自分で選んだ通りにすることができます。けれどもそれは、自分が真に望んでいるものでしょうか。たいていは標準的な生活条件やプレッシャーからで、ほとんどそうではありません。わたしたちは、自分を箱の中に閉じ込めておくようなレッテルづけやまわりからの期待を許してしまっており、そのために自由を求めて叫ぶのです。地球における人生の全般的な目的とは、自分を自由にし、自由意志を行使し、自由の範囲を選ぶことです。では、わたしたちは何をしているでしょう。多くは自分自身を精神的、肉体的、感情的な制限の枠内に押しとどめるようなことに、または押しとどめておくための何かを得ることに、人生の大半をつぎ込んでいるのです。

自由とは心の状態です。それは咎《とが》や恥や罪を感じることなく、みずからの自由意志により意識的な選択を行ない、その選択の結果を進んで生きた結果、生じるものです。自由の感覚というものは自己の目覚めのしるしなのです。自分の精神的、感情的、肉体的な健全さを保たせているものが何なのかに気づいて、その目的のために意識的な選択をするとき、あなたは自分の自由を行使しています。自由とは真実を認識することです。その真実とは、あなたが「設計者の遺伝子」で創造されているということです。宇宙を創造した「一なるもの」の遺伝子はあなたの存在の中心にあります。あなたはパワフルです。無限です。創造的な遺伝子の反映です。あなたがこの真実に目覚め、自分の現実における事実として受け入れた時には、自分自身の真の反映だと信じたものは何でも自由に選択できることがわかるでしょう。自由は、一貫して繰り返されねばならない勇気ある行為を必要とします。あらゆることは可能であり、自分はあらゆることに対処できると認めるだけの勇気を持たなくてはなりません。それだけの勇気があることを示し、たとえ何が起こっても、自分がまさにいるべき場所にたどり着くことをあえて知ろうというリスクを冒すとき、あなたは完全に無条件に自由なのです。

あなたの心が、あなた自身を自由から遠ざけるあらゆる物事のためにそこいらじゅう駆け回っているのが聞こえます――子供、お金、足りないもの、法律、規則、人々に対する責任、税金、などなど。そうです。これが、わたしたちが来る日も来る日も、毎日生きている現実です。それは実にさまざまな方面でわたしたちに影響を及ぼします。けれども、それらは本来少しもわたしたちの自由を侵害してはいないのです。自由は「心の状態」なのです。与えられたその状況、その時のなかで、あなたが何を信じ、どう感じ、何をし、どう反応するか、ただそれだけが自由への鍵です。どう反応するかはいつでもあなたの自由です。いつでもあなたは何をして、何をしないかを選ぶ自由があります。常に新しいことに挑戦し、冒険し、現状を打破し、自分の心を変化させる自由があるのです。それが自由であるということです。銀行の預金高や教育水準とは関係ありません。そういったものはあなたの活動と結果に関して、より大きな自由を経験する助けにはなるかもしれませんが、自由であるか、自由でないかを決定する要因ではないのです。

人種差別や性差別はありますか？　はい、あります。貧困、病い、飢えはありますか？　はい、あります。犯罪はありますか？　はい、あります。富や家柄、政治的権力による社会的階級や社会的恩恵はありますか？　はい、あります――とあなたは断言するでしょう。しかし、このどれもが、どのようにも、あなたの生まれながらの神聖な自由を否定するものではありません。大切なのは、次のような問いです。あなたが望むものは何ですか？　あなたがしたいことは何ですか？　あなたは恐れずに自分の望む真実を生きる勇気がありますか？　これこそ、あなたの自由を決定するものです。ひとたびあなたの望みをはっきりさせ、それを得るための行動を進んで起こすかどうか決意すれば、あなたは自由に自分の夢に従って生きることができます。さらに重要なことに、自分が体験したいと思うことが明確になると、その体験の結果として生ずることも自由に選択できるようになるのです。

かつてわたしは自由に旅をしたいと望んでいました。そして高級住宅街の素敵な豪邸に住みたいと願っていました。また、ほしいものをほしい時に値札を見ないで買いたいとも思いました。でも、それらは自由とは何の関係もなかったのです。本当は、わたしには自由に旅行することができたのです。スチュワーデスになることもできたし、平和部隊に入ることもできたからです。飛行機の切符を買うだけが旅行の手段ではありません。自由になるためには、自分が何を望んでいるのかを正確に把握し、それを実現するすべての可能性や方法に対してオープンでなければなりません。素敵な豪邸に住むということは、その家を掃除しなくてはならないということですが、わたしは掃除が嫌いです。大きな家をいつもくまなく掃除しなければならないとしたら、どうしてそれが自由と言えるでしょうか。明らかに、わたしの求める自由には根本的な矛盾がありました。

多くのもの、特に高価なものを持っていると、それらを守りたいという根深い望みが生まれます。その望みを叶えるには、柵、門、警報システムが必要になります。わたしは柵と門に囲まれて住みたくはありません。それではまるで監獄にいるようなものです。これもまた、自分が求める自由というものに矛盾がある証拠です。わたしたちはみな同じようなパターンを持っています。わたしたちを自由にしてくれると思っていたものが、実際にはわたしたちを束縛してしまうのです。わたしが自由の表われとしてほしかったものの多くは、実はまったく違う理由からだったこともわかりました。わたしは、自分がもっとましな人間であると感じさせてくれるものがほしかったのです。自分を敗北させる自己否定的な態度、行動、信念のために、自分をずっと牢獄に閉じ込めてきたのでした。

わたしはお金を得るよりもずっと前に家やいろいろなものを手に入れ、旅行する機会を得ることができました。自分が自由だと感じるようになったのは、ちょうど40歳になった頃でした。その時には自分を限定し束縛するような行為、態度、信念をすべて調べ、捨てられるまでに成熟していました。それはわたしが人々を喜ばせようとする仮面を脱ぎ捨てた時でした。わたしが自由を感じられるようになったのは、罪の意識なしに「いいえ」と言える勇気と態度を身につけたのと、ほぼ同時だったのです。この新たな自由は、そのまま自分のほしいものを求める力へと直結しました。その力は、最初の人に断られても別の人に頼めるようになった時に、ますます強まりました。わたしの個人的な自由の感覚は、人がわたしのことをおかしいと言っても、自分がいいと感じたことをする意志が育つのと同時に広がっていきました。そして最も恐れていることに直面できるようになるにつれて、わたしの自由も歩調を合わせるように一緒に育まれていきました。自分が恐れていることを認め、それでも進みつづけるなら、あなたは恐れから解放されるでしょう。恐怖心、罪の意識、誤った責任感、人に認められる必要性から自由になると、あなたの心には新しい選択、新しい機会、驚くべき可能性が開かれます。

人ではなく、神、つまり人生の神聖な源こそ、あらゆるよきことの源であり実体であると気がついたとき、わたしをとらえていたすべての「……主義」から自由になりました。人と比べるのをやめ、競うのをやめ、関わる人すべての最善を心から望むことができ、そして選択し、その結果の責任も十分引き受けられるようになったとき、人並みでいること、何も実現しないことにわたしをつなぎ止めていた鎖がすべて外れたのです。振り返ってみれば、自分が何を欲しているかを神に告げるのをやめて、どうしたら神に奉仕できるかを尋ねたとき、人生の自由とは、わたしが生まれつき持っていたものだったことに気づいたのでした。それからすぐに導きが訪れ、自己信頼が深まり、わたしの心と頭と魂を閉じ込めていた牢獄の門が開きました。神があなたを信頼していると知ることは、まさに自由になることなのです。

● 朝のワーク ●

今日の「自由について」を読んで気づいたことは、

今日、心にとどめ、取り組んでみたいことは、

■朝のアファメーション■

今日わたしは、自分がパワフルな存在であることを思い出します。

今日わたしは、わたしの中の神聖な存在により守られ、導かれ、
啓発されていることを思い出します。

今日わたしは、嵐から守られた多くの時を思い出します。

今日わたしは、自分を許せなかったり、許す気持ちになれないとき、
すでにわたしは許されていることを思い出します。

今日わたしは、存在し、輝き、その神聖な栄光を生きるという自由を
与えてくれた、神の慈悲と恵みとよきことに感謝します。

わたしは深く感謝しています。

心から感謝します。

■■今日のポイント■■

神の恵み、それは「自由」である。

神による完璧で神聖な人生の計画はわたしを自由にする。

自由は、生まれながらにわたしに備わっている神聖な権利である。

自由とは心の状態である。

わたしはいつでも選択する自由がある。

自由意志は、わたしの自由の出発点である。

わたしは望むものを求める自由がある。

自由は、お金で買うことのできない経験である。

●● 夜のワーク ●●

今日、わたしが自由の解釈についてわかったことは、

わたしが自由を探し求めた経験は、

わたしが自分で自分の自由を制限してきたやり方とは、

day
15

「楽しみ」によってあなた自身をたたえましょう

＊あなたに役立つ定義

今日のテーマは「楽しむ」ことです。楽しみとは喜びの追求です。遊びを呼び入れ、精神的、感情的な解放をもたらす活動です。

楽しみについて

あなたはおもちゃを持っていますか？ 忘れてしまった人のために言うと、おもちゃは遊ぶ喜びのためだけに存在するものです。わたしは靴で遊びます。靴はわたしのおもちゃです。靴を探しに外出し、おもしろくて素敵な靴を見つけた時には試しに履いてみます。買う時もありますが、靴で遊ぶのはそれとはまた別です。靴と遊ぶのは楽しいからです。わたしは化粧品でも遊びます。あらゆるタイプの化粧品を持っているし、席料を請求されるのではないかと思うほどあちこちのカウンターでお化粧をして歩きます。そして家に持って帰って遊ぶために化粧品を買います。お化粧するのがおもしろくて、一日中そうしていることもあります。それから、お料理で遊んだこともあります。わたしはいろいろなレシピで遊び、料理したものを家族に食べてもらっていました。料理は楽しみでしたが、食材にとてもお金がかかるようになってしまい、それで遊ぶことはあきらめなくてはなりませんでした。わたしが言いたいのは、生活の一部を楽しみのために費やすことは絶対に必要だということです。

わたしたちは日常的な雑事や、生活の責任や、人生で得たいものにすっかりとらわれて、楽しみを持つことを忘れてしまいます。人生はジョークに満ち、ひどくおもしろいものです。人生で起こっていることを考えると、笑わざるを得ないでしょう。人生はゲームであり、ゲームは楽しくあるべきです。でも、わたしたちはゲームにまじめに取り組みすぎて、ゲームを仕事にしてしまっています。生きるなかであまりにも仕事や義務という部分にとらわれているので、遊ぶのを忘れ、楽しむのを忘れているのです。そこでおもちゃの出番です。あなたが遊び、楽しむことに毎週何時間かを割くようにすれば、生きることはずっと容易になるでしょう。そして人生には働いて請求書の支払いをするだけでなく、もっと多くのことがあるのに気づいて何か楽しめる遊びを発見したとき、人生の色合いはがらりと変わります。楽しみは、新しい人生観をもたらします。それは心と魂を広げ、若返らせ、生き生きさせます。楽しみを持っていると、自分にないものや、できないこと、行きたくないところ以外のことを考えられるようになるのです。

楽しみとは完全な自由です。たとえば、あなたがおもちゃを持っていないのなら、いつでも裸になることができます。服を脱いで、鏡の前に立ってください。するとあなたの体には笑ってしまうところが少なくとも一つはあります。もし自分を笑うことが嫌なら、誰か他の人を笑いましょう。わたしはときどき車を運転しながら、歩いている人を指差し、笑いかけます。すると彼らはとてもびっくりします。なかには微笑みを返してくれる人もいますが、まさか自分のはずはない、誰に微笑んでいるんだろうとあたりを見回す人がほとんどです。みんなとても深刻に生きています。だからお互いに微笑みあうなんて、特に知らない人のあいだでは思ってもみません。でも、わたしは人に笑いかけるのが楽しいのです。男の人にウインクするのはもっと楽しいことです。やり方を間違えなければ、ウインクされた人はとても嬉しそうに顔をくずして笑ってくれます。もちろん、わたしは信号が青になったらすぐに発進するので、何の問題も起こりません。

この前あなたがドレスアップして遊んだのはいつですか？ 水の入った風船を誰かに投げつけたのはいつのことでしたか？ そして、子供や友人たちと隠し芸大会をしたのはいつだったでしょうか？ 人生に喜びと笑いをもたらせる簡単なことはいくらでもあります。それをすること自体がおもしろくて、競争もなく、頭も使う必要のないことがたくさんあるのです。その日のニュースを見なくてもたいした影響はないし、本を読み終えるのを明日まで延ばしてもかまいません。洗濯物はあと数時間くらい洗い場や棚に放っておいてもいいでしょう。今すぐ行きたいところへ行き、楽しんでください。さあ、何かあなたの楽しみを見つけ、それをしましょう。

● 朝のワーク ●

今日の「楽しみについて」を読んで気づいたことは、

今日、心にとどめ、取り組んでみたいことは、

■朝のアファメーション■

わたしは自分が幸せであるとき、神も幸せであるのを知っています。

わたしは、神がわたしの人生のすべてが幸せであるよう

望んでおられることを知っています。

わたしは大好きなことをしている時が一番幸せです。

わたしは楽しんで遊んでいるとき、幸せです。

今日、わたしはやりたいことを見つけ、それを楽しみのためだけに

することを自分に約束します。

わたしが自分に楽しみを許せることに、深く感謝しています。

心から感謝します。

■■今日のポイント■■

わたしが幸せであるとき、神も幸せである。

人生は、楽しむためにあるゲームだ。

楽しく遊ぶ時間はいつでもそこにある。

楽しみとは、喜びの確信の表われである。

今日は楽しみのための一日だ。

●● 夜のワーク ●●

わたしがやっていて最も楽しいと気づいたことは、

今日、わたしが楽しめなかった理由は、

わたしが楽しむことを自分に許せなかった理由は、

day 16

「委《ゆだ》ねる心」によってあなた自身をたたえましょう

＊あなたに役立つ定義

今日のテーマは「委ねる」ことです。それは精神的および感情的に手放すという能力です。そして魂の行なう力を認めることです。魂の原則に従うことによって、体験を平和で幸福なものに変容させることができます。委ねることは受容の行為です。

委ねる心について

家でぼんやりして、まだ顔も洗わず歯もみがかず、のろのろと動いているため空気に漂う自分の臭いにも気づかないような時間が、あなたにもあるでしょう。土曜の朝や仕事が休みの日にはそうかもしれません。そんなふうに自宅で香水もつけないでまだ何もしていないような時間に、誰かが電話をかけてきて、思わずギアが5段目に入ってしまいそうなほど腹立たしいことを言ったとしたら、どうでしょう。わたしに起こったのはそういうことでした。まったく予想もしていないことでした。まだ歯もみがいていないような時に、誰が電話がかかってくるなどと思うでしょう。でも、実際にそうだったのです。もしあなたにもそんな事態が訪れたとしたら、それは委ねる練習をするために電話がかかってきたのだと気づいてください。

そのとき、まだボーッとしている状態で電話が鳴って、わたしの頭からは湯気が立ちました。しかも電話の相手はわたしを憤慨させるようなことを言い、わたしは気が変にならないように受話器を右から左へ、左から右へと何度となく持ち替えなくてはなりませんでした。話しているうちに怒りはどんどん体中にふくれあがり、すっかり頭に血がのぼったわたしは、話しながら早足でぐるぐる同じ所を歩き回りました。そしてもうこれ以上がまんできなくなった時に言ったのです。「午前中にはそちらに行きますから、そこで話をつけましょう。このままではただじゃすまないわ！」とてもスピリチュアルとは言いがたいのは自分でもよくわかっていました。でも、まだ歯もみがいていなかったのです。わたしは電話を切るとさっそく襲撃作戦をねりました。目的地に着いてその張本人に会ったら何を言うべきか、どうすべきかを全部頭の中で考えました。それについて考えれば考えるほど、ますます怒りがつのりました。その作戦を決行するためには車で二つの州を横切らねばならないと知っても、わたしの考えは変わりませんでした。しかし何マイルも運転しなくてはいけないとは、ますます嫌な事態になりました。

日常生活のなかで人間の存在が及ぼす影響に怒ることはない、というところまでわたしの魂の成長度が達していると言えたらいいのですが。でも、そう言えば嘘をつくことになります。多くの人が、いったん魂の旅に出たら怒ってはならない、常に愛に満ち、理解を示さねばならないと信じています。でも、忘れないでください、わたしたちは人間なのです。イエスもテーブルを蹴り倒したことを思い出してください。きっとイエスは弟子たちにこんなふうに言ったのではないでしょうか。「あなたがたは本当にわたしの神経を逆なでする」――魂の意識は、あなたに人間らしい経験や、それに対する人間としての普通の反応をさせなくするわけではありません。ただ、その経験に取り組める道具を与えてくれるのです。この日の朝、わたしにはその道具が必要でした。わたしは飢えた猛獣のように円を描きながら歩き回ったすえ、ついに自分には委ねることが必要なのだということに気づきました。わたしは本当に怒っていたので、怒っていないとは言えませんでした。また、自分を侮蔑した相手を痛めつけてやりたいと思っていたので、そんなふうには考えていないとも言えませんでした。わたしにできたこと、したことは、自分が怒っていることを認め、その怒りを、わたしの中の神聖なエネルギーの存在に委ねることでした。しかし、それは容易なことではありませんでした。

いったん魂の道に入れば、すべての人、すべての行為をみな魂の光で見ることができると信じ込むのは、たいへん危険なことです。それに、いつでも敵を祝福し、人々が何をしようと善意の目で見ることができると信じるのも愚かなことです。いつもクリスタルを頭にあてて、アファメーションを繰り返し、あなたを怒らせた人のために祈れるという心の状態であるとは限りません。けれどもあなたは、怒り、恐怖、そのほかネガティブな感情があなたの心と存在をのみ込んだ時に、委ねることができるのです。何を感じているのか、それを認めてください。感じて、それから手放してください。ネガティブな感情が猛威をふるう前に委ねなくてはなりません。大切なのは、感情を経験することではないのです。感情に対して何をするかです。魂の旅の途上であなたがしなくてはならないのは、委ねることです。

わたしの場合は家を購入するにあたって、委ねることを学んだのです。知らない人と会うのが嫌で、自分が家を買うことを避けているのに気がついていました。クレジットカードの信用状況が芳しいものではなかったので、判断を下されるのが恐ろしかったのです。それまでのお金に関するいい加減さから、わたしにローンを組んでくれる人はどこにもいないだろうと自分自身に言い聞かせていました。そしてついに自分が恐れているのは、予測通り質問され、判断され、拒否されるという体験に直面することだと気がついたとき、わたしはもう委ねないわけにはいかなくなりました。まず、自分が恐れていることを認めなくてはなりませんでした。恐れがわたしの頭の中を行き来するのを許さなくてはなりません。拒絶される痛みも感じなくてはなりません。それでもそういう立場から、何が起こってもそれでよいのだと信頼しなくてはなりませんでした。わたしは、過去の無意識の行ないをさらけ出すことの恥、恐れ、罪を、家の所有資格を審査する権限をもつ見知らぬ相手に委ねなくてはならなかったのです。委ねることは、宇宙の営みには神聖な法則があり、わたしたちはいつもその法則に責任を負っていることを思い出させてくれます。委ねるとは、わたしたちには何ごとも起こさせることができないのを認めることです。その法則と一致している時は、いつも自分が受け取るに値するだけのものが与えられます。しかし一致していない時には、単純に言えば、自分自身でそうさせるように働きかけなくてはならないのです。

委ねることは、それが現実になる前に、恐れている物事と直面させてくれます。自分が間違っているという恐れ。コントロールできなくなることへの恐れ。自分を見透かされることへの恐れ。多くの場合、わたしたちが恐れていることには何の力もありません。なのにわたしたちは、最悪の可能性を心に思い描くのです。その自己防衛的な姿勢のために、わたしたちの心は起こるかもしれないそのことに縛りつけられて身動きできなくなります。そして想像上のネガティブな結果に直面するかもしれないという恐れは、わたしたちを麻痺させつづけるのです。ところが、委ねることによって、わたしたちは自分を能動的な立場に置くことができます。そうすると、計画を立て、計画に基づいて行動する機会が生まれてきます。わたしたちが委ねるとき、自分が恐れていることを通して心の中で究極の結末まで行き着き、その結果、恐れの思考が心から解き放たれるのです。そうすると、何が起ころうとも自分は対処できることに気づきます。委ねることは、人生全体に恐れをはびこらせることなく、あなたがみずからの意志で経験のなかへ飛び込んでいけるように助けます。それはまた、あなたの心と頭に、神が新しい発想をもたらすスペースをつくり出します。あなたが委ねるとき、恐れに満ちた考えを手放し、状況を自分の考えでコントロールすることを手放し、奇跡への道を開くのです。

わたしは二つの州を突っ切って凶悪な襲撃作戦に出かけることはやめにしました。そしてローン会社に申請書を出して拒否されたので、残りのローンを全部支払う返済計画を立てました。まだ怒ったり驚いたりすることはありますが、今はどうしたら委ねられるのかを知っています。委ねることが必要なとき、わたしが読み上げる簡単な祈りがあります。あなたもわたしと同じように手放せることを願って、その祈りをここに紹介したいと思います。

*

親愛なる神さま

今このとき、わたしは「　　　　　　　　　　」の真っただなかにあります。これはわたしにとっての最高、最善ではないことを知っています。そしてこれはあなたの神聖な意志の反映ではないことを知っています。この体験を、どのようにしたらあなたと真実の自己の反映に変えられるかを思い出させてください。わたしの心と頭をあなたの神聖な力で満たし、わたしのために立てられた、あなたの完璧な計画に調和できるようにしてください。わたしがあなたの愛する子供であることを忘れ、常にあなたに見守られていることを忘れ、わたしに力を及ぼせるものはあなた以外にないのを忘れてしまったことをお許しください。この状況を存在させたことについて、わたしは自分を許し、そしてあなたに委ねます。わたしの意志ではなく、あなたの意志がなされますように。そうありますように。

朝のワーク

今日の「委ねる心について」を読んで気づいたことは、

今日、心にとどめ、取り組んでみたいことは、

■朝のアファメーション■

今日、わたしは委ねます。

わたしは、わたし自身をあなたの手に委ねます。

わたしは、神の存在と神の力を人生で唯一の活動力として認めます。

わたしは、外側に現れたものへの執着をあなたに委ねます。

わたしは、肉体の心にある中毒的な感情を、魂の純粋な本質に委ねます。

わたしは自分の恐れを委ねます。

わたしは自分の恥を委ねます。

わたしは自分の怒りを委ねます。

わたしは自分の恨みを委ねます。

わたしは自分のコントロールを委ねます。

わたしは、神の意志の活動である力と存在に委ねます。

わたしは、神の慈悲と恵みがいつもわたしのよきことのために
働いてくれるのを知り、それに委ねます。

わたしは深く感謝しています。

心から感謝します。

■■今日のポイント■■

あらゆることを采配しているのは神である。

わたしは、何ごとも起こさせることはできない。

常に完璧なやり方でなされるのは神の意志であり、わたしの意志がそうするのではない。

わたしの中にある神の存在は、それ自身によいことを何も拒まない。

委ねることは恐れを消し去る。

委ねることは怒りを消し去る。

恐れを克服することに、進んで取り組まなくてはならない。

●● 夜のワーク ●●

今日、自分が恐れているのに気づいたことは、

自分が感じていることを委ねるのは難しいと感じた理由は、

わたしが委ねるのはたやすいと感じたことは、

Phase
3
人をたたえましょう

＊

もし、自分には何も欠点がないと思うのなら
一つだけ欠点があります。
それは誇りです。
もし、自分に欠点があるために人の欠点を見ないですむと感じているとしたら
思い出してください。
あなたは今日、神が話しかけることのできる唯一の人かもしれません。
そのことを誇りに感じてください。

人をたたえましょう

わたしは兄のために泣いていました。同じようなことは過去にもたびたびありましたが、その日わたしの魂の中で、兄の痛み、苦悩、悲しみが本当に深く癒されたのでした。これまでにも人のために魂レベルの浄化を経験したことはありますが、この日はニュージャージーの高速道路を時速100キロ以上で走っているとき、唐突に起こったのです。それはわたしの隣に、ある青年の運転する車が追いついた瞬間に始まりました。お互いに窓の中を覗き込み、視線が合いました。彼の目は、わたしの兄のように黒ずんだ色をしていました。それは兄が若くまじめだった時の最大の特徴だった、よく動くきらきらした瞳にそっくりでした。そのとたん、わたしは自分がむき出しになってしまったような衝撃を覚えました。さらに彼の禿げ上がったひたいは、同じように禿げ上がっていた父と兄をいっぺんに思い起こさせました。わたしは目がかすみ、どっと感情が押し寄せ、とめどなく兄のために涙があふれました。

わたしが泣いたのは、自分自身の足りなさを痛烈に感じたからでした。わたしはずっと兄を助けることも、救うこともできないままでした。兄はもう25年くらいお酒を飲みつづけています。その結果、今ではすっかり怒りっぽくなってしまったように見えます。おまけに44歳にもなって、まだまともに働いておらず、ドラッグのために罪まで犯していました。わたし自身が犯罪者を守る弁護士でありながら、何一つ兄を助けることはできなかったのです。

わたしは、兄が無意識に自殺を図ろうとしているのを何年間も見てきました。彼がこのまま今のようにその場をなんとか切り抜けているだけでは生きつづけることはできないと、兄自身が自覚しなければどうにもならないのが、わたしにはわかっていました。兄の友人には、失意のために同じようなやり方で命を落としている人が大勢いました。わたしが兄に何を話しても、どんな褒め言葉をかけても、いっさいの助け船は無駄のようでした。その若い青年がわたしの横を突っ走っていくのを見たとき、兄を救えるのは兄自身しかいない、ということがありありと明確になって、わたしは恐怖にかられました。

どの家にもたいていこういう人が一人はいるものです。頭脳明晰で、自由な精神を持ち、輝く星になる可能性を秘めた人です。普通その人は優れた才能や能力を持っていることが誰の目にも明らかなのに、本人はまったく気がついていないように見えます。そしてしばしば多くの時間を、自分が得意なもの以外を追いかけて過ごします。手の届くところにあるものなら何でも追いかけるのです。それに対して、一番身近にいる人はいつもやめさせようと戦っています。身近な人は、ただ当人の本心をつかみたい、その意識を揺さぶりたいと願うのです。あるいは、おそらく彼らの怒りを振り落としたいのです。優秀なその人はいつも怒っていて、怠け者で、つかみどころがないように見えます。そばで見ている人は、彼がもう少しまともに物事を考えてくれさえすれば、本人が救われるばかりでなく、たぶん自分たちも救われ、世界も救われることをどこかで知っているのです。身近な人は、彼の何がいけないのか明確につかみきれず、当の本人も自分のどこがおかしいのかわかりません。たとえ自分で何か変だと気がついていても、どうすればいいかを理解できるほど明確になっていないのです。これは非常に失望させられることです。高速道路でわたしをつかまえたのはこの思いであり、兄が決してまともにものを考えようとしないことへの失望と恐怖だったのです。

わたしは車を道端に寄せるゆとりもありませんでした。タイミングを逸してしまい、ただ痛みと恐れと涙に堪えるしかありませんでした。まず何よりも、これらの感情を乗り切らなくてはなりません。兄と自分が育ってきた過程が断片的なフラッシュバックになって、次々とよぎりました。道路脇の木には、わたしたちの受けた虐待が見えます。目の前に延びる黄色い分離線には、わたしたちの受けた無視が重なります。出口の信号ごとに兄の目の悲しみが映ります。わずかに開いた車の窓から入ってくる風に兄の泣き声が聞こえます。空を舞う雲には、痛み、恐れ、怒りに引きこもろうとする兄の決意を見ました。そして雲間から射す太陽の光には、癒そうという自分の決意を見ました。これはわたしの痛みではありません。兄の痛みです。なのにそれはいっぱいに詰められたズック袋のように、わたしの首に重く吊り下がっているのです。

親愛なる神さま、あなたは、わたしに何をせよとおっしゃるのですか。どうしたら兄を助けられるでしょうか。わたしは答えを聞くためにラジオを消しました。そして鼻水を拭くためにコンビニでもらったティッシュを探そうと、ダッシュボードの小物入れを開けました。それに手を伸ばした瞬間、答えがやって来ました。「お兄さんの選択にまかせなさい。お兄さんが行なった選択と決意を尊重することによって、彼をたたえなさい」わたしは小物入れをしまい、鼻水も流れるままでした。どういう意味なのでしょう？わたしは涙も鼻水も、考えも、すべて自然にあふれ出るにまかせていました。「愛する者が落ちていくところを見るのは、一番辛いことです。助けたい、救いたいと思いますが、そうするとわたしたちは彼らの力を奪い、祝福から切り離すことになるのです。いつも忘れてはならないのは、わたしたちを愛し助ける神はそのまま、わたしたちの愛する者をも助ける神であるということです」これはエミリー・キャディの『*Lessons in Truth*（真実のレッスン）』に出てくる言葉です。この言葉がわたしの頭をぐるぐる駆けめぐりました。そしてそれに続いて、こんな声が聞こえました。「神はお兄さんに何が必要かを知っているので、お兄さんがそれを受け取ることに心を開いたとき、受け取れるでしょう。あなたがするべきことは、お兄さんが心を開けるように祈り、注意深くその兆しを見守ることです。どんな小さなことでも心を開く兆しがあれば、癒しが始まります。お兄さんについての真実を十分知ることで彼を尊重してください。真実は、神がお兄さんに偉大な御業《みわざ》を行なっているということなのです」わたしはティッシュを取り出し、鼻をかみました。

本当はわたしは、兄がわたしの期待にそわず、彼自身の可能性を実現していないことに腹を立てていたのでした。わたしは兄が優秀なのを知っていました。やればできる能力があるのに、どうしてそうしないのか理解できませんでした。そのことがわたしを怒り狂わせたのです。愛している人が悪いことをしたり苦しむのを見るのは辛い、というのは本当です。彼らはまるで見せつけるためにそうしているかのようです。それがわたしたちを怒らせるのです。問題は、彼らにきちんと物事を考えてほしいと望むのは彼ら自身のためなのか、それとも自分のためなのか、ということです。もちろん普通の結論では、答えはその両方だということになるでしょう。わたしたちは、彼らにとって最善であることを望むばかりでなく、わたしたち自身も彼らにもっといい感情を抱きたいと望んでいるのは確かです。けれども、わたしたちがあまり気づかないもう一つの真実があります。人は、自分に学ぶ必要のあることは自分で選んだ方法で学ぶという真実です。その選択について、他人にできることは何もありません。本当は、神はあらゆる祈りを聞いておられるのです。わたしが兄のためにする祈りも、兄が自分のためにする祈りも聞いています。兄の祈りがわたしの祈りより優先されるのはよいことです。その選択がどんなふうに見えようとも、神は人々とその選択を尊重する叡智を持っているのですから。

他人の体験を自分のことのように感じてしまうのは、人間としての本能なのではないかとわたしは考えています。わたしたちは人の中に自分自身を見ます。つまり、その人の最高の性質が発揮されているところだけを見たいのです。わたしと兄の場合を考えると、わたしは人生の大半でいつも自分の貧しかった幼少期や機能不全の家族、両親がそろっていなかったことなどが脳裏から離れなかったのを思い出します。でも、わたしの中ではこうした過去の経験となんとか折り合いをつけられるようになっていたので、もうこれ以上は見たくなかったのです。だから兄がそういう部分を見せると、憤りが湧いてしまうのです。おそらく人間の心理には、欠点は遺伝すると思い込んでいるところがあるに違いありません。欠点だけでなく、自分が逆境を乗り越えた時も、家族の行動のなかに同じものを確認したくなります。同じ遺伝子を持っているのだから、家族も成功してほしいと望むのです。もしそうでないなら、自分の成功も長続きしないはずだと思ってしまいがちです。たまたま自分がまぐれあたりで成功しても、結局は遺伝子の構造が原因で不意に終わりを告げるだろうと信じ込んでいるのです。わたしたちがいくら「彼」には「彼」の望む「彼」のやり方があると自分を納得させようとしても、彼らが成功しないことに対する恐れと怒りはわたしたちの内部に葛藤をもたらします。彼らを助けるのはわたしたちの責任ではありません。でも彼らは、わたしの兄弟であり、姉妹であり、母であり、父なのです。そのために、彼らもまた完璧に神の恵みにつながる神の子であることを忘れてしまうのです。

そうです、認めましょう。わたし自身も「なぜわたしが？」という罪の意識を感じていました。わたしは特別ではないし、わたしたちは同じ家庭の出身です。なぜ神はわたしが上昇し、兄が落ちていくようにしたのでしょうか。どうしてわたしは兄弟を苦しみのなかに残したまま、一人楽しみ、自分が来たところからさらにもっと前へ進むことになっているのでしょうか。わたしは祝福されていたのでしょうか、それとも呪われていたのでしょうか。まったくわけがわかりません。兄は年も上で、わたしよりも知性的で男性なのです。わたしは、『*God's Little Answer Book*（神のちいさな答え）』という本で読んだことを思い出しました。「神を信じるということは、頭がそれは無理だと言っても、心とともに進むことだ」これがその疑問への答えなのでしょうか。わたしは女だから、より信じやすく、神を感じやすかったのでしょうか？そのために、思考を鎮め、感情に従うことができたのでしょうか？いいえ、それは、女だったからではありません。そうなってもいいと許容することを選択したからです。人は自分の選択の結果を生きているのです。

わたしはやっとわかってきました。このことがわかってマスカラを直すのに10分かかりました。それからわたしは心の中に、AとBの欄を作りました。そしてAのほうには、わたしの知っている真実をあげました。

兄は神の子である。

兄は、神の心の神聖な特質をすべて備えている。

神は兄を愛しており、兄のための最善を願っている。神は、兄が神に願うものは何でも与える。

神はいつも兄とともにあり、これからも常にともにある。

神は兄のあらゆる過ちを許すだろう。

神は兄を、兄だけが達成できる神聖な使命のために地球に遣わした。

兄は、神の恵みによって生きている。

神は兄に必要なものを知っている。そして必ずそれを与えてくださる。何事にも時間が必要だ。

わたしの目には苦難や苦闘としか見えないものも、兄が人生での学びのためにみずから選び取ったものである。

神は、わたしよりも兄のことをよく知っている。なぜなら兄は神のイメージに似せて創られたのだから。

わたしは兄を愛している。しかしわたしが兄を助けることはできない。


そして心の中のBの欄には、わたしの目に映る兄の姿をリストアップしました。さらにもっと重要な、わたし自身の恐れに基づいた状況判断と認識もあげました。


わたしは、兄が苦痛と恐れから逃れるためドラッグとお酒におぼれていると考えている。

もし兄が死んだら、わたしはそのことで罪悪感に苛まれるだろう。

わたしには兄が人の同情をひこうとしているように見え、それがひどく腹立たしく感じられる。

兄は命をすり減らしている。

わたしは、わたしが兄に望んでいることを、兄が自分で望むようになってほしいと願っている。なぜなら兄がもっと心地よくいられるようになるから。そしてそうなれば、わたし自身ももっと心地よくなれることを、わたしは知っている。

わたしは、兄に対する神の計画がどんなものであるかを知らない。

兄を見るとき、わたしは自分を無力だと感じる。

わたしは、兄を恥ずかしく思う。

兄が助けを求めてくるとき、わたしは兄が自分で何とかするべきだと考えて怒りが湧いてくる。

わたしがかつて兄と同じ状態にあった時には、わたしは今のようには感じなかった。

わたしは自分に怒りを感じる。なぜなら、もっとよい行動がとれると兄を説得することなど不可能に思えるからだ。

わたしは、兄にとって何がよいことなのかわからない。

わたしは、神に兄を助けてほしいと思っている。


そうだったのです。わたしは兄のために泣いたのではなく、自分のために泣いたのです。自分の恐れと怒りのために、恥と罪の意識のために泣いたのです。では、聖書にある有名な言葉、「自分自身を愛するように汝の隣人を愛しなさい」を読んだとき、わたしはどうすればいいのでしょうか。兄の選択を尊重することにより、彼をたたえることでしょうか。

しかし、兄は自殺しようとしているも同然の人なのです。

――天の父は彼が求める前に、彼に必要なものを知っています。

でも兄は求めてもいないのです。

――魂が成長できる土壌を賛美してください。

兄が自分の命をすり減らしているのを賛美するというのですか。

――お兄さんについてあなたが知っている真実を賛美するのです。神についてあなたが知っている真実を尊重するのです。

でも、わたしは兄に何か悪いことが起こるのではないかと心配なのです。

――あなたが心配していることの多くは決して起こりません。そしてもし何か起こるとしたら非常に突発的なので、結局あなたがそれについて心配するような時間はないでしょう。

わたしには、兄を助ける責任はないのですか。

――神とあなた自身に対するあなたの責任は、お兄さんを尊重することです。

こんなにひどいことをする人を、どうしたら尊重できるのですか。

――Aの欄にあげた真実を、あなたはどのように尊重しますか。

わたしは兄を神の子であるということで賛美したいのです。でも兄は働かず、自己憐憫の思いに浸り、ドラッグに手を出し、返す気もないお金を借りるために電話をかけてくるのです。母と父をはずかしめたことで、兄を賛美するのでしょうか？　兄が妻のもとに留まらず、息子を育てなかったことを賛美するのでしょうか？　それとも、44歳にもなって犯罪に手を染めたことを賛美するのですか？　何を賛美したらいいのでしょうか。何を尊重したらいいのでしょうか。

――いいえ、そのことに関してはあなたが自分自身を許さなくてはなりません。それは本来のお兄さんではありません。あなたの判断です。

わたし自身が兄に対して怒り心頭に達し、恐怖に怯えているとき、一体どうすれば兄を賛美できるというのでしょうか。

――あなたの目に何が映ろうとも、お兄さんを賛美し、よいところを見てください。お兄さんを肉体ではなく魂と見るのです。そして神の子として、あなたの心で静かに賛美するのです。お兄さんを愛しているなら、率直に彼を賛美しましょう。彼があなたに助けを求めてきたら、あなたに喜びをもたらすような方法でお兄さんを助けるのです。あなたがお兄さんを助けてあげられない時は、その真実を言ってください。しかし、できる時に、できないと言ってはいけません。それは神があなたに与えたものを尊重することにならないからです。あなた自身の選択の権利を尊重し、同じようにお兄さんがする選択も尊重してください。真実を通してのみ、神の光と力が闇を取り去ります。あなたのお兄さんを兄としてではなく、神の完全な創造として尊重したとき、あなたは自分自身に内在する神を尊重することができるのです。

day **17**

「境界」によって人をたたえましょう

＊あなたに役立つ定義

今日のテーマは「境界」です。境界とは、その人の存在領域を定義し限定する、精神的、感情的、肉体的な構成概念です。その中で人が活動し、生活し、生きる空間または範囲です。

境界について

わたしの友人がお金を貸してほしいと電話をかけてきました。彼女は酔っ払っていました。わたしは「ああ、またか」と思いました。彼女は働いておらず、ほかに頼る人もいません。でも、こんなことは永久に続けていられないのはわかっていました。彼女は永久に酔っ払って機能不全のままでいるわけにはいかないし、わたしにしても成人の女性を永久に支えつづけることはできません。彼女はつまるところわたしの友人であり、子供や家族の一員ではないのです。家族ならわたしは責任を果たすでしょうし、面倒をみるのも納得できます。けれどもこの場合は事情が違います。人は誰でも自分で自分の面倒をみることを覚えなければなりません。そして自分の人生に責任を持つことを学ばなくてはならないのです。もし人生がうまくいっていないとしたら、それは誰の責任でしょうか。身近な人がまともな生活をしていないような時はどうしたらいいのでしょうか。どれぐらいの金額が限度でしょう。そしてどのくらいの間、生活を援助し、面倒をみ、支えつづければいいのでしょう。そう考えただけでわたしは怒りがこみあげてきました。でも、本当のところ、わたしは自分自身が境界を踏み越え、他人の人生に踏み込んでしまったことに腹を立てていたのです。

わたしのリバーシングの先生であるケン・カイザーはこう言いました。「人生において境界を持たないと、人々はあなたが望みもしないし用事もないのに、あなたの人生の場に踏み込んできます。境界とは、砂に線を引いてこう言うようなものです。『わたしはここから先は踏み越えないし、あなたはここを越えて踏み込んでくることはできません』と。重要なことは、その境界線が踏み越えられたとき、自分が何を望んでいるかが明確で、それを確信していることです」 彼がわたしにそう言った日、自分の人生は誰でも何でも自由に入ってこられる、大きなピクニック場だったことに気づきました。知らない人がわたしのキッチンや寝室にいます。家族たちはわたしのきわめて個人的な所有物をひっかき回しています。そして仕事上、社会的な関係も個人的な関係もみんなごちゃまぜになっています。誰もがそれぞれ全員を知っていました。そして、みんながあらゆることに対して何か意見がありました。人々がわたしの人生に見さかいなく入ってきて、わたしはそれについて何も言えず、どうすることもできませんでした。そこには境界がなかったのです。

このような個人的状況を省みると、それはいかに自分が他人の人生に合わせて生きてきたかの反映であることがよくわかりました。わたしは部下や同僚のきわめて個人的な話まで詳しく知っていたし、仕事で関係している人たちについて知りすぎるくらい知っていました。単に大勢の人について多くを知っているにとどまらず、現実に人のプライベートな問題にまで深く立ち入っていたのです。何かアドバイスをしていなければ、お金を貸していなければ、わたしには何の関わりもない状況から助け出そうとしていました。お金を貸していました。そうです。もちろんわたしたちは、できることがあれば人を助けるように期待されます。確かに持っているものを分かち合い、情報を交換し、助けを必要としている人に手を差し伸べるべきです。しかしそれでは、一体いつその人が自分で自分のことを考えられるように解き放ってあげるのでしょうか。その人が自分のために学ばなくてはならないことを、あなたが代わってやり続けるとしたら、彼らは決して学ぼうとしないでしょう。それはその人を尊重していることにはなりません。そしてあなた自身を尊重することにもなりません。

わたしはいつも人の世話を焼いてきました。子供の時は、叔母が高血圧のために具合が悪く、しかも強情な夫のせいで鬱状態だったので、叔母の面倒をみていました。10代の頃には、義母が父の無関心に悩んで情緒不安定になっていたのでその面倒をみました。そして大人になってからは、三人の子供、ドラッグ中毒の兄、浮気性の夫、そして同じような問題を抱えているたくさんの女友達の面倒をみてきたのです。誰かの面倒をみるということは、その人にとってうまくいっていないところを正そうとすることです。正す方法がわからない時には、誰か正せる人を探してくるのがわたしの仕事だと見なしていました。その両方の努力が実らなかった時は、苦しんでいる人を守るのがわたしの仕事になりました。その結果わたしは、自分の人生にあまりよい影響を与えないドラマティックな事件にいつも巻き込まれていました。つまり、境界を定めていないことを巧みにとりつくろうために人々の世話をしていたのです。

わたしが人の世話を焼くことに目的がなかったわけではありません。誰かの面倒をみている限りは、その人を自分のコントロール下におくことになります。こっそり打ち明けますが、わたしはコントロールするのが大好きでした。何が、いつ、どうなったのかを知りたがり、そこでの自分の役割は何なのかを常に把握しておく必要を感じていたのです。人の世話をしながら、彼らがわたしに何を、どのように、いつするか、そしてそれをするかどうかに関しても、わたしが主導権を握っていました。わたしは自分が采配を振るうことにより、傷つかないようにしていたのです。都合よく利用されたとか、うまく操られたという言い方もできるかもしれませんが、それは違います。面倒をみるというのは、その人の最悪の状態を見ることができ、その時のその人は自分より悪い状態にいることになります。わたしは相手がそのような状態にいるのを見ることで、ひそかに見返りを得ていました。世話役として人々が弱っているところを見ると、自分はそんなに弱くないと感じることができたのです。弱い人のそばにいると、自分は強くないと信じていても、強いかのように感じられるから不思議です。誰かの世話を焼いて、その人の人生を自分のコントロール下におくことは、時間とエネルギーと注意を、人生で本当に取り組まなくてはならないこと、つまり自分自身に取り組むことから遠ざけます。自分自身の面倒をみるためには、自分の境界を定めなくてはなりません。

悩んでいる女友達からの電話は、再び砂に境界線を引かなくてはならない必要をわたしに気づかせてくれました。またもや自分自身から逃げ、コントロールしようと奮闘し、自分より弱い人を助けようとしていたのです。わたしの人生はそのとき、うまくいっていませんでした。おまけに人の問題を処理するために多くの時間をとられ、自分以外の人生にあまりにも深く巻き込まれていました。もしわたしがその人たちのつっかい棒になっているとすれば、その人が自立して、学ぶべきことを学ぶ機会を奪っていることになります。そしてわたしと同様、友人にも境界線が必要なのです。彼女は自分がどのくらい飲んでもいいのか、どのくらいお金を使えるのか、苦境に陥る前にいつ自分がやっていることをやめればいいのかを知る必要があります。彼女が自分の境界を知らないのに、そこからわたしが救出しつづけていたら、彼女はどうすれば人生がうまくいくようになるかを決して学べないでしょう。境界線がないと、あなたの人生を不愉快にするばかりか、他人の人生をも不愉快にするよう手助けすることになります。人の自己破壊的な状態を支えていれば、その人をたたえることにはなり得ないのです。

もしわたしが彼女にまたお金を貸したら、今度も返してこないでしょう。それではまたもや彼女に腹を立てることになってしまいます。境界がない状態では、これまでと同じ誤った決断が繰り返される機会をさらにまた作るだけです。それに、わたしには他にしなくてはならないことがたくさんありました。わたしは自分に対しても、誰に対しても、苛立つ必要はないのです。彼女のお酒を飲むくせが、どんなにわたしたちの関係に悪い影響を与えているかを今回話さなければ、彼女は自分のしていることが次回も問題ないのだと思ってしまうでしょう。このとき、わたしにわかった最も重要なことは、アパートから追い出されそうになって泣いている酔っ払いの女性という事実と、この問題とはまったく無関係だということでした。それは彼女の選択を尊重し、自分を尊重するという、わたし自身の必要性の問題なのです。彼女にお金を渡すのは気持ちのよいことではありませんでした。そして彼女も、もしまともに生活していたら、わたしにそんなことを頼むのは決していい気持ちではなかったでしょう。人生と友情には境界線が必要なのです。砂に線を引くのはわたし次第だったのです。「そんなふうにあなたがお酒に酔っていると、わたしはいい気持ちがしないわ。そんな状態で電話をもらっても、あまり嬉しくないもの。それに、生活にどうしても必要なお金を借りなければならない時に、お酒を飲んでいるというのも、わたしには釈然としないわ。だからまず、いい友人関係を築きましょう。わたしは、あなたが必要な時にはいつでもここにいるわ。でも、あなたの衣食住の面倒をみるのはもうやめたいの。ショッピングやレジャーに行きたければ電話をちょうだい。わたしは一緒に行くか、そのためのお金を貸してもかまわない。でも、基本的な衣食住の面倒はあなたが自分自身でみてほしいの。わたしは友達として、あなたが人生を楽しむのをお手伝いするつもりよ」

● 朝のワーク ●

今日の「境界について」を読んで気づいたことは、

今日、心にとどめ、取り組んでみたいことは、

■朝のアファメーション■

この場でわたしは平和です。
この場でわたしは光です。
この場でわたしは喜びです。
この場でわたしは愛です。
この場でわたしは神の心の神聖な理念として
神の平和、光、喜び、愛を分かち合います。
この場でわたしは与えます。
この場でわたしは分かち合います。
この場でわたしは自分を捧げます。
この場でわたしは神の栄光とよきことのために、与え、分かち合い、
自分を捧げます。
この場でわたしは神の器です。
わたしは平和と光と喜びと愛のための器であり、
神の神聖な理念を与え、分かち合います。
わたしの仕事はスムーズで、荷物は軽やかです。
そうでない時は、わたしが自分の場所にいないということです。
まさにその通りです。

■■今日のポイント■■

境界は、わたしたちが自分自身の面倒をみることを可能にする。
境界は、人が自分自身の面倒をみることを可能にする。
境界は、選択の自由をつくり出す。
人の世話をしなくても、与え、分かち合い、援助することはできる。
人に「ノー」と言っても、愛し、支援することができる。
境界は、わたしを神聖な正しい場に立たせてくれる。

●● 夜のワーク ●●

今日、自分が明確な境界を持っていないと気づいたところは、

今日、自分の境界を越えたいという誘惑にかられたのは、

今日、わたしは境界を持つことが大切だと気づいたのは、

day 18

「思いやり」によって人をたたえましょう

＊あなたに役立つ定義

今日のテーマは人を「思いやる」ことです。それは疲れを感じることなく、他者と一体となり、他者の必要性のためにあなたの必要性を犠牲にすることです。結果的には自分自身に与えているのを知りつつ、自分を与えることです。

思いやりについて

「あなたはいつもいい人すぎるわ。人はあなたをさんざん利用したあげく、すっからかんにして去っていくのよ」こんなふうにわたしは今まで何度となく言われてきました。いい人すぎないでいるための一つのあり方は、ちょっとだけいい人でいるというものです。でも、これは滅多にうまくいきません。なぜなら、ちょっとだけいい人でいても、いずれ十分とは言えなくなるからです。そしてもう一つのあり方としては、まったくいい人でいないことです。しかし、これもうまくいくはずがありません。相手に対していい人でないということは、おそらくあなたは怒っていることになります。もし怒っているとすれば、自分に対しても人に対しても、たくさんの理由づけをしなくてはならないでしょう。なぜあなたが「いい人」でないのか、なぜ「いい人」である必要がなく、「いい人」であってはいけないのかという説明に多大な時間を費やさなくてはなりません。そうしていると、自分が最初に怒った理由にまで遡らねばならなくなります。もしあなたが怒っているわけではなく、単なる一時的な気分としていい人でなくなっているだけなら、きっと罪悪感でいっぱいになるでしょう。それは決して気持ちのいいものではありません。思いやりの実践とは、いい人すぎず、しかも罪の意識なしに、いい人でいることなのです。

あなたが健全で、自分を尊敬し、自己と肯定的な関係を保っている時のみ、人々とも同様の関係を保つことができます。そしてこの関係こそ、あなたが思いやりを表現し実践する基盤となります。あなた自身が真の自己の主人となり、個人としてのパワフルさの感覚に立脚したとき、初めて人を思いやれるのです。でも、もしそれがあなたの存在にとって真実でないとすれば、思いやりのある人でいたいという試みは、いい人すぎる結果に終わってしまいます。すると、まるで自分が玄関マットのように踏みつけにされ、人々に利用されているような気がします。つけこまれたと感じ、ついには人のためにしたこと、していることのすべてに憤慨するようになるでしょう。思いやりとは、真実の感覚からのみ来るものであり、自分が何かを奪われるという感覚なしに、与え、支援し、分かち合い、手助けすることのできる、正真正銘の個人のパワーからのみ来るものなのです。あなたが自分自身の力強い主人であるとき、自分に流れてくる宇宙の神聖なエネルギーを人々に分かち与えることを知っています。それはあなたのものではありません。生命に属しています。力あふれる人が生命を分かち与える時には、何一つ失われるものはなく、それどころか、かえって強められるのを知っています。人を思いやるためには、強さが必要なのです。

思いやりのある人とは、相手が成長するために自分でしなくてはならないことを、代わってしてしまうような人ではありません。そしてまた、他人の問題に飛びついてそれを引き受けてしまう人でもなく、すり切れてぼろぼろになるまで与えつくす人でもありません。真に思いやる人とは、相手が感じていることを感じられる人です。それは義務感や誤った責任感から行動するのでなく、頭も体も心も相手と一体になるということです。しかも思いやりのある人は、相手が苦しみ恐れていることには同調しないで、その人が何を経験しているのかを理解し、その人の学び、祝福、そして最終的な勝利を見ています。他人を責めるような犠牲者の精神構造には同調しません。そうする代わりに、相手とともに強く立ち、その状況を受け入れることによってその人を支援します。思いやりのある人は、すべてのことがその人のために動いているのを、その人とともに、その人のために、必要とあればその人に代わって知っているのです。人を思いやるにはビジョンが必要とされます。

わたしたちが「思いやり」と呼ぶものは、その多くが力とコントロールへの欲求です。自分は思いやりがあると思っている人は、いい人であろうと努力しますが、結局はその感情を利用され、操られたと感じて終わることがしばしばです。わたしたちはたいてい、思いやりとは相手が何を必要としているかを理解し、それを相手に与えることだと思っています。そうすればお互いに気持ちよくなれるからです。誰かが苦しんでいるのを見るのは辛いことです。ましてそのとき自分が苦しんだり奮闘したりしていなければ、もっと辛く感じるでしょう。そういう時に人の苦しみを見ると気の毒になり、何とかして急いで救ってあげたくなります。でも、もしかするとその人は救いの手を必要としてはいないかもしれません。おそらく本人にとって必要なのは、決断するための援助と、その状況を組み立て直すための情報で、それによって自分自身で物事に対処する力をつけることではないでしょうか。わたしたちは、他人のために何かをしたり不幸な人々を助けるような人を「いい人」と呼びますが、それは「思いやり」ではありません。それは受難です。なぜなら、思ったように状況が変わらないと激怒する可能性があるからです。助けてあげた相手に怒りを感じ、自分の時間、もの、エネルギーが無駄になったと腹を立てるでしょう。思いやるためには、宇宙はあらゆるものの限りない宝庫であることを知らなくてはなりません。

思いやりのある人は、助けるのではなく、支援します。支援することは相手を癒し、成長させ、それが助けることにもなるのを知っているからです。思いやりのある人は、相手に何が必要なのかを代わって決めることなく、その人自身が何を必要としているかを尋ねて、それに答えようとします。そして相手のパワーを奪いません。自分が自己のパワーの感覚に根ざしてしっかり立つことで、相手も自己のパワーの感覚に気づけるようにします。愛、平和、繁栄、どんなよきことも、この人生に不足してはいません。思いやりのある人はこのことを知っていて、相手が同じ原則を理解するよう手助けしたいと考えます。思いやりのある人は、相手とともに歩き、持っているものを分かち与え、頼まれた時には相手を手助けすることもできます。思いやりのある人は、これらのことをすべて、少しも相手に負い目を感じさせず、あらかじめ決められた結末に誘導されているとも感じさせずに実行することができるのです。思いやりのある人は、何が最善かを自分が知っているからではなく、相手の最善が自分の最善であることを知っているので、その人にとっての最善を望むのです。思いやりのある人は、なされる必要のあることをする以外、何の期待も抱かずに長い目で相手と一緒にいることがわかるでしょう。

ネイティブ・アメリカンの伝統では、思いやりのある人は蛇による治療を体現する人です。わたしたちの多くは蛇を恐れます。それは大半の人が自分のパワーや、パワフルな人々を恐れるのと無関係ではありません。蛇はわたしたちのパワーと癒しの力を象徴しているのですが、あまり知られていません。思いやりのある人は、相手自身が自分を癒す力を高めます。脱皮と静謐は全体性の現れです。裸で傷つきやすくても、旅を続けるのです。蛇による治療は、適切な心の状態にあれば、毒と見なされているものさえ摂取され、統合され、変容されるという知恵の表われなのです。思いやりのある人は、あなたの感じている苦しみや痛みに触れ、自己のパワーを通してそのエネルギーを変えることができます。そのパワーとは、常に全体性へと導く思考、望み、決意、叡智と理解の力なのです。思いやりのある人は、宇宙の存在としてのあなたの全体性に気づいてほしいのです。あなたの全体性は、いい人であることとは何の関係もありません。そして思いやりのある人は、あなたの全体性への旅は楽ではないことを認識しています。思いやりのある人は、さまざまな段階にある人を育み、慈しみ、滋養を注ぎ込む能力を持っています。そして自分自身は疲れを知らずに癒します。

あなたがみずからの必要性や要求を二の次にし、人の必要性を満たすことに完全に自分を捧げるようになったとき、自己のパワーの感覚を発見し、本来の意味で思いやりのある人になるでしょう。相手を犠牲者と見なさず、自分が犠牲になっているとも感じず、人の痛み、恐れを感じ、その人に何が起こっているのかがわかるとき、あなたは思いやりを表現する準備ができたと言えます。人に何かをしたり、あげたりしたことで、自分が決してネガティブな影響を受けないのを理解したとき、あなたは思いやりの域に達したのです。自分が助けなければその人が駄目になってしまうとか、同じことが自分にも降りかかるかもしれないという心配や、人が苦しむのを見ていられないという恐れから、どうしても助けなければという必要性を感じているとしたら、まだ人を思いやれるだけの理解の域には達していません。また、単にいい人でなければならないという必要性から行動しているなら、あとで利用されたという感じが残るでしょう。そして利用されたと感じると、思いやりが真に意味するところについて何の手がかりも得られないまま、自分を犠牲者と見なすようになってしまいます。思いやりとは、自分が到達したところを身をもって示すことで自分と人々を尊重する方法なのです。わたしたちは、本当の意味での「いい人」にはまだまだ到達していないと言えるでしょう。

● 朝のワーク ●

今日の「思いやりについて」を読んで気づいたことは、

今日、心にとどめ、取り組んでみたいことは、

■朝のアファメーション■

わたしは、すべてのものと一つです。
わたしは、すべての命と一つです。
わたしは、すべての人々と一つです。
わたしは、神と一つです。
一体であるわたしの中で、わたしは永遠で無限です。
一体であるわたしの中で、わたしはわたしに
わたし自身を与えることができます。
一体であるわたしの中で、わたしはわたし自身を与えます。
一体であるわたしの中で、わたしは愛とともに
喜びと思いやりに満ちて自由に与えます。
わたしが自分自身に与えるとき、わたしは強められます。
わたしが自分自身を与えるとき、わたしのパワーが増します。
わたしが自分自身のすべてを与えるとき、
永遠の無限なる神の存在が、わたしの存在の真実になります。
わたしは深く感謝しています。
心から感謝します。

■■今日のポイント■■

わたしには何も失うことなく自分のものを与えるだけの十分なパワーがある。
わたしはすべてのもの、すべての人と一つである。
「支援＋慈しみ＋育み＝思いやり」である。
人を思いやることは、わたしを強くする。
誰もが自分自身を癒す力を持っている。

●●夜のワーク●●

今日、人を思いやるのが難しいと感じたことは、

今日、思いやりを示すことができたところは、

今はわたしが思いやりを表現できないとわかっていることは、

day 19

「完了」によって人をたたえましょう

＊あなたに役立つ定義

今日のテーマは「終わらせる」ことです。それは精神的にも感情的にもとらわれがなく、完了している状態です。一つの状況や人間関係の性質、状態を終結させる行動または行為です。

完了について

父は亡くなりました。わたしを愛しているとはついに言わないまま逝ってしまいました。そのとき、わたしは30歳になっていましたが、まだ傷は癒えていませんでした。自分が涙もなく父のなきがらを見つめているこことに傷つきながら、わたしは一度も父が「愛している」と言ってくれなかったことを思い出していました。みんながわたしを見ていました。わたしは父との嬉しくなかった思い出でなく、もっと別のことを考えようとしたのですが、実際、父との関係ではほとんどが嬉しくないことばかりでした。ちょうど父の棺のそばに立ったとき、まさにそうだったことを思い出したのです。わたしはひどくぎこちない感じがして、激しい苦痛をおぼえました。父に触れたいと思っても、できませんでした。わたしは父に言いたいことがありました。もちろん父の耳に聞こえないのはわかっていました。でも、どうしても父に話をしなければならないと感じたのです。わたしは椅子に深く腰かけたまま、もう何もしないでいようと決めました。

それから数週間、なぜわたしは父のために泣けなかったのだろうかと考えつづけました。わたしには父を亡くした悲しみよりも、父との間に常に存在していた敵意のようなものが、いまだに拭えないままでいることのほうが大きな問題でした。父の臨終は眠りながらの穏やかなものだったと聞いていたので、苦しまなかったのは知っていました。けれども父は、本当はずっと苦しんでいたのです。父の生涯は、挫折と劣等感に満ちていました。自分の家族を養えない恥ずかしさに苦しみつづけたのです。そう、彼は生涯苦しんで、そして今ようやく平和になったのです。悲しいかな、彼が永遠の平和についたことでわたしの心には大きな空洞が残されました。父に求め、父にしてほしかったことがとてもたくさんあったのに、それらは決して叶うことはありませんでした。わたしはずっと昔から、それは自分の人生では当然のこととして受け入れてきました。でも、なぜか父が逝ってしまった今になって、答えが得られなかった多くの疑問が心の中にあふれるように湧き出てきたのです。父はわたしを誇りに思っていたのでしょうか。わたしの大学の卒業式に父が来てくれなかった本当の理由は、一体何だったのでしょうか。父はなぜ、母のもとを去ったのでしょうか。何よりまして、父はわたしのことを愛していたのでしょうか。

わたしがそんなふうに感じていることを友人に話すと、彼女はその関係を完了させることが必要だと言いました。一つの関係が終わることを自分がどう感じているのか、それを表現する機会がないと、その関係は終わりません。相手が生きているかどうかに関わりなく、どんな関係も終わりがなければ、未完了な感情が残ってしまいます。別離や離婚のように、あらゆる関係が突然破局を迎える時と同様、死も解放されなくてはならない非常に多くの感情的問題を引き起こします。そしてそれを手放すことにより、関係を終わらせることができるのです。手放していないと、疑問が湧いて、傷つき、なぜという思いに答えが得られず、徐々に怒りと恐れが大きくなっていきます。わたしの友人はこう言ってくれました。さらに大事なことには、完了できないままだと、いつまでも教えと恵みを受け取ることができないわ、と。つまり自分の人生になぜその人が現れたのか、何を分かち合ったのか、自分自身について何を学ぶべきなのか、そしてなぜ古い関係を手放して、もっと生産的な新しい人間関係に入っていくほうがいいのか、決して理解できないというのです。終わりがなければ傷ついたままです。わたしは「相手がもうこの世にいない時には、どうしたら完了できるかしら?」と彼女に尋ねました。すると、手紙を書くことを教えてくれました。相手がその手紙を読むかどうかは問題ではありません。自分の感じていることを表現する機会を持つことが大事なのです。

*

親愛なるお父さん

お父さんがもういなくて、この手紙を読んでくれることもないのはわかっているわ。でも、お父さんとわたしがともに過去の関係の苦しみから解き放たれるように願って、これを書きます。わたしはたぶん、何よりもまずあなたがわたしのお父さんであったことに感謝しなくてはいけないと思います。自分で両親を選び、そして両親が生命をもたらすことに同意したというのがもし本当なら、わたしはお父さんに感謝すべきです。あなたのもとで生きたことがわたしにはあまり幸せだったとは言えなかったとしても、わたしは今、こうして生きていられることが嬉しいのです。でも、非難するつもりじゃなくて、お父さんは子供の面倒を見、養育することにかけては本当にでたらめな人でしたね。お父さんも、あなたのお母さんが不必要なまでに辛くあたる人だということは知りつくしていたはずなのに、その人のもとにわたしを置き去りにしたのよ。どうしてそんなことができたの？　いったいお父さんは何がそんなに大切で、自分の手でわたしを育てなかったの。おばあちゃんがよくわたしをたたいていることは知っていたでしょう。わたしを怒鳴りつけ、大声で叱りとばすのも知っていたでしょう。おばあちゃんは、お父さんは街で女の人と遊びほうけていて、わたしのことなんか気にかけてないって、そう言ったのよ。お父さんもそれをぜんぜん否定しなかったわ。お父さんはわたしたちの家に立ち寄ると、わたしの頭をぽんぽんとたたいて、いくらかお金をくれて、そして自分の楽しみのためにまた出かけていったわね、わたしがおばあちゃんに拷問のような目に遭わされているのを知っていながら。どうしてそんなことができたの？　なぜ、なぜなの？　どうして？

わたしはそんなに悪い子だった？　わたしがみっともなくて太っていたから？　それともお父さんはわたしのことを恥じていたの？　お父さんが一度もわたしのために学校に来てくれなかったのは、そのためだったの？　だから宿題も一回もみてくれず、本も読んでくれなかったのでしょうか。ダンスの発表会も一度も見に来てくれなかったのは、そのせいでしょうか。わたしをこんなにまで無視しつづけたのは、一体ぜんたいわたしがお父さんに何をしたからなの。わたしはただの小さな子供だったのよ。わたしは自分で望んでみっともなくなったわけじゃない、お父さんのせいでそう生まれついたんだもの。それはお父さんの遺伝子の結果よ。お父さん、幼い子供にとって、父親からうとんじられるようなそぶりをされるのが、どんなに恐ろしいことかわかる？　わたしは、お父さんが心底わたしを嫌ってたわけじゃないのはわかっていたけど、でも、まるでそういうふうにふるまっていたわね。お父さんのお母さんは愛情深い人ではなかったから、きっとお父さんも、どうすれば愛情深くなれるのかを教わってこなかったのでしょう。でも、それを学ぶのはお父さんの責任よ。わたしはあなたの娘なのよ。わたしはお父さんからキスされ、抱きしめられ、抱き上げられ、特別な存在として扱われたかった。お父さん、わたしはあなたにとって特別な存在だったのかしら。自分には女の子がいて、とても特別な存在なんだって、一度でも誰かに話したことはある？　わたしはそんなふうに聞かされたことはないけど、でも、きっとお父さんはそう言ってたって、心からそう信じたいの。

これも話しておかなくてはいけないわ。わたしは気分が滅入っていると、兄さんの人生を破滅させたのは全面的にすべてお父さんの責任だって思えてしまう。兄さんの人生の責任はすべて彼自身にあるんだって、わたしは何回も自分に言いきかせようとしたの。わたしがそうしたように自分で自分を癒し、人生から何かを創り上げる能力が、兄さんにも同じようにあるって知っているから。でも、人はそれぞれ違うことも知っている。兄さんはわたしと同じではないわ。わたしは人生で受けた虐待や無視や機能不全からどうにか脱却することができたけど、あなたの息子である兄さんはあまり運に恵まれていなかった。今でも毎日苦しんでいるわ。兄さんはあまりにも苦しみと怒りと混乱の中にばかりいすぎて、生きている意味が見出せないのよ。お父さんは自分の息子がアルコール中毒なのを知っていた？　そして19の時からドラッグにおぼれていたのを知っていた？　ええ、もちろん知っていたわね。わたしが疑問だったのは、お父さんが何をしたか、何を言ったかなの。お父さんがわたしたちに何もしてくれなかったことで、兄さんが怒っているのを知ってたかしら。兄さんは、お父さんにとってはギャンブルや女性やお金のほうが、僕の存在よりも大切なんだって信じてたのよ。兄さんには道を示してくれる父親が必要だったのに、お父さんは決して家にいなかった。いつも忙しかった。でも、兄さんがしなかったことについて非難したり文句を言ったりする時間はあったじゃないの、そうでしょ？　どうしてお父さんは、兄さんに尻を蹴飛ばしてやるなんて言ったの？　2週間も会わなかった15歳の息子に、どうしてそんなことが言えたの。そんなことを兄さんに言えるあなたは、いったい何様なの。だから兄さんは家を出たのよ。あの時から、彼はすっかりぬけがらのような人生を送るようになってしまった。お父さんの兄さんに対する仕打ちのために、わたしはお父さんをずっと怨んでいたわ。わたしにはたった一人の兄さんなのよ。お父さんがわたしのそばにいてくれなかった時も、兄さんはそばにいてくれたわ。でも、お父さんが面倒もみてあげず、何の関心も興味ももたなかったから、兄さんは自分でそこにいることに堪えられなくなってしまったのよ。お父さんが兄さんに与えた苦痛を思うと、どうしたって絶対に、わたしは誰にも恥じることなく、お父さんを憎まずにはいられない。

お父さんは、お母さんのことを愛していたの？　もし愛していたのなら、なぜお母さんを共同墓地の名前も刻まれていないお墓に埋葬したのでしょう。どうしてギャンブル仲間からお金を借りてでも、きちんと人間らしくお母さんを葬ってあげなかったの。お母さんが埋葬されている場所をわたしが探しあてるまでに2年もかかったのを知っていますか。お母さんは、ほかの五人の人たちと一緒に葬られていたわ。お母さんがあなたを愛し、あなたの二人の子供を育てたことも知らない、五人の見ず知らずの人と一緒に埋められていたのよ。愛していた女性にそんなことができる男性がいるでしょうか。あなたは、お母さんを本当に愛していたのですか。もし愛していたのなら、どうしてお母さんと結婚しなかったの？　なぜお母さんと一緒に住んでいる時に、ほかの女の人と結婚してしまったの？　それに、どうしてお父さんはこのことについてわたしに何も話してくれなかったの。なんでわたしは自分の人生の始まりに関するこんな個人的な話まで、ほかの人から聞き出さなくてはならなかったの。どうしてわたしに嘘をついたの。お父さんは本当にひどい人です。わたしはこうしたことのすべてを理解しようと努めたわ。でも、どれもわたしには理解できないことばかりだった。今、お父さんはもう旅立ってしまった。わたしはこの混乱を整理するために残されたのね。

わたしはお父さんを許そうと、ずいぶん努力してきたわ。うまくいった時もあったけど、狂気が絶対的な意味を持ってしまうこともあった。確かにお父さんは、みずから持てるもので、できる限りのことをしてくれた。お父さんの人生が楽ではなかったことは知っているし、何とか物事がうまくいくように最善を尽くしたのも知っているわ。でもそれがうまくいかないとわかったとき、どうしたの？　逃げ出して、隠れてしまったわね。少なくともわたしにはそう見えた。お父さんは本当のことを話してくれなかった。許しを乞いもしなかったわ。それに、決して自分が悪かったと認め、謝ることもしませんでしたね。でもお父さん、ともかくもう、わたしはお父さんのことは許しているの、自分の状態がいい日には。そんな日には、お父さんがわたしにたくさんのものを教えてくれたことがわかる。お父さんはわたしに、何をしてはいけないか、どのようにすべきではないかを教えてくれた。そしてわたしが三人の子供のそばにいる重要性を教えてくれた。本当のことを話し、何が起こっているのかを人に伝えることの大切さも教えてくれた。そのうえ、わたしの人生で最も価値ある贈り物をくれたわ。あなたはわたしに、二人目の母であり、親友であり、天使である人を授けてくれたのよ。彼女なしでは、わたしはとうていここまで来ることはできなかったでしょう。彼女は、わたしにしてみればお父さんと正反対の存在だったわ。

自分の状態がよくない日、わたしは傷だらけの心でお父さんを怨んできました。でも、きっとそんな話はあまり聞きたくないでしょうね。お父さんを怨むことは、わたし自身をますます打ちのめすだけだわ。わたしにとって、お父さんを怨んでいるのはとても辛いことなの。お父さんは憎しみが湧くと狂気に襲われたけど、わたしはとても長い間、狂気にとりつかれていた。わたしは今、お父さんのように平和になりたい。だからわたしは、もうこれ以上気分の悪い日を過ごすつもりのないことをお父さんに知ってほしくて、これを書いているの。お父さんが嘘をつき、家を出て、お母さんを騙し、わたしと兄さんを見捨てたことも、そしてわたしが必要として求めたような父親ではなかったことも、わたしはお父さんを思いやって許すことができる――そんな日々だけをこれからは送ることにしたいのです。

この瞬間から、わたしはお父さんに関するよいことだけを思い出すことを選択します。お父さんはハンサムだった。それにわたしに初めての車をくれたわ。結婚祝いには洗濯機をプレゼントしてくれたっけ。そして明らかにお父さんは孫たちを愛していたわね。お父さんが子供たちに料理を作ってくれた時のことをよく覚えているわ。それから、まだ2歳だった息子を膝にのせて車を運転したことも。土曜日の朝、うちの玄関に来て子供たちを抱き上げた時の様子や、腕にあの子たちをぶら下げながら歩いていた姿は、これからもずっと忘れない。お父さんは素晴らしいベビーシッターで、子供たちは本当にお父さんのことが大好きだった。お父さんがいなくなって寂しがるでしょうね。あの子たちはまだとても幼くて無垢だから、十分お父さんのよさがわかるのね。わたしもお父さんと子供たちの思い出を持ちつづけていれば、いつの日かきっと、お父さんのよさが理解できるようになるでしょう。何よりもそうなりたいと思うの。お父さんが子供たちに注いでいた愛情をわたしが記憶していれば、お父さんが知っている唯一の方法でわたしを本気で愛してくれていたことが、いずれわたしにもわかる日がくるわね。わたしはお父さんを愛していることがわかる。たぶん、わたしはお父さんとてもよく似ていると思う。なぜって、どうしたらお父さんに愛を伝えられるのか、まるでわからなかったんですもの。でも今なら、きっとお父さんに伝わるわね。わたしは本当にそれを願っています。

＊

わたしはペンを置いて、父のために泣きました。

● 朝のワーク ●

今日の「完了について」を読んで気づいたことは、

今日、心にとどめ、取り組んでみたいことは、

■朝のアファメーション■

今日わたしは、自分の人生で、神聖な目的にそぐわなくなった
あらゆる人、あらゆる環境、あらゆる条件、あらゆる状況を手放し、
解き放ち、委ねます。
今日わたしは、すべてに季節があり、そして
どんな季節にも必ず終わりがあることを知ります。
今日わたしは、あらゆることが人生で独自の崇高な表現として、神聖な目的を満たし、わたしの成長と進化をサポートしていることを知ります。
今日わたしは、終わりがないことを知ります。そこにあるのは今だけで、
その今が、人生に神聖な新しい季節と目的をもたらすのです。
今日、わたしは過去の苦痛に満ちた記憶の中にいるよりも
新しい出発を選びます。
今日、わたしは明確な思考と活動にあふれた新しい季節を選びます。
今日、わたしは昨日のドアを閉じ、
心と頭と魂をこの瞬間の恵みに開きます。
今この瞬間、わたしは光に満ちています。喜びに満ちています。
神聖な理解をもたらす愛に満ちています。
わたしは深く感謝しています。
心から感謝します。

■■今日のポイント■■

人はわたしの人生に、一時期あるいは生涯を通じ、理由があって登場する。
完了は、自分が何を感じているかの真実を語ることから始まる。
自分の感じていることは尊重するに値する。
一つのドアが閉じられるとき、もう一つのドアが開く。
自分が抑圧していることは、どんなものであれストレスのもとになる。

●● 夜のワーク ●●

完了するのは難しい状況だとわたしが感じていることは、

今日、わたしが自分の中で完了することができたのは、

わたしが完了できるように自分の思考と感情に働きかけていかなくてはならないことは、

day 20

「裁かない心」によって人をたたえましょう

＊あなたに役立つ定義

今日のテーマは人を「裁かない」ことです。それは精神と感情を開き、新たな経験や、過去の経験への新しい解釈を受け入れようとする姿勢です。個人的な意図や見解、評価などをふりかざすことなく人々を見つめ、物事に関わっていくことです。

裁かない心について

親であれば誰でも、子供には可能な限り立派な人間になってほしいと願います。これはしごくもっともな望みであり、その子がどれだけ立派になれるか、そしていかに立派なところを表現して生きるべきかという親の認識から生まれます。親は、その子がどの程度立派にやっているかを計るための物差しや評価や指針などを持っています。そしてたいていの親は、認めたがりませんが時間的な枠組みにとらわれています。子供がこの時までに、これをこういうふうにできるようになってほしいと思うのです。親はそれは子供のためだと言います。なぜなら、あなたも知っているように、親は怠け者がどうなるかを知っているからです。親は、聖書で読んだばかりでなく、立派になろうと一生懸命努力しなかった仲間やその子供たちがどうなったかを目撃しています。立派な人間になるという目標に対して満足できるような進歩を見せないと、親は当然のように、子供がどこかで道草を食っているか、悪魔の集会でギャンブルに興じているに違いないと思い込むのです。

わたしはこの問題についてよく知っています。わたし自身、三人の子供の親だからです。一人はよい子で決して道から外れませんでした。もう一人は漠然とでも、よきことは存在すると考えており、それがどこにあるかを必死に探し求めていました。そしてもう一人は、わたしの判断ではどう見てもよい子とは言えませんでした。子供たちは三人とも成長の途上にあるのですから、こうした状態は変わっていくものです。しかし、変化が起こる前にわたしは恐怖でいっぱいになってしまったのです。恐怖のなかで、普通の親として当然のように子供たちのありとあらゆることを裁き、比較し、批判し、ヒステリックになりました。こうしたヒステリーには親子関係を破壊しかねない危険性がひそんでいます。わたしは子供たちを、無責任で集中力がなくて一生懸命になれない、正真正銘の怠け者だと判断していました。しかしそのとき、親友から、わたしが見ているものは実際の子供たちとは何の関わりもないことだと教えられました。つまりわたしは、自分自身に下していた判断によって、子供たちを裁いていたのです。

わたしは機能不全の貧困家庭に生まれました。そして16歳で妊娠して学校を中退し、若くして結婚しました。しかし、その結婚生活は不幸な結果に終わりました。それで子供たちがわたしと同じ失敗をおかさないようにと願い、祈り、わたしの力が及ぶ限りのことをして三人の子供を一人で育てようと、がむしゃらに頑張ったのです。子供たちには常により以上を望みました。でも、子供たちにとって「より以上」とは何なのか、それを手に入れるにはどうしたらいいのか、わたしには何一つわかっていなかったことを打ち明けなくてはなりません。それでも、何が子供たちをわたしの歩んだ道に押しやってしまうか、自分ではよくわかっていると思っていたのです。そのため、いつもそうしたことに神経をとがらせていました。わたしが昔したこと、昔言ったこと、昔した態度、わたしと同じ兆候が子供たちに見えたとき、わたしは怒りにかられました。それは、みずからの命を危険にさらそうとする子供たちへの怒り、そして何かをしたために立派であることから外れてしまったわたし自身への怒りでした。怒りが収まると、次には恐ろしくなりました。子供たちがまともに育たないのではないか、そしてわたしの親がわたしを見捨てたように、わたしも子供たちを裁き、見捨てるのではないかと恐怖したのです。機能不全の循環が、親からわたしへ、わたしから子供へと繰り返されていくのを感じました。それはわたしの心を狂気へと追い込みました。

自分がおかしくなったとき、正常な心の友人がいると助かります。わたしにはそんな友人が一人いました。彼はひとつの言葉を教えてくれました。それは簡潔で、まったく不合理なのに、きわめて深遠な言葉でした。わたしが子供たちと自分自身とすべての人々を手放し、これまで必死に握りしめてきた人生への裁きの条件づけを解き放てるような洞察をもたらしてくれたのです。その言葉とは次のようなものでした。

「正しいのでも悪いのでもない。それはただそこにある」

「じゃあ、人を殺したり嘘をついたり盗みをはたらいたりすることも、悪くないというの?」とわたしは問いました。

「そういう行為をする人は、恐怖心や恥の意識や罪悪感からしているんだよ。恐怖心、恥、罪悪感を感じるのは悪いことだと思う?」

彼の言っていることはわかりました。でもわたしは納得がいかず、ひっかかりました。これはよく考えてみる必要があると思いました。もしも「正しい―悪い」がないというのなら、恐怖心や恥の意識や罪悪感のせいで何をしてもいいことになってしまいます。

「人はともかく何でも、どんなことでもするものさ。それをいけないとか正しいとか僕たちが裁いたところで、その人が人生でやろうとしていることを止めることはできない。人のしたことに判断を下している時というのは、実はその相手に愛する条件を知らせているんだ。自分が正しいと思っていることを相手がすれば、その人を愛する。そして相手が悪いと判断すれば、腹を立てて恐怖にかられ、愛を取り上げる。愛のない人というのは、恐怖に怯えた人なんだ。怯えていると、まったく愛のないことができてしまうんだよ」

「ちょっと待って。一人の人間が愛されていないと感じたことが原因で、たくさんの人が囚われたことがあったわ。ヒトラーは自分が愛されていないと感じたために、何百万人もの人を殺したのよ。わたしには理解できないわ」

「僕たちは知らないことを恐れ、理解できないことを恐れる。恐れによって、恐れが原因で、人はとりつかれてしまうんだ。無力感に襲われたとき、力を求める。支配できないとき、支配を求める。力のない人が支配を求めるとき、人が殺されることもある」

「ひどい話だわ」

「ひどいというのも、判断の一種だよ」

「恐れていたり、無力感に襲われたり、支配したいために、それで他の人を殺したりつかまえたりすることがひどくないっていうの？」

「誰がそう言ったの？　人は自分が誰であるか、何を信じているかに基づいて、あるいは自分の感情や信条を裏付けるその時点での情報に基づいて物事を見る。今日では奴隷制度は悪だが、４００年前には経済活動として認められていた。ヒトラーは今日では怪物と考えられているけれども、その当時は多くの人が彼を支持するか、さほど問題視していなかった。何かが正しいとか悪いとか言うことは、そのことがそうであった事実を変えるわけではない。きみが何かを悪いと考えるとき、それは実は、きみ自身に何か悪いところがあると思っているということなんだ」

「わたしに？　わたしに悪いところがあるなんて思ってないわ」

「いや、きみは自分が悪いと思っているところがある。そのためにきみは子供たちを裁くんだ」

「わたしは子供たちを裁いたりしていない。ただ、正しいことをしてほしいだけよ……つまり、わたしよりもっとまともな生き方をしてほしいの」

「自分の生き方の、どこが悪かったと思っている？」

「わたしは自分にも、まわりの人たちにも、すごくきつい生き方をしてきたわ」

「きみはその時点で正しいと考え、信じていたことに基づいて、どうしたらいいか知っていることをしてきたんだ。もしきみの子供たちが同じようにそれを選んでまったく同じことをするとしたら、どうやってきみにそれを止められる？」

「どうすれば物事を正しくできるかを教えてあげればいいのよ。子供たちには、わたしよりもっといい生き方を教え、いい方法や援助を与えてあげるわ。あなたのおかげで、わたしは正しいという言葉を使うのが怖くなったわ」

「怖いと思うと、関係ないことを見たり聞いたりするものだよ。子供たちは、自分がやろうとすることをやるのであって、それはきみがどう思い、何を言い、何をし、何を恐れているかとは関係ないんだ」

「それはわかるわ。立派な子供が、恵まれない家庭の出身のこともあるし、どうしようもない子供が立派な家庭の出身ということもあるもの。確実に子供を成功に導く魔法の公式なんてあるのかしら」

「あるとも。きみの最善を子供に与えることだ。きみが知っていることを子供に分かち合うんだよ。それをもとにして、子供自身の選択をできるようにしてあげることさ。そして子供がつまずいた時や倒れた時には、怒ったり恐れたりしないで子供のそばについていてあげるんだ。きみの愛の条件をはずしてごらん。子供の行動のなかにきみの失敗を見つけようとするのはやめて。話すことすべてを話し、やることを全部やったら、子供のためにしてあげられる最善のことは、きみ自身が考えしたり発見したやり方に悪いところがあったという、その思い込みを手放すことだ」

「あなたが正しいと、わたしは嫌になるわ」

「とんでもない、ぼくは正しくなんかないさ。ただ、ぼくであるゆえに知っていることを分かち合っただけだよ」

「あなたは、あなたであることを表現してくれたのね」

● 朝のワーク ●

今日の「裁かない心について」を読んで気づいたことは、

今日、心にとどめ、取り組んでみたいことは、

■朝のアファメーション■

神の采配があるために、わたしが存在しています。
神の采配があるために、あらゆるものが存在しています。
どんな人の中にも、どんな生き物の中にも、その生命の中心で
神の完璧な采配があります。
わたしはそこに現れてくるものを裁きません。
物事が自分の思うように運ばなくてもわたしは恐れません。
どのように見えようとも、わたしはいつも
神の完璧な采配があることを思い出します。
わたしは深く感謝しています。
心から感謝します。

■■今日のポイント■■

正しいのでも悪いのでもない。それはただそこにある。

人は自分の感情や信条に基づいて行動するのであり、そのことに善悪はない。

わたしは自分が見ているものをすべてわかっているわけではないので、それを裁くことはできない。

わたしが人を裁くのは、常に自分自身への裁きによってである。

善悪の判断は、新しいレベルの理解に対し、頭と心を閉ざしてしまう。

それがどのように見えようとも、神の采配がある。

●● 夜のワーク ●●

今日、わたしが自分を裁いているのに気づいたことは、

今日、わたしが人を裁いているのに気づいたことは、

わたしが判断を棚上げにしておけると思うことは、

day 21

「許し」によって人をたたえましょう

＊あなたに役立つ定義

今日のテーマは「許す」ことです。それは解放であり、手放すことです。調和を求めて心の中の誤解を取り除くプロセスです。そして真実のために過ちを手放すことです。思考や感情の転換を促すために、何らかの思考や感情を明け渡すことです。

許しについて

「いつまであなたは憤慨し、傷ついているつもりなの」――その答えは、わたしにもわかりませんでした。でも、自分がまだ怒りを収める準備ができていないことはわかっていました。彼女がわたしにしたことは許しがたいことだったからです。それに、わたしは心のどこかで、自分が怒りに留まれば留まるほど彼女が苦しむだろうと信じていました。いつのまにか、彼女がわたしに対してしたことはどうでもよくなっていました。それよりも彼女が苦しめばいいと思っていたのです。彼女は苦しまなければなりません。わたしにしたことによって彼女は苦しみを味わっていると、みんなに知らせたい気持ちでした。彼女の苦しみが新聞に載ればいいのにとさえ思いました。そうなって初めて、わたしは怒りを収めることができるかもしれません。彼女は、わたしが憤慨していることを知るべきです。なぜなら、ある日、彼女は眠りながら静かに息を引き取ってしまったからです。わたしはひとことでもお別れを言いたかったのに、あまりに取り乱してそれさえできませんでした。彼女の死後何年たっても、わたしは憤慨しつづけ、惨めでした。わたしがまだ傷ついたままだというのに、彼女はすでにこの世にはいません。何をしたところで、一体どんな意味があるでしょう。

誰かを許すことは、その相手のために許すのだと多くの人が信じています。けれどもそれは、本当は自分自身のための行為です。許しとは、自分が望んだものを取り入れるスペースをつくり出すために、望んでいないものを手放すことなのです。よきこと、喜び、平和、愛を経験するには、苦痛、怒り、恨み、恐れを手放さなくてはなりません。なぜかわたしたちは、誰かを許すのは自分よりも相手のためだと信じています。ところが、相手が必要としている許しをみずから差し出すことは、あなた自身の魂の性質を強化するのです。このような魂の性質とあなたの意識によって、人生の幸福を受け取ることができるのです。何らかの理由で誰かへの許しや愛を差し止めていると、人生の豊かな喜びに気づけなくなってしまいます。古いものがいっぱい詰まっていると、新しいものの入って来る余地はありません。要するに、あなたが他の人に対してよいことを差し止めていれば、自分にそれを差し止めていることになるのです。

あなた以外の誰かがあなたをどうにかすることができるという信念にしがみついている限り、あなたは人を許すことができないでしょう。人はあなたが誰であるか、あなたがどうなるべくして生まれてきているかを変えることはできません。彼らはあなたの行く手に障害物をつくり出せるだけです。人々は、あなたがあなたでない何者かであると信じ込ませることしかできず、実際にあなた自身を変化させたり別の何者かに変えたり、あなたの存在の真実を損なうことは、いかにしてもできません。真実とは、あなたが神聖な存在であるということです。真実とは、生命の神聖な源があなたを完璧につくりあげたのであって、誰であれ、それを何も変えることはできないということです。真実とは、わたしたちはみな自分が神であることを忘れてしまい、人間としての恐れや、信念、考えから行動しているということです。そうしてわたしたちは他人の感情に憤り、人との境界を無視し、非難し、打ちのめし、そのほか非情なやり方で自分の苦しみを他人にぶちまけます。それによって、わたしたちが誰であるかが変わることはありませんが、わたしたち本来の姿より劣ったものだと信じ込むのです。そのためにわたしたちは心がおかしくなり、狂気にしがみつき、許すことを拒否するようになります。

過ちをおかさない人は誰もいません。人に過ちはつきものです。何を真実と見なすかについて、わたしたちは過ちをおかします。わたしたちは、人生には目に見えること以上の意味があって、真実はいつも肉眼には見えないものだということに、常に気づいているわけではありません。でも、その時にはすべてをわかっていると勘違いしてしまい、全貌が見えていないことには気づかないのです。人生の途上においては、まだすべての登場人物やストーリーや構想は現れていません。全体のストーリーがわからない時点で出す結論というのは、たいてい間違っています。わたしたちは、自分の体験、特に悪い体験を、自分が誰であるか、そして何に値するかの表われだと思い込みます。自分の価値を認めている時でさえ、自分の体験は、もっといい体験を遠ざける障害だと思い込み、自分以外の誰かが運命を支配する力、変える力を持っていると誤解します。しかし、わたしたちが人生で何をするか、どうあるかを決定するのは、究極的には他人が何をしたかではなく、誤りであってもなくても自分が何を信じているかなのです。

過ちをおかすことがなければ、何がうまくいき、何がうまくいかないかは学べません。間違えるたびに、人は正す機会を与えられているのです。人生の神聖なる魂にはおのずと、みずからを正す性質が備わっています。そしてわたしたちの過ちを、痛みや苦しみという形で見せてくれます。精神的不安や感情的不満を通して誤りを教えてくれるのです。残念にも、自分の誤った信条、選択、概念などの結果に直面したとき、わたしたちは人を責めます。自分が思い、感じ、信じていることは、自分以外の人に責任があると思い込んでいるからです。自分が誰であるかは人生の経験からつくられると信じていて、その時の出来事における登場人物を責めるのです。わたしたち全員がおかす最大の過ちは、他人が自分を傷つけることができると信じていることです。そう信じることで、彼らを許すことができなくなるのです。

わたしの叔母は、夫である叔父がわたしをレイプしたことを認めるのを拒否しました。彼女はあたかもそんなことは何でもないかのようにふるまいました。それは、叔母にとってわたしはたいした存在ではなく、叔父がわたしにしたことは叔母には何の問題もないのだと、わたしには受け取れました。そして叔母はわたしのことなどどうでもよくて、叔父は邪悪で、わたしは穢れた人間で、人生とは概しておぞましいものだと結論づけたのです。わたしはその経験と、解釈と結論の記憶、そして怒りに、長いこと封じ込められていました。カウンセラーに、どのくらいのあいだ怒っていたのかと尋ねられ、答えはその後の16年間であり、三人の子供であり、失敗した結婚生活であり、いくつかの胸が張り裂けるような異性関係でした。「あなたは叔母さんにどうしてほしかったのでしょう」と彼女は尋ねました。わたしは叔母に、わたしを認めてほしかったのです。そして叔父がしたことは間違いだったと認めてほしかったのです。「もし彼女がそうしたら、あなたはどう感じますか？」「少しは楽になります」とわたしは答えました。カウンセラーは、叔母さんはもう亡くなっているから、わたしが楽になる他の方法を見つけなければならない、と言いました。そして、叔母がわたしを認めようとしなかったことを許し、叔母のおかした過ち——彼女はもし夫のしたことを認めてしまえば結婚生活は破綻するに違いないと信じていました——を許すように提案しました。わたしはそのカウンセラーに、「そんなこと、できっこないわ！」と言い返しました。

傷つき、怒り、あなた自身をあなた本来の姿より劣った存在と信じていて、あなたの望みが叶わないのなら、それは許す時です。誰かがあなたにしたことの記憶や、あなたを傷つけ、怒らせ、人生をせばめた記憶を乗り越えられなければ、それは許す時です。誰かについて思い出せることは唯一、その人があなたにしたことだけで、その人も誤りをおかしやすい人間であるという事実を思い出せないとすれば、それは許す時です。なぜあの人があああしたのか、自分はそのストーリーの全貌を知っている、もしあの人さえああしなければ自分は違っていただろうと信じているなら、それは許す時です。あなたが自分を好きでないのなら、それは許す時です。あなたが愛していない人が地球のどこかにいるなら、それは許す時です。あなたが太りすぎていたり痩せすぎていたり、お金がなかったり、厄介な人間関係に巻き込まれていたり、満足できない職業についていたり、足にうおのめができていたり、風邪をひいていたり、歯が痛かったりするのなら、あなたは誰かや、何かを許す必要があります。最初に、自分自身から始めましょう。まず、人間として肉体をもっている人なら誰でも、自分の存在の真実を少しでも変えられると信じていることを許しましょう。いったんそれを許せば、誰のことも、どんなことも許しやすくなります。特に、あなたが誰かの人間としての過ちをこうむったことで許せない時には、とても役に立ちます。

朝のワーク

今日の「許しについて」を読んで気づいたことは、

今日、心にとどめ、取り組んでみたいことは、

■朝のアファメーション■

わたしは今、自分の人生を完全なものにする魂の存在を
受け入れる準備ができています。
わたしは今、魂の聖なる知恵に、自分の心と頭を開きます。
わたしは今、自己の真実および人生の神聖な計画の完璧な展開に
気づかないようにしてきた、自分のあらゆる思考、言葉、行ないを許します。
わたしは今、自分の人生を完全なものにする魂の存在を
受け入れる準備ができています。
わたしは今、魂の聖なる知恵に、自分の心と頭を開きます。
わたしは今、あらゆる人がその人自身の真実および人生の神聖な計画の
完璧な展開に気づかないようにするために取り入れた
すべての思考、言葉、行ないを許します。
わたしはすべてを許します。
わたしはすべてを手放します。
わたしは今、完璧で神聖な人生の計画と目的のほかには、
ありとあらゆるものから自由です。
わたしは深く感謝しています。
心から感謝します。

■■今日のポイント■■

神はいつもわたしを許している。
わたしは自分を許すことができる。
許すことは自由になることだ。
怒り傷つくことで、わたしの望みを叶えることはできない。
人に対して差し止めることは、自分にそれを差し止めることにほかならない。

●● 夜のワーク ●●

今日、わたしが許したくない、あるいは許せないと感じているのに気づいたことは、そしてその理由は、

わたしが＿＿＿＿＿＿＿＿＿を許すための条件にしていたと気づいたことは、

わたしが今気づいた、許してはならないと思う気持ちのわけは、

day
22
「献身」によって人をたたえましょう

＊あなたに役立つ定義

今日のテーマは、自分を「捧げる」ことです。それは、見返りや承認を期待しないで自分への時間、知識、資源など）を捧げる能力です。無私の愛の意識で働くことです。

献身について

わたしたちは、人生のなかで献身についてほとんど教わっていません。働くことについては、仕事は必要なものを得るためにしなければならない行為であると教わります。仕事の能力は生活のために必要だと信じられており、この社会では人生における自己価値を計る究極的な基準となっています。仕事の報酬として高収入を得れば得るほど人は自分に高い価値を見出します。それで人々は喜びのために働くのではなく、報酬と周囲からの承認のために働くのです。一方、人々や世界に献身するやり方は多々ありますが、わたしたちの関心は、一般的にその仕事をすることで得られるものと、その結果に集中してしまいます。これは献身ではありません。

献身とは、あなたが愛することを愛するためにする行為です。これはこの世であなたにできる最も高次の仕事です。献身は神聖な増幅器です。あなたが愛の行為として自分の時間、エネルギー、資源を捧げ、純粋な献身の行ないをするとき、宇宙はそれを増幅し、予想以上の大きな結果で報いてくれます。愛は情熱の火花を起こし、その情熱が自発性と創造性に導きます。自発的な創造性はこのうえない信頼の行為です。自分が愛することに対し、情熱的に自分を捧げられるほど自己と宇宙を信頼するとき、あなたは人類と神に献身しているのです。

なぜこんなにも多くの人が自分の仕事を嫌っているのか、不思議に思ったことはありませんか。もしかしたらあなたもそうかもしれません。だとすれば、実にたくさんの人が自分の仕事を嫌がり、職場を嫌い、一緒に働く仲間を嫌い、報酬にはなはだしく失望しているのを知っているでしょう。わたしたちはたいてい、報酬が多くなればなるほど条件もよくなり、いい同僚にもめぐまれ、もっと仕事を好きになるだろうと考えています。でもこの考え方はほとんどの場合、正しくありません。報酬と結果のために自分の情熱を抑圧するとき、愛は流れません。人本来の基本的な性質として、わたしたちには愛が必要なのです。わたしたちは愛を求め、愛ある環境でこそ成長することができます。仕事から十分得られていないのはお金ではありません。それは愛です。つまり自分を捧げることです。

わたしは法律の専門家になることで世界と人類に最も奉仕できると信じて、法科大学院を卒業しました。でも、法律制度の前提事項には多くの疑問を感じていました。法に述べられているように、すべての人は平等で同等の権利を持ち、権利が守られなくてはならないはずです。そして法のもとでは、人種、性別、年齢、人間として生まれ持ったどんな性質によっても差別されるべきではありません。しかしそれを信じようとすればするほど、法律制度は実際にはそのように機能していないことがわかり、しばしば自分がこうした体制のなかで働いていることを恥ずかしく感じました。わたしはその体制の一員になったことが嫌でした。法律制度の運用状況も好きになれず、その体制の内部で働く人々も好きになれませんでした。おまけにしばらくすると、その体制の内部にいる自分自身まで嫌いになってしまったのです。よい報酬を得ていたにもかかわらず、それはわたしに十分な喜びや安らかさをもたらしはしませんでした。わたしは自分を捧げていたのではなく、報酬支払書を集めていたのです。

スーザン・ジェファーズ博士は、自分がしていることに情熱を持つ価値について述べている『*Do What You Love, The Money Will Follow*(好きなことをすれば、お金はあとからついてくる)』という本を書いています。わたしの経験からいうと、自分が好きだからするという献身には、お金で買えない見返りがあります。自分を愛の行為に捧げるとき、そして自分を捧げて情熱的な時間を生きているとき、明らかに、必要としているものは決して不足することがないのです。信じようと信じまいと、人生ではお金よりも必要なものがあります。それは目的意識です。目的意識はわたしたちを燃え尽きさせることがありません。献身は、目的意識を与えてくれます。わたしたちには時間とエネルギーに集中するのを助けてくれる、自己の使命感が必要なのです。情熱をもって自分を捧げるとき、あなたを生き生きさせる内なる火があります。献身の行ないは人を生き生きさせ、健康にします。わたしたちは、自分に価値があると感じさせてくれるような、つながりの感覚を必要としています。自分が価値ある存在だと感じた時には、本能的にみずからの価値を知り、自分を大事にするようになります。自分を捧げることは自分を大切にするきっかけを与えてくれるのです。

自分を捧げることと、何かを得るために働くことでは、大きな違いがあります。自分を捧げている時は、結果に左右されません。あなたがしていることに対する人々の反応や、周囲の評価に左右されないのです。あなたはあなたの気持ちがよいので、持っているものを捧げるのです。あなたが自分独自のユニークなやり方で何かをすることによって誰かが心地よく感じるのを知っているから、持っているものを捧げるのです。あなたの献身がお金や周囲の承認によって報いられないような場合でも、疲れ果てたり、くじけたりはしません。より高いレベルでの献身にみずからを置くことによって勇気がもらえるのです。そして自分の仕事にもっと多くの愛を注ぐための息吹を受け取るのです。キリストは献身の生き方をマスターしていました。彼は自己自身を人類の進化のために捧げ、結果にはこだわりませんでした。事実、彼はお金を受け取りませんでしたし、もし受け取ってもそれは例外的な場合でした。彼の喜びは、より高次の目的のため、人類に自分を捧げることから来ています。彼の目的は、自己の魂の成長と進化だったのです。

しかし、キリストが世界に捧げたような献身を自分自身も行なってみることを想像したとき、自分にはとても無理だし、嫌だと、わたしたちのほとんどが感じるでしょう。石で打たれ、追いかけられ、愛という名のもとに、はりつけにされることを望む人がいるでしょうか。もちろんわたしも嫌です。それでもわたしは、自分のした貢献と仕事、そして自分の献身の目的が、人類に永続的に影響しつづけていくような生き方をしたいのです。人々の記憶にとどまり、懐かしまれたい。わたしは愛を知りたい。こうした気持ちは、おそらくあなたも同じなのではないでしょうか。それらは献身のお返しとしてやって来ます。あなたの愛によってなされた仕事や貢献で、人々がどんな影響を受けたかは、この人生では決して知るよしもありません。でも、あなたが自分を捧げている時には、そんなことは気にならないでしょう。あなたはただそうすることを愛しているから、そうするだけです。あなたが愛することは何であれ、誰かを感動させるでしょう。たった一人でも、誰かがあなたの名を呼び、あなたへの讃歌をうたい、あなたのしたことを褒めたたえたなら、あなたはこの人生で多くの人々が得ているより、もっと多くを得るのです。

魂の原則にてらすと、献身は貧しさを意味したり示唆したりしていません。しかしわたしたちの多くは、お金のことを考えずに自分を捧げてしまうなら、貧しくなるだろうと思っています。そしてお金や報酬に関心を持たずに働くことなど、どうしたら可能なのだろうかと考えます。わたしたちは、仕事として一生懸命働き、最善を尽くして頑張れば、豊かな報酬が得られると教えられてきました。しかし、この考え方には問題があります。あなたは郵便発送室で働いてどのくらいお金を稼げると考えていますか。手紙を仕分けし、切手を舐めて、少し文句を言いながら働くことはできても、金銭的価値からいって十分豊かだと思えるほどの収入を得るのは、まず無理だと思っているかもしれません。けれども、もしあなたがその仕事を献身の場と考え、愛をもって働き、自分自身とその職務に価値を認めていれば、さまざまな形で報いがやってくるでしょう。あなたからにじみ出る情熱が誰かの注目を引いて、より大きな奉仕ができるポストに異動したり昇進したり、大きなチャンスがめぐってくるかもしれません。残念なことに、われわれの多くは郵便発送室での職務をあまり名誉ある仕事とは考えていません。わたしたちは自分の稼ぎがいかに少ないかということに関心があるために、仕事や職場や同僚を嫌いになってしまうのです。嫌悪感があるところに愛は存在できません。そして愛がなければ自分を捧げられません。

あなたの愛していることをしましょう。情熱をもってしてください。お金で報いられなくても、人に認められなくても、あなた自身に貴重な献身をしているということを理解してください。あなたの関心の中心をお金から愛に移しましょう。愛があるとき、あなたは自分を捧げたくなります。そして愛のために献身するとき、宇宙の非個人的で不変で完全な法則が、それを十倍にして報いてくれるでしょう。自分が生活していけるかどうかを心配するのはやめましょう。あなたは生きてきたし、これからも生きていきます。増幅器である宇宙にあなたを捧げ献身する時には報われることを知ってください。あなたはちゃんと見守られています。あなたの価値を外側の基準で計らないでください。そしてあなたという人を、またあなたが愛からする行為を、他の人がしていることと比べないでください。誰かがあなたを偉大だと言ってくれたり、その偉大さに報いてくれるのを待っていると、そんなことは決して起こらず、自分はやっぱり価値がない存在だったと確信することになるかもしれません。あなたは神聖な存在であり、その神聖さに大きな価値があるのです。あなたの神聖な自己を十分に愛せば、自分がすることのすべてが愛の行為であるとわかるでしょう。愛という名においてあなたの神聖な自己を捧げることは、まわりの人々を最高に敬う行為なのです。

● 朝のワーク ●

今日の「献身について」を読んで気づいたことは、

今日、心にとどめ、取り組んでみたいことは、

■朝のアファメーション■

今日、わたしは自分が神の子であることを認識します。神の愛に支えられ、
神の光に導かれ、神の慈悲に守られ、神の恵みで生かされています。

今日、わたしは自分を捧げる機会を与えてくれている
この人生という贈り物に感謝します。

今日、わたしは神に、わたしをお使いくださいと願います。

わたしの心をお使いください。わたしの目をお使いください。わたしの耳をお使いください。わたしの手をお使いください。わたしの足をお使いください。

必要とする人に捧げるため、わたしの存在と命の贈り物をお使いください。

わたしを平和の遣いとしてお使いください。

わたしを強さの器としてお使いください。

求めている人に献身できるよう、忍耐強さと癒しと愛の器として
わたしをお使いください。

今日、わたしである存在すべてをあなたの意志に捧げられますように。

今日、わたしである存在すべてをあなたの愛に捧げられますように。

今日、わたしを捧げることのすべてが
あなたの人類のための完璧な計画に献身し、一致していますように。

今日、わたしはあなたへの献身に生きます。

そのことに、わたしは深く感謝しています。

心から感謝します。

■■今日のポイント■■

献身とは愛の実践である。

わたしの献身は、わたしが世界に捧げられる神聖な贈り物である。

わたしが愛することをしている時には十分な報いがある。

献身と貧しさは共存することができない。

「情熱＋集中＋目的＝献身」である。

自分を捧げるとき、生活の心配はいらなくなる。

●● 夜のワーク ●●

今日、収入を得るために働くことと献身の違いについて発見したことは、

報われても報われなくても、残りの人生でわたしができることの一つは、

わたしが自分を捧げないで、お金のために働いている理由は、

Phase

4

感じていることをたたえましょう

*

神は打ち砕かれた心を癒すことができます。
ただしそれには、すべての心のかけらが揃っていなくてはなりません。

——『*God's Little Devotional Book*』

感じていることをたたえましょう

あなたが何かを感じているとき、そんなふうに感じるべきではないと誰かに言われるほどイライラすることはないでしょう。そう言われても時すでに遅しです。あなたはもう感じてしまっているのですから、どうしようもないのです。あなたに「感じるべきでない」と言った人は、たいていそこから抜け出すための手助けは何もしてくれません。実際のところ、あなたは「そう感じるべきではない」と聞くだけで、その感情はますます強固になり、罪悪感や羞恥心まで抱いたりします。罪悪感とは自分のしたことのどこかに悪いところがあると感じることで、羞恥心とは自分のしたことのために自分自身に悪いところがあると感じることです。でも、すべてのことは正しくもなければ悪くもないと知っていれば、自分が感じるどんなものも感じる権利があるとわかるに違いありません。

不快な感情やネガティブな感情というのは、中にあったものが出てきているにすぎません。それらは自分自身や人生において、何かしら顕著な面で表現されていないものがあると告げているのです。わたしたちの多くは感情が湧いたとき、自分がそう感じたことを恥じたり罪悪感を抱いたりして、感情を恐れるようになってしまいます。わたし自身も一番傷ついた子供時代の経験は、自分が感じたことを表現した時に、いけないと言われたり、罰せられたりしたことが原因でした。「おだまり。泣くんじゃない。そんなこと気にするんじゃないの」そういう言葉は、わたしが感じていることは本当でもないし重要でもないと言われているのと同じでした。それから、「そんなことは尋ねてはいけない」というのは、自然な探求心はよくないということであり、「そんなこと言ってはだめ、みっともない」という言葉は、感情を押さえつけ自分を疑うようにというメッセージでした。わたしたちは子供時代に多くの訓戒を聞かされ、そのためにやがて自分の感覚が信用できなくなり、感じた時にどうしていいのかわからなくなってしまいます。

感情や感覚と呼ばれるものは、思考と体験に反応してわたしたちをつき動かすエネルギーです。すべての感情は中立で、自分が意味づけたことのほかに意味はありません。感情とは、エネルギーの爆発が心と体を一気に駆けめぐるようなもので、それはあなたにエネルギーのアンバランスがあり、バランスをとる必要があることを示唆しているのです。ここでいうバランスのとれた状態とは、エネルギー的に中立で、特定の意味に色づけされていないということです。思考や体験が心の意識に強い影響を与えるとき、エネルギーが心と体の中を流れ、すでに存在している似たようなエネルギーのすべてを呼び覚まします。つまり、今、もし何らかの思考や体験があなたに怒りをもたらしているとすれば、以前あなたが同じように感じた過去の思考や体験のすべてが探し出され、呼び起こされるのです。その最初の体験が3歳であろうと、5歳であろうと、16歳であろうと関係ありません。体験したエネルギーは潜在意識に残っています。恐れ、恥、罪、愛、喜び、やすらぎ——すべての感情は同じように働きます。つまり今日あなたが感じている感情は、それを最初に体験した時の再現なのです。この理論に基づいて、多くの心理学者は、人が驚いたり、怒ったり、罪を感じたり、恥じたりするのは、本人が考えているような理由からではないと説いています。つまるところ今日あなたの目に原因と映っているものは、その一番新しい体験にすぎず、いわば最後の一押しなのです。

人生で現に起こっていたり、今の時点で体験しているそれ自体が原因であるということは滅多にありません。わたしたちはその体験に貼り付けた意味や判断に反応しているのであって、わたしたちの判断が思考と感情のエネルギーにアンバランスを生み出すのです。これに、自分が感じていることはおかしいのだという世間からの影響が加わると、自己の内部で対立が起こります。すると、対立がわたしたちを襲います。類は友を呼び、わたしたちの心や感情的性質における対立が、現実の世界においても対立を引き寄せるのです。こうした対立への一般的な人間の反応といえば、責めることです。そこで自分が体験しているエネルギーのアンバランスの原因となった人々や経験を探し出します。するとわたしたちは恐怖や怒りのなかに投げ込まれ、もっと深い対立にとらわれ、自分が表現できないでいた感情に巻き込まれるのです。最悪のケースでは、その時に感じたことを、暴力に訴えたり、叫んだり、ののしったりと不適切なやり方で表現することもあります。こうした表現方法も、悪いとかいけないというわけではありません。ただ、それらは適切でない、社会的に受け入れられないというだけなのです。

あなたには自分の思考を考え、自分の感情を感じる権利があります。そして自分が考えていること、感じていることに反応して行動する権利があります。あなたの行動とは、あなたが誰であるか、何があなた自身の真実かについて、あなたの信ずるところの反映なのです。思い出してください、「思考＋言葉＋行動＝結果」です。あらかじめ自分が守るように定めた境界線があり、その内部に自分をとどめようとすると、わたしたちの感情的な性質に葛藤が生じます。その境界線は、もともと誰か他の人の都合によって設けられたもので、あなたが体験していることの価値を決定するものではありません。大切なのは常にあなたの感情なのです。自分が感じているものを理解し、それに関するとらわれをなくして中和し、それによって関係するあらゆる人に喜びがもたらされるように、可能な限り最も高次のレベルでその感情を表現することこそ、わたしたち全員が直面して乗り越えなければならないことです。怒っている時は、怒っているのです。恐れている時は、恐れているのです。わたしたちは感情の背後にあるものを理解し、その原因を明らかにして、思考と感情と魂におけるエネルギーのバランスを取り戻すことをお互いに学ばなくてはなりません。これは大変な作業を必要とし、自分の内なる葛藤を見つめ探求する勇気を持つこと、そして自分と他人に忍耐強くあることが求められます。さらに大切なことは、前進するためには後戻りする必要もあるということです。

それはなにも、パートナーや子供や上司があなたを怒らせることをしたり言ったりしたとき、いちいち立ちどまって記憶のテープを巻き戻し、最初にその怒りを体験したのはいつどんなふうだったかを思い出して、その感情を表現してみなくてはならないというのではありません。あなたが感じていることを、できる限り最高の形で表現してほしいのです。自分が感じているものを否定しないでください。ただそれが通り過ぎていくのを心の奥に感じていてください。あなたが感じている時には、それが何なのかを感じて、自分自身で認めてあげましょう。そしてもしそれがふさわしければ、他の誰かにもそれを受け入れてもらいましょう。あなたはいつでも感情をコントロールできます。あなたがとらわれている感情的なエネルギーが爆発した時には、それがどんな感情であっても、自分が感じていることに対する判断はすべて脇に置いて、その感情や感覚を感じきってください。

自分自身を十分に信頼してください。あなたはどんなものであれ感じることができ、そこから回復できることを知ってください。何かを感じたからといって、即座にそれに対処しなければならないわけではありません。エネルギーが抜けるまで十分な時間をかけ、その感情とともにいましょう。深呼吸をしてください。できれば、考えていることや感じていることを書き出し、呼び集められるだけの思いを書いたその紙を破って捨ててください。それから、わずか30秒か60秒しかかからない「キブビス」という方法を、どうか実践してみてください。この昔からある方法では、あらゆる感情的なアンバランスにぴったりの表現方法を見つけることができます。キブビス(KYBYS)とは、「自分の騒々しいおしゃべりを鎮めましょう(**Keep Your Big Yap Shut!**)」という意味です。冷静さを取り戻し、あなたの脳がもう一度集中できるようにしましょう。そしてまず、自分自身に尋ねてください。「ハイアーセルフ、本当の問題は何ですか?」すると60秒もしないうちに、何をするべきかわかるでしょう。あなたはそれほど神聖で力ある存在なのです。そのあと、あなたが落ち着いてから、ここにあげるプロセスのうちのいくつかを行なってください。あなたがばらばらに壊れてしまうことはありません。どんな状態でも自分の品位と尊厳をまったく損ねることなく、そこを抜け切ることができます。ただ、忘れずにキブビスを実践してください。

感情中和のプロセス――キブビス

癒しを必要としているアンバランスな感情に、そうそう簡単な修繕法はありません。癒しは常に進行しつづけるプロセスなのです。しかし時に応じて、自分をネガティブな体験や感情から解放するために何かしなくてはならない場合があります。次の表で説明しているのは、簡単な修繕法というものではなく、ネガティブな感情体験から一時的にあなたを解放するためのプロセスです。ここに述べられていることは、どれもたいてい60秒かそのくらいしかかかりません。ただしそれには、真実を語り、一時的なネガティブな思考や感情による自分自身あるいは他の人への裁きを手放すことが必要になります。また、これを行なう際には、このプロセスを深いレベルで進め、あなたの感情体を癒して中立化するという、明確な決意がなくてはなりません。実際にやってみると、あなた自身もほかの人も、誰一人傷つけることなくあなたの体験を容易に通り抜けていけることに気づくでしょう。

あなたの感情	あなたにできるプロセス
・怒り 許すことが必要です	深呼吸を数回する 正しくなければならないという必要性を手放す 自分自身を許す あなたの怒りを呼び起こした人を許す 人の立場になって、自分がもし同じ状況におかれたら言ってほしいと思うことをその人に話しかける どのようにあなたが感じているかをその人に話し、その会話をさらに続けてもいいかどうかを尋ねる 神を呼び、あなたの頭、心、言葉が愛で鎮められるように祈る

・混乱

瞑想することが
必要です

あなたが本当に望んでいることは何かを明らかにする
あなたが本当に望んでいることを自分自身で認める
あなたの望みに判断を下さない
関係している人のすべてにあなたが本当に望んでいることを知らせる
自分が直面していることについて、あなたは何が問題だと見なしているのかを明らかにする
一度に一つずつの問題に対処する計画をたてる
計画を書き出す
その計画に従う

・失望

真実に生きることが
必要です

あなたの意図を検証する
あなたが本当に意図しているところを自分自身で認める
あなたが関係する人のすべてに自分の本当の意図を話しても話さなくても、そういう自分自身を認める
正直でない自分を許す
あなたが本当に望むことを得られるような新しい計画をたてる

あなたの感情	あなたにできるプロセス
・疑い 忍耐強くあることが 必要です	呼吸をする すべての判断を停止する 導きを求め、祈る 結果にとらわれない
・脅威／恐れ 信頼することが 必要です	深く呼吸をする どんな結果を思い描いているのか、あなたの予期していることを調べる 何であれ今していることはなぜしているのか、あなたの意図を検証する 神に強さ、サポート、導きを求める 感謝できることをすべて思い出す
・罪悪感	あなたが自分自身にしたことを認める あなたが他の人にしたことを認める あなたの動機と情報を調べてみる それをした時には、それだけがあなたにできたことだったのを受け入れ、

受け入れることが
必要です

正直でいる
自分自身を許す
あなたがしたことについて、あなたを許してくれるよう人に頼む
あなたが人にしたことに対して、その人に償える方法を探す
少なくとも一つ、何か償いの行為をする
常に自分がしていることに意識的でいる

・孤独

献身することが
必要です

自分を抱きしめる
静かな、広い原っぱか公園に行き、地面の上に寝る
あなたを愛している人、あなたが愛されていると感じた時を思い出す
神にあなたの心を愛で満たしてくれるように祈り、求める
あなたの意図、つまりなぜあなたはそのことをしたのかを検証する

・感謝されない

裁かないことが
必要です

他の人に対する自分の期待を調べてみる
他の人を裁いた自分自身を許す
知らない人に何かよいことをする
自分自身にラブレターを書く

day 23 「怒り」を感じたら

＊あなたに役立つ定義

今日、見つめる感情は「怒り」です。それはイライラがつのった時の反応です。権威への反逆であり、また自分の力が否定あるいは侵害されたと感じる体験です。

怒りについて

怒るとあなたはどうなるでしょうか。頭の中が真っ白になりますか。誰かを非難しますか。それとも、「怒ってなんかいない」と言って自分と人に嘘をつきますか。自分のような知的でスピリチュアルで社会的地位のある人間は怒るべきではないと信じているでしょうか。あなたが子供のとき、怒りで行動する人はどんなふうに見えましたか。そして、誰かがあなたに対して怒ったとき、どう感じましたか。あなたに怒っている人がいた時は、どうやってスムーズな関係に戻そうとしましたか(脳が処理しきれないほど次々と矢継ぎばやに質問を浴びせられると、うんざりしませんか)。怒りは、人間が経験する最も強い感情の一つだとわたしは思います。それはおそらく、怒りの原動力になっているのが情熱だからでしょう。情熱は生命の力を湧きあがらせます。不幸なことに、わたしたちが怒りにどう対処し、どう表現していいのかわからないとき、情熱を表現することも難しくしてしまうようです。

「あなたが怒っているのは、決して自分が思っているような理由からではありません」これは認識に変化を生み出し、心に働きかける書物である『*A Course in Miracles*』〈以下、『コース・イン・ミラクルズ』(奇跡のコース)〉に出てくる、基本的な前提概念の一つです。インナーピース協会によって出版されたこの書物では、怒りは「攻撃された」というエゴの思い込みに反応して起こると説いています。エゴは、わたしたちはみな一人ひとりが別々の存在だと考えているために、攻撃される可能性があると信じているのです。しかし神の心の中では、わたしたちはみな一つであり、神はみずからを攻撃することはできないので、わたしたちが攻撃されることはあり得ないのです。このコースの原則をあなたの意識に統合するためには、深い望みと探究、それに時間を必要とします。そしてそのさなかにも、わたしたちの多くは怒りを感じると、自分の怒りからとるべき行動を見つけ出そうとします。誰でも自分が何かを感じているとき、その感情を正当なものだと感じているのです。

ある日、息子とわたしは、額縁に入った絵を引き取りに行きました。わたしたちは店から数メートルほど離れた小さな駐車場に車をとめました。絵を受け取る準備ができたとき、息子は店の入口の前まで車を移動させました。駐車場に何台かとまっていた車の出入りをふさぐ格好になりましたが、息子はトランクを開けたまま店の入口まで3～4メートル歩き、わたしがそこに置いた絵を車へと運びました。大きな絵が10枚もあったので何度か行き来しなければなりませんでしたが、車からは目を離さないように気をつけていました。積み込みには3分とかからないはずでした。しかし、わたしたちが入口と車を行ったり来たりしているとき、どことなく狂気を漂わせた一人の紳士が、半狂乱のように怒って車をどかせと息子に言いました。息子が「あ、すみません。もうちょっとで運び終わりますから」と答えると、その人は、「今すぐ車をどけろ！」と言いました。「わかってますよ！　ちょっと待ってて」と息子が答えました。もしもそのとき紳士がすでに車に乗り、シートベルトをつけ、エンジンをかけてギアをシフトさせていたとしたら、わたしたちはもうこの世にいなかったでしょう。でも、それではあまりに簡単すぎます。そうはならず、彼は息子に言いました。「今すぐと言っているんだ！」

26歳の息子は3週間前に刑務所から出てきたばかりで、駐車場でいきなり罵声を浴びせられました。息子は「なんだってそんな言い方をするんだ？」と尋ねました。「車をどかせと言っているんだ！」息子は這うようなスピードでのろのろと歩きながら「今はあんたが待つ番だ」と言いました。そのとき、男性がさっとポケットに手を伸ばしました。ピストルを取り出すのだとわたしは覚悟しました。すると彼は小銭を出して、10メートルほど向こうの公衆電話まで走っていき、受話器を取り上げて息子を見、それから受話器をガチャンとたたきつけると息子に向かって怒鳴りました。「おまえの元気はどこへいったんだ？」このとき、わたしは誰も助けがいないことを悟りました。息子は包装された絵を一度に2枚ずつ運んでいたはずなのに、口笛を吹きながら知らんぷりして1枚ずつ運んでいるのです。二人のどちらかがまた何か言う前に、わたしはその人に話しかけました。「どうか許してください、あとたった1分ですみますから」彼は電話から離れ、自分の車に戻りながらわたしに言いました。「これは誰の車だ？」息子はまだのろのろと口笛を吹きながら運んでいました。「わたしのです」とわたしは答えました。「じゃあ、さっさとどけねえとひどいめに遭うぜ！」怒りがごく単純な状況をいかに大きくドラマティックに変貌させてしまうかには驚くべきものがあります。息子は運んでいた絵をわたしの胸にぐいと押しつけ、わたしを車まで押し戻しました。そして彼のほうへ向き直るやいなや突進し、あらん限りの声で怒鳴ったのです。「僕の母に、そんな言い方はやめろ！」　事態は深刻な状況になりました。わたしは息子の名前を叫び、車に乗るように言いました。息子が近づくと、車のキーを探していたその人は何度もがなりたてました。「車をどかせ！　さもないとぶっ壊すぞ！　車をどかせ！　さもないとぶっ壊すぞ！」　彼の車はレクサスで、わたしのは保険をかけたホンダです。息子は、「母さんに向かって……！　母さんに向かって……！」とわめいています。とうとうわたしは息子に叫びました。「その人がわたしに何をしたと言うの。気の毒な人が癒しを必要としているのよ！　さあ、すぐ車に乗りなさい！」　時が止まりました。息子は止まりました。わたしの心臓も止まりました。その人は自分の車に飛び乗ると、エンジンをかけました。わたしは運転席に乗り込んで駐車場から車を出しました。予想した通り、すべてはわずか3分ほどのことでした。でも怒りに満ちたやりとりは1時間にも感じられたものです。

「悪くふるまえばふるまうほど、その人は癒しを必要としているのです」と『コース・イン・ミラクルズ』は教えています。わたしたちが怒りを体験するとき、内面の何かが癒しを求めているのです。あなたは、自分自身が生存をかけて人生で悪戦苦闘している孤独な存在だと信じていますか。権威に反発していますか。自分の個人的な世界が侵害されていると思いますか。パワーがないと感じますか。それとも、自分が認められていないと感じますか。愛されていないと感じていますか。本当は誰に怒っているのでしょう。あなた自身にですか。それとも親にですか。あなたが初めて本気で愛したのに、あなたを捨てて誰かのもとへ行ってしまった人にでしょうか。あなたはなぜ怒っているのでしょう。その人は実際には何をしたのでしょうか。その人はなぜ、あなたにそれをしたのだと思いますか。その人についてどんなふうに思い込んでいましたか。その人にどんな判断を下しましたか。そして、あなた自身にはどうでしょうか。今のあなたの一時的な怒りの背後には、こうした質問をすべて合わせた以上のことが隠されているのです。

わたしの息子は激昂していました。わたしは深呼吸をするように言いました。そうすると精神が落ち着いて集中できるようになるからです。「あなたに起こったことは何？」とわたしは尋ねました。

「あいつはブタだ」

「そんなこと訊いていないわ。あなたに起こったことは何？」

「母さんにあんなひどい言い方をするなんて！」

「あの人はわたしに何もしていないわ。あの人には自分の言いたいことを言う権利があるのよ。わたしたちは車をとめてはいけない場所にとめ、彼の進路をふさいでいたわ」

「待つことくらいできただろう。なにも母さんにあんな無礼な口をきく必要はないじゃないか！」

「きっと彼のお母さんはあんな言い方で、彼に接していたのね。それに彼は急いでいたのかもしれないわ。もしかしたら奥さんが今朝、家を出ていってしまって、探しに行くところだったかもしれない。子供が頭をぶつけたかもしれない。彼の言い方が問題なんじゃないわ。大事なのは、わたしたちが彼の邪魔になってて、それについて彼は何であれ、どう感じるかを自分で選択する権利があるということよ。わたしたちのすべきことは一刻も早く車を動かすことだったのよ」

「あいつはまるで刑務所の看守みたいだ。看守はいつも僕にあんな言い方をしたんだ。僕はすごく嫌だった。今でも嫌だ。あそこでは我慢しなきゃならなかったけど、もう我慢はしない。あいつはブタだからブタだと言ったまでだ」

「彼はあなたの兄弟だわ。そしてブタであるかのように存在しているがゆえに、なおさら愛されるに値するのよ」

「母さん、魂からの愛はいいけど、ちょっと行きすぎじゃないの」

「そうかしら。でも駐車場でうまくブタさんに化けた、素晴らしい神の子に向かってあなたがあんなに叫んでいるのを見たら、ほかに考えようがないんじゃない」

息子はもう一回、大きく深呼吸をして言いました。「ナンセンスだ、僕には意味がわからん」

「考えるのをやめて。ただ呼吸を続けるのよ。いずれ、きっとわかってくるわ」

● 朝のワーク ●

今日の「怒りについて」を読んで気づいたことは、

今日、心にとどめ、取り組んでみたいことは、

■朝のアファメーション■

今日は、神聖さが表現される日です。
すべての物事はみなわたしを癒すように働いているのを知っているので、
今日、喜びのほかには何も求めません。そうすれば、わたし自身が
神聖な愛の素晴らしい表現になれるのですから。
わたしは深く感謝しています。
心から感謝します。

■■今日のポイント■■

わたしは自分が感じていることを感じる権利がある。

わたしが今感じているものは一時的な感情体験であり、わたしを害することはない。

あらゆることはわたしに癒しをもたらすよう働いている。

人々は癒しを求めて行動している。

わたしはどんな体験においても、自分がどう感じるかを選択できる。

許しは、やすらかさと解放をもたらす。

愛は、愛の表現でないものすべてを癒すことができる。

●● 夜のワーク ●●

今日、怒りを呼び起こされた体験は、

わたしが何に反応したかというと、

わたしが自分を許して、癒したいと思っている感情は、

day **24**

「混乱」を感じたら

＊あなたに役立つ定義

今日、見つめる感情は「混乱」です。混乱は、その状況のなかで自分自身が何を求め、何を必要としているのかを認めていないために体験する感覚です。または、しなくてはならないことを知っているのに、それをする勇気がない状態です。恐れからの反応です。

混乱について

混沌と混乱は同じではありません。混沌とは、必要性から生まれるもので、自分の価値をもっと誰かに感じさせたいとか、逆に自分など重要ではないと自分に納得させようとか、何かしら行動する必要にかられて生み出すエネルギーです。混沌は混乱しているように見えますが、それは混乱ではありません。混沌は、巧みにこんな言葉でカムフラージュされます。「どうすればいいか、わたしにはわかっているけど、あなたはわかっていない」「あなたはどうすべきか知っているわ。だからどうかわたしを救ってちょうだい」または「邪魔しないで。ここを取り仕切っているのはわたしよ」「わたしはもっと他にしなくてはならないことがあるのよ。なのにごたごたばっかりで、ちっとも今はできないわ」などと言います。一方、混乱は、自分が本当は何を求めているのかを認めないために起こる、思考と感情の反応です。それは自分の求める結果が得られないことを恐れているのです。

混乱とは、頭脳が機能停止してしまう体験です。次から次へと情報が入ってくると、何が本当で、何が本当でないのかわからなくなります。するとごく自然な反応として、何をすればいいのかわからないという感覚に陥ります。でも実は、そんなことはあり得ないのです。あなたは、すべてを知っている大いなる心と神聖なつながりがあるのですから、いつでも何をすればいいのか知っています。また混乱は、本当はどうすればいいかわかっているのに、自分はそんな立派な人間でも優秀な人間でもないという思い込みから、自分の理解を信じないという思考や感情の結果であるとも言えます。これは、自分にはうまくできないかもしれないとか、必要なことをその通りに実行すると誰かを怒らせてしまうかもしれない、という恐れによっていっそう大きくなります。こうした自滅的な心の中のおしゃべりに対する自然な反応は、思考する心の機能停止です。そして、その停止を混乱と呼びます。

わたしは、自分がなぜ永続的な意義深い人間関係を持てないのだろうかと、ひどく混乱していた時期がありました。異性とは決して永続する満ち足りたパートナーシップを築けなかったし、友人にはいつも裏切られると感じていました。それは自分の落ち度ではない、どんな状況でもベストを尽くしてきたと自分自身に言い聞かせていたのですが、やはりついには、わたしにはどこか悪いところがあるに違いないという、自己否定的な価値判断を下すに至ってしまいました。わたしは混乱すればするほど、自分が信じ込んでいた通りに傷つけられ、さまざまな異性関係や友人関係のあいだをさまよい続けました。やがて、混乱は仕事にまで広がりました。わたしは上司が望んでいることを理解できなくなり、些細なことさえ、ちゃんとできなくなってしまったのです。さらに混乱はわたしの財政面にも及びました。なぜ十分なお金がないのか、なぜ引き落とし不能として戻ってくるのかわかりませんでした。一体お金はどこへいってしまったのでしょう。銀行に預けてあったはずなのに。

混乱を除去する一つの重要なステップは、告白です。わたしは告白します。男の人に捨てられるのを恐れて、わたしが人生で望んでいることを相手に求めませんでした。わたしは告白します。友人が怒ることを恐れて、境界線を越えて踏み込まれた時に、自分の真実を語りませんでした。わたしは告白します。自分には決してしたいことをできるほどのお金は得られないと思っていたので、自分の財政面に注意を払いませんでした。わたしは告白します。わたしは、自分が醜くて太りすぎで愚鈍で無価値だと信じ、母も神もわたしには失望していると信じていました。わたしの混乱は、こうしたことを自分自身に告白せず、きちんと癒しのステップをとってこなかったことの結果だったのです。ある日、決定的な出来事が起こりました。車がなくなったのです。いいえ、盗まれたのではありません。駐車場で見失ってしまったのです。わたしは駐車場で大きく「C」と書かれた標識の真下に車をとめておいたのに、買い物から戻ってくるとそこにはありませんでした。45分かかって、ようやく自分の車を見つけることができました。それはなんと、「F」という標識の真下でした。わたしはそこに駐車していたのです。Fは霧(fog)、すなわち、自分が望むものを求める意志に霧がかかっていたのです。

あなたが望んでいることをあなた自身で認める準備ができていない限り、混乱を体験するでしょう。そして、あなたが人生に望むことを積極的に求めない限り、どんな状況においても、人との関係においても、混乱を体験するでしょう。自分自身が望むものに値し、自分には望んだことを体験する権利があり、その望みが自分にとって最も高次の幸福なら最終的には必ず実現できると素直に信じられるまでは、混乱は収まらないでしょう。混乱から抜けるためには、あなたが本当に望んでいることに触れるだけの十分な時間をかけて静寂の中にいなくてはなりません。これは、特に心の中でネガティブな独り言やおしゃべりが続いている時には、とても恐ろしいことです。でも、そういった邪魔物も、自己肯定的な思考と行動によってやわらげることができます。ひとたびそうなると、あなたは自分が望んでいることが明瞭にわかり、本当は何を望んでいるのかを自分で認めるというステップを、精神的にも感情的にもすすんで体験したくなるに違いありません。どのように、いつその望みが叶うのかを心配することはありません。人生であなたが意図した時のみ、それは起きることを理解してください。あなたが受け取るものはすべて、あなたの成長と癒しのためにあるのです。

あなた自身が望んでいるものを認めることができたら、それを実現するためのステップを意識的に歩んでください。あなたの望みを口にし、行動に表わしましょう。本当の望みと似たようなもので手を打つのはやめ、真実が現れるまで辛抱強くいてください。あなたの夢を生ききってください。真実の望みが現実化した時には、すべての部分であなたの望みに合致しているので、そうとわかるでしょう。それまで自分自身にアファメーションを繰り返してください。間違った時には誤りを認め、必要な時には助けやサポートを求めましょう。ゴールに向かいつづけ、そして新しい情報が来たら、いつでも決心を変えるのに遅すぎることはありません。もし新しい選択をする必要に気づいたら、それを認め、その道を選んでください。

● 朝のワーク ●

今日の「混乱について」を読んで気づいたことは、

今日、心にとどめ、取り組んでみたいことは、

■朝のアファメーション■

人生、愛、喜び、平和、よきことに宿る神聖な存在は、
わたしが求めるより前にわたしの望みを知っています。
この存在は、無限で、豊かです。
この存在は、かぎりない幸福と豊かさというわたしの権利を
支えてくれています。
今日、わたしの内なる神聖な存在が、より高い、より大きな幸福のために
わたしを導いてくれることを知り、わたしの望むものを求めます。
わたしは深く感謝しています。
心から感謝します。

■■今日のポイント■■

神はわたしが求める前に、わたしに必要なものとわたしの望みを知っている。

神が持つすべてのものは、神聖にして生まれながらの権利として、わたしに備えられている。

わたしは人生がもたらす最高のことに値する。

わたしは自分が望んでいるものを求めることができ、わたし自身のためにそのすべてを受け取ることができる。

混乱のさなかでも、わたしはたじろがずに本当のことを話す。

●● 夜のワーク ●●

わたしは告白します。わたしが自分について信じていたのは、

わたしは告白します。わたしが人生について信じていたのは、

わたしは告白します。わたしに受け取る準備ができているのは、

day 25

「失望」を感じたら

＊あなたに役立つ定義

今日、見つめる感情は「失望」です。それは望んだり期待したりした結果が実現できないことです。自分にはコントロールしきれないという恐れに根ざした思考です。

失望について

わたしは子供たちに大学へ進学してほしいと思っていました。でも、息子は海軍に入りました。上の娘は2学期間は大学に通いましたが、約15キロも痩せて、家に帰りたいと願い出ました。そして下の娘は高校を出るのがやっとでした。いうまでもなく、わたしは失望しました。子供たちに多くの夢を託していたからです。それぞれ医者と、弁護士と、大学教授になってほしかったのです。建築家かエンジニアでもよかったのですが、わたしの心の中では、大学教授ヴァンザント博士と決まっていました。ところが子供たちは、ディスクジョッキーと、わたしの会社の副社長と、看護助手になりました。もっとよくない結果だってあり得たと思いますが、わたしは失望を禁じ得ませんでした。

わたしは最初の夫にも失望させられました。わたしは結婚の誓いをとても重要なものと考えていました。死が二人を分かつまで、病める時も互いを尊重し、愛を育もうと。ところが現実に体験したのは不倫と暴力であり離婚裁判でした。わたしたちは何らかの出来事やことがらに失望するだけでなく、自分のためにしたことや、しなかったことにも失望します。わたしはときどき自分自身にひどく失望します。自分がしたこと、しなかったこと。自分がした選択。わたしが人生で生み出した混沌と葛藤には、時に大きく失望させられたものでした。自分を検証してみて、わたしは失望の根となる原因に気がつきました。それは、何かを始めるとき、最初に自分の本当の意図を言わないということです。それをしそこなうと、みんなに自分の望んでいることが正確に伝わらず、失望する結果になるのです。

本当のところ、わたしは子供たちが大学に行くかどうかにこだわっていたわけではありません。子供によって自分をよく見せたかったのです。わたしはとても若い時に子供を生んでいたため、自分を敗者だと思いたくありませんでした。でも、永遠に結婚生活を続ける気はありませんでした。ただわたしと幼い息子を望んでくれる誰かがいればよかったのです。わたしは、達成する素地が整っているのに成し遂げられなかったり、よい意図で始めたのに成就できなかったりということは決してありませんでした。わたしは人生の大半を、誰かがわたしに望んでいると思ったことをして生きてきたのです。人の望むような結果にならなかったとき、人はわたしに失望し、わたしは自分自身に失望しました。誠実で明確な意図がないままに何かをすると、いずれにせよ何らかの形で失望することになってしまいます。

誰かが自分を失望させると信じるのは幻想です。その人は自分ができることしかできないのです。その人は、自分はもっとできると言うかもしれないし、特に敬意を感じている相手が喜んでくれるなら、ぜひそうなりたいと思うかもしれません。そんなとき、わたしたちはその人の過去の行動からして無理だろうと察せられたり、興味のなさそうな表情から、やるはずがないと推測できるのに、そう言ったのだからその通りにするだろうとたやすく信じ込んでしまいます。そして最後に、その人に失望させられたと言うのです。それは違います。本当は、自分の判断が適切でなく、その人を信じてしまったことに失望しているのです。人はいつも、その人がどういう人物かをあなたに示しています。何をあなたに約束したかは問題ではありません。過去におけるあなたとその人との関係を思い出してみると、その人がどんな人物であるかについて、はっきりとした根拠が見つかるでしょう。あなたはその人が約束を守るかどうか、時間通りにくるかどうか、お金を返すかどうかわかるでしょう。わたしたちはいつでも本当は知っているはずです。なのに、何も知らないようにふるまっては失望しているのです。

地位、家、お金が手に入らないために失望したという話をよく聞きますが、そう聞くと、わたしはいつも「なぜ失望するの？」と尋ねます。魂の原則には、自分が持つべき物のみを持つことができるという法則があります。どんなにそれを望んでも、必要だと思っても、あなたの神の計画にない時には得ることができません。だから、それについて失望する必要はないのです。一方で、何かがわたしたちのために神聖に整えられているのに、自分で受け取る準備がまだできていないという場合もあります。このような時には、何かが自分の手元から滑り落ちるように感じ、失望と困惑を感じるでしょう。そこで学ばなければならないのは、準備をすることです。あなたは失うことができないのです。恵みにより、それにはあなたの名前がついているからです。あなたの準備が整ったとき、もっとよい機会があなたにやって来るでしょう。それが現れたときに、準備ができていなければなりません。それまでは失望しないでください。

そのほかにも必ず失望に至るケースがあります。それは、正しくないと知っているのに、何かがほしいためにそれをしてしまう場合です。一言で表現すれば、「不純な望み」ということです。こういった場合は、たいてい失望で終わるでしょう。何もないところから何かを得ることはできないのが魂の原則なのです。もしそのプロセスで誰かが傷つくとすれば、よいものを得ることはできないでしょう。宇宙の法則がそれを許さないのです。23インチのカラーテレビをスーパーの駐車場で1万円以下で買うことはできないのと同様、誰かと結婚している人と永続的で平和で完全に満たされた関係を築くことはできません。自分の行動を正当化するために言ってほしいことを自分自身に言い、状況をねじ曲げて考えることはできます。でも、誰かを傷つけてしまうと、よいことは育ちません。宇宙の法則から外れているとき、そして自分にも関係者にも純粋な真実を告げていないとき、わたしたちは失望の海の中にみずからを見出すのです。

わたしには三人の素晴らしい子供がいます。もう大人なので、息子と娘たちと呼びましょう。彼らは正直で、頼りになり、愛すべき人間です。わたしは、彼らの人生の選択権は彼ら自身にあることを悟りました。彼らの失敗と成功は、彼ら自身が定めた基準に応じて生まれることを知りました。彼らはまだ若く、新たな人生の進路を選択をするには十分な時間があることも認識しました。わたしはいまだに誰か一人は医学部か法科大学院へ行って、いずれ名前に博士号がつくようになってほしいと思っています。けれども、彼らがそうならないことに失望して自分の時間とエネルギーを無駄にする代わりに、わたしは自分自身でその望みを叶えることにしました。わたしは今では博士号と弁護士の資格を持っています。そしていくつかの大学で客員教授をしています。決して失望しないことの鍵はこれです。何かが本当にほしければ、それを手に入れる責任を誰かに肩代わりさせてはいけません。

●朝のワーク●

今日の「失望について」を読んで気づいたことは、

今日、心にとどめ、取り組んでみたいことは、

■朝のアファメーション■

わたしは今、自分自身、自分の人生、そしてあらゆる人についての
ネガティブな信念をすべて手放します。
わたしは今、自分の行ないが間違いだったと考えてきた
自分自身を許します。
わたしは今、わたし自身の愛とパワーに満たされます。
わたしは深く感謝しています。
心から感謝します。

■■今日のポイント■■

意図は、必ず結果のなかに現れる。
わたしの望みを叶えるのは、ほかの誰の責任でもない。
恵みは、その望みにわたしの名前をつけている。
わたしは神聖な権利により自分のものとされたことのみを持つことができる。
わたしは失うことができない。
誠実さがなければ、いつでも満足のいかない結果になる。

●● 夜のワーク ●●

わたしが今日、失望を感じたことは、

わたしが失望した時の、いつもの対処法は、

自分自身について一番失望しているとずっと思ってきたのは、

day
26

「疑い」を感じたら

＊あなたに役立つ定義

今日、見つめる感情は「疑い」です。それは真実を受け入れることへの葛藤です。思考、感情、魂における弱さの始まりであり、信頼の欠如です。

疑いについて

二つのものが同時に同じ場所を占めることができないというのは科学的事実であり、証明されていることです。この理論は、人間の思考と感情にも当てはまります。信頼があるところに、疑いはあり得ません。疑いが入った瞬間に信頼は消えてしまいますし、信じると同時に疑うことはできないからです。信じるとは、知り、理解し、不変の真実を受け入れることです。真実は不変で、入れ替わることもありません。真実への疑問の余地ない全幅の信頼があれば、疑いは起こり得ません。真実を忘れ、神の法則が遍在していることへの信頼を忘れると、疑いはわたしたちの意識にしのび込み、心へと侵入します。

結果に執着したり感情的な思い入れがあると、疑いが起こります。物事がどのようにあるべきか、それがどのように現れてほしいかについて決まった考えを持ってしまうと、わたしたちは、自分が望むものを得られるかどうか疑問を抱くようになります。疑いはある特定の思い込みや信念がもとになっています。その多くは、自分には何の価値もないという考えや感情に由来します。つまり、自分には望むことを得るだけの価値がないと信じていると、自分がそれを得ることや持つことに疑問が湧いてくるのです。また疑いは、物事をきちんとコントロールしなければという欲求に対する精神的・感情的反応でもあります。コントロールするには、あらゆることについてすべてを把握していなくてはなりません。特定の結果やその成り行きに注意を怠らず、もし自分の計画から外れているように感じれば、自然な反応として恐れが生じます。それが疑いの主な原因となるのです。コントロールに基づいた恐れを心配と呼びます。心配とは、コントロールしたいという欲求の直接的な産物なのです。

わたしたちは、自分がすべてを把握しているわけではないことに気づかなくてはなりません。何もかも知っているわけではないのです。そしてさらに重要なのは、わたしたちが何かをコントロールするのは不可能であると理解することです。人生の過程はスピリチュアルなものであり、目に見えない、人知の及ばない魂の法則や原則に支配されています。こうした法則や原則と調和したとき、そこに働いている法則が自然に結果を出すのです。法則は神の意志を表わします。それはすべての人のよきことへの意志です。わたしたちがこの真実を理解し、悟ったとき、そこにはもう疑う理由がありません。どのような現れ方をしようと、最終結果はよいものだと知っているのです。

わたしたちは、自分が最も強い意図で焦点を合わせているものを人生に引き寄せます。でも不幸なことに、わたしたちはたいてい自分自身の思考をチェックせず、ほとんどの時間を自分が何を考えて過ごしているのかに気がついていません。自分の意図した望みに焦点を合わせ、計画し、集中している場合でさえ、どのくらい実現に近づいたかを物理的な証拠によって評価します。目に見えることが、望んだ結果へ近づいているかどうかの決定的な要素だと思い込み、それで評価し、判断するのです。前もって意図していたことが、自分がそうあるべきだと決めつけた通りに現れなかったとき、望んだ結果に近づいていることを疑うばかりか、自分自身までも疑います。そして疑いの種が思考に入り込んだ瞬間、自分の思いとは違う形で現れたものを正すことに関心が限定されてしまい、自分の思考が望む結果からずれてしまうのです。その時に、すべてはうまくいくということに強く焦点を合わせようとしても、望んだ意図に先行して現れた、思わしくないことのほうに焦点が合ってしまいます。すると結局はその焦点によって、まさにわたしたちの恐れそのものである、望んだ結果を手に入れそこなうという事態をつくり出すのです。

たゆみない祈りとアファメーションは、疑いに対する最も強力な備えです。導きを求めて祈り、それを受け取ったと信じることが、わたしたちの行動を神聖な意志に調和させてくれます。そして、自分自身と人生の真実を肯定するとき、神聖な秩序と神のタイミングという魂の原則がはたらきます。わたしたちは常に必要なことを必要な時に得ています。たとえ自身でそれが必要だと気づいていなくとも、そうなのです。自分の望みに焦点を合わせつづけ、よい意図なら叶うと知り、どんな現象でも評価せずに生きることを学んでいけば、意識的な心に疑いの育つ余地はありません。意図は期待を支えるエネルギーです。期待はいつも結果を決定づけます。わたしたちが導かれ、守られ、神の意志の恵みを受け取ることを期待したとき、すべての努力に好ましい結果が期待ができるのです。

● 朝のワーク ●

今日の「疑いについて」を読んで気づいたことは、

今日、心にとどめ、取り組んでみたいことは、

■朝のアファメーション■

慈悲にあふれ、神聖で祝福に満ちた人生のスピリットよ、
今日という日をありがとう。
この人生をありがとう。
わたしの中のわたしというあなたの神聖な存在をありがとう。
あなたがわたしの人生のために立てた完璧な計画にそって
平和と豊かさと喜びがわたしの世界に確立されますように。
今日、わたしの神聖な権利によるすべてのものを
あなたがわたしの世界にもたらしてくださることを信頼します。
わたしは深く感謝しています。
心から感謝します。

■■今日のポイント■■

神が采配している。

信頼のあるところに、疑いはない。

真実は疑いよりもパワーがある。

心配とは、コントロールしたい気持ちのあがきである。

わたしがよい意図をもって焦点を合わせることは実現する。

喜びあふれた宇宙の魂の望みは、わたしがあらゆるもののよさを豊かに持つことである。

●●夜のワーク●●

今日、自分が心配しているのに気づいたことは、

わたしが何とかコントロールしようと奮闘してしまう理由は、

人生の過程は信じられるとわたしが気づいた理由は、

day 27

「恐れ」を感じたら

＊あなたに役立つ定義

今日、見つめる感情は「恐れ」です。それは信頼の欠如であり、真実への無知です。怯え、ろうばい、不安であり、誤った予感が現実のものに思えることです。

恐れについて

その頃わたしは40代で、一人の女友達がいました。その女性との友情を保つためなら、必要と感じたことは何でもしました。すべてはその意図と目的から、わたしはまるで5歳の子供のようになりました。彼女の望むことをしなければ友達でいてくれないだろうと恐れたのです。彼女に悪意はありませんでしたが、ずっと子供時代の恐れのただなかに生きている人でした。そのため、この女性との関係は恐れについての学びの場でした。どのように恐れをやり過ごし、カムフラージュし、いかに恐れというプレッシャーのもとでつきあい続けるか、そしてどうやって恐れから逃げるかを学んだのです。友人のレン・カイザーが言ってくれたように、わたしは「頭の中に大人の相談役がいない一人ぼっち」の状態で、自分が生き延びるために欠かせないと思ったものを何としても維持しようとしていました。そして彼女との関係を通じて、わたし自身の財政面や家族や親しい人間関係にまで、ひどく大きな混沌をきたしてしまったのです。結局、最後にその友情は劇的に変化し、彼女はわたしの人生からいなくなりました。

人生のなかで恐れがどれほど多くの仮面と変装をまとっているか、本当に理解している人はほとんどいません。自分がよい友情と呼んでいたものは恐れだったことに、わたしはなかなか気づけませんでした。コントロールできないという恐れ。また、先延ばしにすることも、失敗への恐れと成功への恐れが一つに混ざったものであることを学びました。そして多くの苦い出来事に足をとられたすえ、自分がひどく独善的に言っていた、「あの人がわたしにしたことを見てちょうだい」という言葉も、実際には恐れだったことがわかりました。それは自分がいい人でないという恐れ、相手にわたしの真実の姿を発見されるという恐れです。わたしはそこから逃げ出さなくてはなりませんでした。自分の真実だと思っていることを相手に見破られる前に、関係を破壊しなくてはならなかったのです。国税庁の監査にしたがって正確な帳簿をつけなかったことも、実は恐れであったことに気がつきました。お金が足りないという恐れです。恐れというものはたいてい巧妙に偽装しているので、実質的にはいつも認識していることは不可能です。わたしたちにできることは、恐れを抱きしめることです。恐れを敵にせず、味方にするのです。

メアリー・モリシーは『*Building Your Dreams*（あなたの夢を築きましょう）』という本の中で、「自分が認めていない敵を支配することはできない」と書いています。これは恐れのことを語ったものです。何かを実行するのが怖くてできなかったことが人生にたくさんあるのは、きっとわたしだけではないでしょう。多くの場合、わたしは自分が恐れていることを知りませんでした。そして自分が恐れていることを知っている時には、それを認めることを恐れました。認める代わりにあらゆる種類の方法を考え出して、恐れていることを実行しないですむように避けました。その結果、恐れがわたしを支配しました。どんな場面でも恐れがわたしの行動と反応を決めたのです。恐れはさまざまに偽装し、そうすることができない、わたしは持っていない、する時間がない、誰かがさせてくれないなどという姿をとって現れます。わたしは恐れに、別のところに行かねばならないから、他のことをしなければならないから、その方法がわからないから、する必要がないから、といった仮面をかぶせていました。わたしは自分の人生のテーブルで、恐れが大食らいの強欲な支配者になるようにしつらえてしまったのです。

2、3年前、家の近くに、市が一列の若木を植えました。それらは注意深く植えられ、地面に立つ金属柱で支えられていました。わたしは毎朝、散歩で木々の横を通りました。ある風の強い日、木が風でしなっているのを見ました。今にも折れそうになるのに、折れません。木々は風と一緒になびきながら、しっかりと踏みとどまっているのです。恐れは、人生で吹き荒れる強風に対して誰もが示す反応です。何か新しいことがあったり、また昔のようなことが再現しそうになったり、予想だにしなかった知らないことが現れると、恐れが引き起こされます。こうしたとき、わたしたちは生命の神聖な源であるエネルギーにつながっていることを思い出さなくてはなりません。しなうことを学び、折れないことを信じる必要があります。嵐を乗り切る力についての知識を、しっかりと覚えていましょう。それは恐れの力を弱めるために、わたしたちの信じる心を使うことです。

メアリー・モリシーは言います。「恐れを追い払うのではありません。そうでなく、恐れを友として抱きしめるのです」自分が恐れているとき、それを認めることを学ばなくてはなりません。認め、それから人間の道具箱で最も強力な工具、信じる心で恐れを解体させるのです。「信じる心で恐れをひぼしにしましょう」と彼女は語ります。つまり、恐れていると認識した時点で、自分自身の強さ、本来の自分自身を呼び起こすことにつながるのです。そうすることで、恐れているものから逃げることに時間とエネルギーを費やす代わりに、一歩も引かず、恐れを超えて行動するに必要な勇気を育てることができるのです。そのためには、自分の感じていることに十分気づけるよう、静寂の中にいなくてはなりません。そして恐れが近づいた時に、そのシグナルと兆候を認識し、受け入れることを学ばなくてはなりません。そのとき、あなたは頭の中がぐるぐる回るように感じますか。心臓がドキドキしますか。口が乾きますか。それとも、耳が熱くなりますか。あなたの人生で、恐れはどんなふうにテーブルにつくでしょうか。いったん恐れが席に着いて御飯にありつくのを待っているのがわかったら、祈りや信頼や、真実のアファメーションにより、恐れをひぼしにすることができます。

今日では、多くのスピリチュアルな指導者、本、実習が、ある一致した理論を繰り広げています。「存在するのは二つの感情だけだ。それは愛と恐れである」というものです。愛は神聖です。愛は神の活動であり、神が宿る唯一のエネルギーです。一方、恐れはエゴの手先であり、わたしたちが神から切り離され、お互いに隔絶し、概してお粗末で未熟な存在であるという思い込みの基盤になっています。自分にそんな価値はないとか能力はないと信じていることを、人からするように期待されると、最初に経験する感情は恐れではないでしょうか。見捨てられる恐れ。馬鹿にされる恐れ。誰かの愛があなたから離れていく恐れ。能力や価値がないとわかってしまう恐れ。最も深い存在の核心で、わたしたちはこのように感じたくはないと思っています。それで自分がしていることを否定するのです。そして、人に嘘を言います。「恐れているわけじゃないけど、わたしは忙しいのよ」「恐れてなんかいないわ、ただあなたと結婚したくないというだけ」「恐れているんじゃなくて、無一文だからできないんだ」わたしたちは、恐れの座る椅子をなくす唯一の方法が、恐れを愛することであると気がついていません。恐れを愛するには、神の力と存在を自分の人生や場面に呼び入れ、神の存在に恐れを取り除いてもらう必要があるのです。

今度、あなたのお腹が恐れでピクンと動いたとき、何でもないふりをして恐れを否定したりしないでください。「恐れさん、わたしはあなたを知っているわ。そしてあなたが何がほしがっているかも、よくわかってる。でも残念ながら、今日わたしはあなたの相手をする気分じゃないのよ」と、そっと言いましょう。口が乾いたり、膝がガクガクしたり、耳が熱くなったとしても、更年期とかお昼に食べたもののせいにしないでください。そしてフォークとナイフを手に、テーブルをバンバンたたいている恐れを抱きしめて、こう言ってあげてください。「こんにちは、恐れさん。久しぶりね。でも、ごめんなさい、今日はあなたに御飯をあげられないわ」もし恐れにとらわれていると気づいたら、逃げようと抵抗しないでください。リラックスして真実を言ってください、「わたしは恐れにとらわれています」と。そして、真実があなたを自由にすることを思い出してください。自由とは、「わたしがいるところには、どこであれ神がいる」という真実を呼び覚ます選択をすることなのです。何回か深呼吸をしましょう。「光がありますように」とアファメーションしてください。恐れは、真実の光が苦手です。あなたが真実を宣言した瞬間に、恐れはゴミのまわりにたむろする低次元の生命体のように消散してしまいます。けれども、もし自分が恐れているのを知りながら、恐れていないと自分自身に言いつづけていれば、生命の最も低次元体である恐れがあなたに食いつき、決して離れようとしないでしょう。

● 朝のワーク ●

今日の「恐れについて」を読んで気づいたことは、

今日、心にとどめ、取り組んでみたいことは、

■朝のアファメーション■

わたしは今、意識的に体じゅうのすべての分子、すべての原子、
すべての細胞、すべての器官、すべての筋肉、すべての組織の中に
聖霊の光を呼び入れ、
神の愛と調和しないすべてのエネルギー、すべての信念、
すべてのパターン、すべての思考が解き放たれるよう願います。
わたしは深く感謝しています。
心から感謝します。

■■今日のポイント■■

わたしがどこにいても、神は存在する。
恐れはたくさんの仮面を持っている。
愛でなければ、それは恐れである。
愛は恐れをおおう。
真実の光は、恐れを弱める。
恐れを抱きしめると、それはわたしの友人になる。
どんなにリアルに思えようと、誤った予感は真実ではない。
信じる心は恐れをひぼしにする。

●● 夜のワーク ●●

今日、自分が恐れを体験しているのを認めたことは、

恐れているとき、わたしの体が反応するのは、

自分が恐れにとらわれていると気づいたら、試してみようと思うことは、

day **28**

「罪悪感」を感じたら

＊あなたに役立つ定義

今日、見つめる感情は「罪悪感」です。それは自分がしたことについて何か悪いところがあるという判断または思い込みです。学習して身につけた態度であり、承認の必要性が満たされていないことです。

罪悪感について

わたしにとって、これはこの本で一番書きたくないテーマです。なぜなら、今この本を書いているところですが、原稿はすでに遅れており、契約を尊重せず守っていないからです。わたしはそのことで罪悪感に苛まれています。毎日、コンピューターの前に座って50～60ページ書き上げようと自分自身に約束します。ところが絶望的にも、何かしらもっと心そそることが現れて、本の原稿を書くことが不可能になるのです。わたしの心は買い物、食事、たんすの整理、オペラ鑑賞などでいっぱいになってしまうのです。どれだけ必死に抵抗してみても、その時には必ずそれが最大の関心事になってしまうので、本はほとんど進みません。そしてわたしはいっそう罪悪感に苦しむのです。編集者やエージェントから電話がかかってきたとき、あるいは彼らのことが心をかすめるとき、わたしは罪悪感で釘付けになります。そして自分が契約を守っていないこと、自分との約束を果たしていないこと、自律心がないこと、アメリカに住む女であること、サンドイッチには別のソースを使うべきだったことなどを、長い時間、凍てついたように考え込んで自分をこきおろします。そしてさんざん自分を鞭打ったあと、わたしはとことん落ち込んで、元気を出すためにチョコレートが必要になります。チョコレートを食べると心理的にハイな気分になり、書くよりは眠くなると知っているのに食べてしまいます。それはますますわたしの罪悪感に追い討ちをかけます。

中毒的感情には、罪悪感と恥の二つがあります。恥の意識は、自分自身にどこか悪いところがあるという気持ちの表われで、罪の意識は、自分がしたことにどこか悪いところがあるという気持ちの表われです。もしもこの二つのどちらが先に人生を滅ぼすかという賭けをしたら、わたしは全財産を罪悪感のほうに賭けるでしょう。なぜなら、わたしは自分自身の醜さ、不十分さ、限界、無知を認識しながらでも、その世界のなかで何とかやってくることはできたからです。それはきれいに着飾ってよい香水をつけ、口をつぐむことによって、自分の人間的な欠点に打ち勝つことができるからだと思います。でも、自分が何か悪いことをしたと確信し、罪悪感を抱いている時というのは、自分の人間性に対処するよりも、人生の罠《わな》はもっとずっと複雑になります。罪悪感があるとわたしは恥の気持ちのために身動きできなくなります。罪悪感は一撃でわたしを氷づけにします。その締め付けから自由になろうと闘えば闘うほど、もっとそれはきつくなるのです。電話がかかってくると、「本は進んでいる?」と尋ねられます。新しいお料理を試そうと台所をぶらついていると、子供たちに「本を書いたほうがいいんじゃない」と促されます。そして、

「今日は事務所に行かないわ」と電話すると、スタッフはいつも賢明にも「それはいいですね、家にいて原稿を書くのですね」と言うのです。ポップコーンを食べながら「ジェネラル・ホスピタル」でも見ようと思っていたわたしは、おどおどしながら「そうなの」と答えます。そして朝のワイドショーから夜のニュースまで、書けない罪悪感を忘れようとしてポップコーンを口に押し込みつづけるのです。

「わたしのどこが悪いんだろう？　どうしていつも同じことを繰り返してしまうのかしら。なぜいろんなことがやめられないの？」と、何度、自分自身に尋ねたでしょうか。罪悪感と恥は手に手をとって、あなたの人生の庭を荒らしまわります。わたしたちは自分自身や自分の行為が悪いと感じていると、行動しつづけること、前向きにポジティブに活動しつづけることがとても難しくなります。変化を起こすにはあまりに無力に思えます。やめるにもあまりに無力に思えます。そうしたいのにできません。なぜ自分が同じことをし続けてしまうのかを考えるだけで頭がいっぱいです。ここで、ある法則を思い出してください。「あなたが注意を集中することは大きくなる」正しくないことや、すでにしてしまった誤りに集中していると、あなたは「正しくない」状態にとどまり続けます。その状態を罪悪感と呼ぶのです。その時には、してしまったことを告白し、自分自身を許し、そこで新しい選択をすることこそ、罪悪感のクモの巣から解き放たれるたった一つの方法だということにわたしは気づきました。告白してください。間違いをおかしたこと、嘘をついたこと、オペラが見たかったために約束を守らなかったことを、誰かに打ち明けるのです。そんなことをするなんて、きっと頭がおかしいに違いないと思うでしょう。実はわたしも、どうしてもできないのです。こんなことを提案するだけで、もっと罪深く感じて、ぐったりしてしまいます。今、わたしは罪深く、腹が立っています。これを否定と呼びます。

自分が罪の意識を感じていることを否定すると、ストーリーはいっそうややこしくなります。そうした心理状態では、自分がしたこと、しなかったことに理由と言い分けを見つけ出さなくてはなりません。そして非難を始めます。自分を何かまたは誰かの犠牲者にして、そのせいでできなくなったとか、させられたとか、できなくさせられたなどと責めるのです。罪悪感を感じている人のほとんどが犠牲者になります。犠牲者は無力です。そして犠牲者になっている人のほとんどが誰かや何かを責めます。責めていると、選択したり、変化する力をなくします。罪悪感のストーリーは、無力感と閉塞感のぬかるみの中でのたちう(ママ)ち回る犠牲者と敵役を生み出すのです。このような劇的な演出に直面して、はかない一人の人間が、一体どうやって立ち上がり、行動することなど想像できるでしょうか。答えはとても簡単です。あなたがしたことを自分自身に告白するのです。そして自分を許し、新しい選択をするのです。では、わたしがしたことやしなかったことが誰かを傷つけたり、ふみにじることになっても、その人に打ち明けなくてはならないのでしょうか？　もしそんなことをしたら、相手は怒るに決まっています。その時には、あなたを許してくれるように頼むのです。でも、その人が許してくれなかったら？　それはあなたの問題ではありません。そうなったらきっと、もうわたしのことを好きでいてくれないわ。それもあなたの問題ではありません。でもわたしには、母、父、兄弟、姉妹、配偶者、友人、子供たちの愛が必要なんです。だからこそ、あなたはその愛を持てるほど十分に自分自身を愛する必要があるのです。それはとても難しいことだわ。自分で難しくしているだけです。では、どうしたら簡単にできるというの？　ただ、それをするだけです。

——いいわ、やりましょう！

この本を書くべき時間に、わたしはテレビを見、買い物に行き、ペディキュアをし、ケーキを焼き、洗濯をし、デートをし、お化粧で遊ぶことを選択しました。そして、わたしがそうしたことの結果として、この原稿は2カ月遅れています。エージェントと編集者は、印刷部門と販売部門から急き立てられています。わたしの知らない多くの人のスケジュールが大混乱に陥り、そのためにわたしは何週間も罪悪感とストレスの中でのたうちまわり、この原稿を完成させるのに使うこともできた貴重な時間を無駄に費やしてしまいました。わたしは、これほど考えなしで愛のないやり方でふるまった自分を許します。これに関わりのある人々全員に、わたしを許してくれるようお願いします。今日からこの本が完成するまで、わたしは一日4時間以上執筆にあてることを選択します。わたしは自分自身と聖霊に、この契約を尊重することを誓います。そして、いつどんな理由であれ、もしこの契約を守れなくなった時には、自分自身と関係者全員に十分な愛をもってこの契約を再調整します。

——さて、前よりいい感じがしませんか？　ええ、確かに！

● 朝のワーク ●

今日の「罪悪感について」を読んで気づいたことは、

今日、心にとどめ、取り組んでみたいことは、

■朝のアファメーション■

わたしはいつでも選択することができます。
わたしの選択はいつも神の意志と一致しています。
どんな理由であれ、わたしの選択の結果が、喜び、平和、調和、そして
バランスのとれた状態にならない時はいつでも選び直すことができます。
わたしの選択が自分自身と他の人々に最高のものをもたらさないとき、
わたしは再び選択する自由があります。
不完全な選択は、わたしの真実を映し出したものではありません。
真実とは、自分がした選択の結果を見て、いつでも何度でも
選び直す自由があるということです。
わたしは深く感謝しています。
心から感謝します。

■■今日のポイント■■

わたしはいつでも選択する自由がある。
わたしは自分を許し、あるいは許しを求めることができる。
わたしは真実の愛を失うことはできない。
真実は力をもたらす。
わたしは自分がしたことを告白し、自分の約束を再調整することができる。
神はわたしが何をしても、しなくても、わたしを愛している。

●● 夜のワーク ●●

今日、わたしが罪悪感を覚えたことは、

嬉しいことに、わたしが罪悪感を超えて行動できたことは、

その体験を乗り越えるのが難しかった理由は、

day 29

「孤独」を感じたら

＊あなたに役立つ定義

今日、見つめる感情は「孤独」です。それは分離を信じ込んでいるために孤立を体験することです。閉ざしたことに対する感情の反応です。

孤独感について

孤独を感じるとき、わたしたちは人との結びつきや愛を切望しています。もし、もっと別の誰かが自分の人生に現れたらすべてがよくなり、幸福になるだろうと信じているので、わたしたちは強烈にそれを切望します。わたしたちは人に愛されたいのです。けれども、愛されたいという切迫した必要性と、愛されることに対する潜在意識下での封じ込めは、まともにぶつかり合います。心のどこかに、愛への恐れ、そして愛が意味することへの恐れがあります。過去に傷つけられ、捨てられ、拒絶されてきたかもしれません。それはもう終わったことだと意識的には自分を納得させていても、孤独であるという事実が証拠として真実を語っています。

わたしは、自分では孤独を感じたことはないと思っていました。いつも人々に囲まれて生きてきたし、誰かがどこかでわたしを愛してくれていることがわかりました。神のあたたかい愛の存在をまるごと感じるという、滅多に味わえない体験もしました。人生で親密なパートナーがいなかった時は、自分の選択によってでした。そうした選択への反応として、人恋しくなったり過去のつきあいを懐かしんだりはしましたが、それでも人生が孤独だった記憶はなかったのです。ところが、あるときわたしは孤独の本当の意味を知り、初めて自分が人生の大半で孤独だったことに気がつきました。

人々の孤独や孤立感の体験を聞いてみると、それは不安感や焦燥感におおわれています。不安感は、決して満たされることのない強烈な渇望を生み出します。そして焦燥感は、渇望しているものが何らかの形で否定されるのではないか、手に入らないのではないかという恐れを生み出します。この渇望と恐れのおもな要素になっているのは、まさに自分が欲しているそのものに対して自分を閉ざしてしまっているということです。その恐れから、愛を受け取ることに消極的だったり、受け取れなかったりするのです。

誰かがわたしに尋ねたことがあります。「あなたはどこまで愛に耐えられますか?」はじめは奇妙な質問だと思いましたが、わたしは愛されるために自分に課しているあらゆる条件について考えました。そしてどんなふうに自分に愛が示されてほしいかを考えてみました。すると、もし誰かがわたしを本当に愛したとしたら、わたしのすべてを知ってしまうだろう、それはあまり好ましいことではない、と自分が信じていることを認めざるを得ませんでした。また、わたしが愛していると明言している多くの人々を、手が届くか届かないかの距離にとどめ、それ以上は近づけないよう、知りすぎないようにしていたことも認めざるを得ませんでした。わたしは傷つくことを恐れていたのです。口では愛されたいと言っていましたが、心では自分には愛される価値はないと考えていました。愛を求める信号を送っていながら、自分が値すると思うぶんだけしか愛を受け取っていなかったのです。これは多くの人に共通する恐怖でもありますが、わたしは、あまりに深すぎる愛は自分を滅ぼしてしまうという恐怖を持っていました。そのために、わたしはとても愛の表現を薄めてしまったのです。

初めて自分の息子を見た時のことを思い出します。２６００グラムの美そのものでした。完璧にしわ一つない美しい姿でした。生まれて2分後の目には、まだわたしが見えていないのはわかっていましたが、腕に抱いたとき、彼からあふれ出るような信頼と愛を感じました。彼はわたしの最初の子供で、少しもわたしを判断しませんでした。そして、わたしからたった一つのものだけをほしがっていました。それは愛されることでした。わたしは息が詰まりました。本当に呼吸ができなくなったのです。その2分の間に、わたしは自分がこの子の愛に値しない、ふさわしくない理由をすべて考えました。あらゆる自分の改めるべきところ、変化すべきところを考えました。この子に与えてやれないことのすべてを考えました。わたしはまだ16歳で新生児をかかえ、夫はいませんでした。高校を中退し、そして何とか息をしようとあがいていました。その時の状況は、わたしに耐えきれる以上のものだったのです。その瞬間、わたしは自分の心の一部を閉ざしたのだと思います。そしてそれからというもの、ずっと長い長いこと封じ込めたままだったのです。

わたしは一人の男性を30年間愛しつづけていました。彼のことをちょっと見ただけでも膝がガクガクするほどでした。彼はわたしの知る限りただ一人、わたし自身の美しさと素晴らしさを感じさせてくれる人でした。でも30年間、彼とは結婚できませんでした。わたしはそのことで、彼をますますいとおしく感じたものです。彼もわたしも、それぞれ別の人と結婚していたし、住んでいるところも遠く離れていました。わたしは彼と人生を分かち合うことを急ぐ気持ちはありませんでしたが、彼といることで感じられたものを後になっても強く求めていました。でも、一緒に生きようとしたわたしたちの最初の試みは見事な失敗に終わりました。どちらもまだ準備ができていなかったのです。二人とも、愛を完全に表現できるほど自分を十分に開いておらず、与えられた愛をどう受け取っていいかもわかりませんでした。彼はわたしを愛していると言うのに30年かかりました。わたしはそれを聞けるようになるのに30年かかりました。そしてとうとうそれを彼が言い、わたしが聞いたとき、わたしは息ができなくなり、彼の前から一目散に逃げ出そうとしたのでした。

孤独とは、自分がほしいものを封じ込めている状態です。心が閉じていると、愛を得ることはできません。同様に、お金を恐れているとお金を得ることはできません。そして選択することを望まないと、自由を得ることはできません。生きていくうえで本質的に必要な何かをあきらめなくてはならないと思っていると、平和を得ることはできません。こうしたあらゆる神聖な潜在的可能性の空洞化が、孤独の根源にあるのです。ほとんどの時間、わたしたちは自分を閉ざしていることにまったく気がついていません。自分が恐れていることに気づかないままなのです。そして気づいていないことの反応として、まさに自分が得られないと信じ込んでいるそのことを探し求め、切望し、焦がれるのです。孤独であるとは、本当はこういう意味です。決して特定の人とか、一つのもののために孤独なのではありません。それは自分が手に入らないと信じている体験を求めているのです。自分が孤独を感じていると気づいた時には、あなたの心を開いてくださいい。聖霊に、あなたを愛で満たしてくれるように頼みましょう。孤独を感じたら、深呼吸することを思い出してください。息をしても死ぬことはありません。愛があなたの全存在を満たすのを許してください。それを許すことができ、愛の体験にあなた自身と心を開いたとき、あなたがほしいと思っていた以外のあらゆることが奇跡的に現れるのです。わたしはそれが真実なのを知っています。『コース・イン・ミラクルズ』は教えています。「聖霊は、常にあなたの最もひそやかな招きに応えるのです」と。

● 朝のワーク ●

今日の「孤独感について」を読んで気づいたことは、

今日、心にとどめ、取り組んでみたいことは、

■朝のアファメーション■

今日、わたしは神聖な愛の流れを受け取れるように
わたしの思考と感情と存在を開きます。
わたしは、必要ないすべての思考、疑い、恐れを解き放ちます。
今日、わたしは自分の存在の真実である神聖な愛を知り、体験する
ことを望みます。
わたしは愛されている愛です。
わたしは愛であるものすべての表われです。
わたしは深く感謝しています。
心から感謝します。

■■今日のポイント■■

神の聖霊は、わたしの最もひそやかな願いに応えてくれる。
わたしは受け取る器であり、開かれている。
愛がつきることはない。
恐れるべきものは何もない。
神の約束は、すべての願いに応えることである。
焦燥感は、自分が何かを封じ込めていることの表われである。

●● 夜のワーク ●●

わたしが孤独だった時のことを思い出すと、

その孤独を乗り越えられたのは、

人生でわたしが望んでいることより、もっと多くを受け取れると思うことは、

day
30

「感謝されない」と感じたら

＊あなたに役立つ定義

今日、見つめる感情は、自己価値の感覚です。それは「感謝されていない」と感じた時に弱くなります。自分がとった行動や、人のためにした行為への反応に不満を感じることです。

感謝されないという気持ちについて

誰かのために何かをしたり、自分の道を外れてまで誰かのために尽くしたのに、その人から感謝してもらえなかったということが今までに何度ありましたか。そして、あなたはたくさんの人のためにそばにいてあげたのに、いざあなたが誰かを必要としているとき、一人ぼっちだと気づいたことは何度ありましたか。あなたは誰にも認められないまま、どのくらい長く一つの仕事を続けていたでしょうか。すべてを捧げたのに、傷ついた心とあふれる涙でぼろぼろになって取り残された関係は、過去にいくつあったでしょうか。こうしたシナリオについて一つでも身に覚えがあるなら、あなたは間違いなく感謝されない気持ちを経験したことがあるでしょう。きっとあなたも相手や関係する人々に憤り、わたしと同じように自分自身に尋ねたことでしょう。「なぜ？　なぜわたしを？　どうしてみんなわたしを無視するの。なんでわたしを利用するの？」　こうした何もならない山のような問いのあとで、わたしはギアチェンジをし、再び問いつづけました。「あの人のためにしたことなのに、なんで感謝しないの？　わたしが何か悪いことでもした？」わたしはその答えを『コース・イン・ミラクルズ』の中に見つけました。「あなたが人に何かをしてあげるとき、それはあなた自身にしてあげているのです」　この解釈によれば、人にしてあげたことを自分で認めていれば、相手がどう反応しようとほとんど、あるいはまったく関係ないことになります。わたしがそれを本当に実感できるようになるまでには、長い年月がかかりました。

わたしは自分が人間として機能不全だとはまったく考えていませんでした。悪人ではないし、ちょっと変わっているだけだと思っていたのです。自分の中に、無意識のもくろみや未解決の問題、癒されていない傷、劣等感からくるコンプレックスなどがひそんでいるとは気づきもしませんでした。わたしは大丈夫だと信じ、それを証明するため、人々に何かしてあげてみせていたのです。人は誰でもみずからの自尊心をそぎ落とし、神の前にこうべを垂れるという道を歩みはじめるまでに、長い時間を要します。その間、人はまさに機能不全の行動をとり、名もない、わけもわからない中毒的な行動に走るのです。その頃のわたしは、友情を自分の行動とお金で買っていました。そして愛情を、自分自身をなくてはならない存在にすることで買って、相手の必要を満たし、こまごまと世話を焼いていたのです。おまけに自分の人生に大変なドラマや危機的状況をつくり上げては、かつて助けてあげたのに誰も助けにこないと怒り狂い、自分に注目を引きつけていました。わたしはあんなにたくさんしてあげたのだから、少しは返してほしかったのです。感謝してほしかったし、認めてほしかった。それに、わたし自身が素晴らしい人間だとみんなから感じさせてもらいたかったのです。自分では気づいていない、わたしのいいところに気がついて賞賛してほしかったのです。そして人々がこうした期待に応えてくれないとき、わたしは自分の価値が正当に評価されていないと感じました。

「あなたが人に何かをしてあげるとき、それはあなた自身にしてあげているのです」この前提を人生に取り入れる最初のステップは、わたしたちはもともと一つだという真実を認めることです。わたしたちは全員、一なる心の神聖な魂を通して一つの生命につながっています。人々のあいだに断絶はありません。これを理解したとき、一番お金持ちだと思う人と同じように自分は豊かであり、一番頭がいいと思う人と同じように自分は優秀であり、一番美人だと思う人と同じように自分は美しいことに気づくのです。でも、この前提から始められる人は滅多にいません。たとえばわたしは、自分に問題はないと思っていながら、最も奥深いところでは、自分は問題なしどころか豊かでもなければ優秀でも美しくもないと感じており、それらのすべてを証明するような行動をとっていました。わたしは自分がそう見えるようにふるまっていたのです。そして自分でそのようにふるまっておきながら、相手がわたしの行為に感謝しなかったり、わたしの人柄を褒めたたえてくれないと、こなごなに打ち砕かれました。たとえば知り合いのお母さんの葬式にお菓子を持っていって、あとで礼状がこないと不愉快に思ったりしたものです。そんなふうに、人にしてあげたことのほとんどは自分を認めてほしいだけだったのだと、わたしはなかなか気づけませんでした。わたしはそれをすること自体が喜びだったのではなく、自分がしたことへのお返しを求めていたのでした。そしてお返しがこないと、自分の努力が満足に認めてもらえなかったと感じたのです。

わたしはかつて、コメディアンのクリス・ロックがとても意味深いことを言っているのを耳にしました。

「人って、自分がして当然のことをやっているのに、それに対して感謝を求めるのさ」たとえば、仕事に遅刻しないで来る、仕事が終わるまで働く、子供の面倒をみる、家族、隣人、友人、配偶者に優しく愛情深く接するなどです。お給料をもらえるのは、時間通りに仕事を始め、それをやり遂げるまで働くからです。親であることを選んだら、生まれた子供に、愛と導きと世話を与える責任があります。そして親しい関係での言葉以前の約束は、お互いに気遣う(つまり愛しあう、支えあう、尊重しあう)ということです。生きとし生けるものは、どんな環境や状況のもとであれ、自分が扱ってほしいように他の存在を扱うという責任をみずからの創造主に対して負っているのです。こうした行為について、見返りや承認は期待できません。「汝の隣人を愛しなさい」というのはこういう意味です。認められるのは嬉しいことです。でも、何かしてあげたことで人はあなたに恩義を感じるはずだと信じ込むのは、機能不全です。そうした気持ちの奥には、なかなか直視できない、見落としがちな真実があります。それは、わたしたちが誰か他の人によっていい気分にしてもらおうと期待をもって何かをする時には、わたしたちの動機が誤っているということです。機能不全の意図から出た、説明のつかない、認識されていない行為はまだまだたくさんあります。そういう場合には十中八九、自分の価値が認められていないと感じるでしょう。

あなたがこの独特な感情の罠《わな》にとらわれてしまったとき、唯一そこから抜け出す道は、あなたが与えたことのすべてはあなた自身が受け取っていると気づくことです。困っている神の子の一人に奉仕することによって、あなたは神に仕えたのです。そして神があなたに授けた恵みの深さを分かち合うことによって、自分自身に仕えたのです。自分自身の必要よりも他の人の必要を優先することで、愛を分かち合ったのです。そして神聖な感謝の恵みを受け取れるように自分自身を開いたのです。あなたが真実と愛から与えたものはみな十倍になって戻ってくると約束されています。もし、他の人に何かを与えたり、してあげた時に、自分がすり減ったとか感謝してもらえないという気持ちを感じたとしたら、それは機能不全の兆候です。あなたの心のどこか奥深くに、無意識のもくろみがあるのです。あなたは自分自身に尋ねなくてはなりません。「なぜわたしは自分がしたことを認めてほしいと思うのだろう」と。それからもっと重要なのは、「わたしは自分がしたことを、どういうふうに認めてもらいたいのだろう」という問いです。ただ自分がそれをするのが喜びだからという、説明のつかない意図から何かをした時には、誰かに認められたことで急に気分がよくなったり、もっと感謝されたいという気持ちになったりはしないのを発見して、わたしはそれを機能不全を癒すために使いました。「必要なことを願わなくてはならないとしたら、それは本当は必要ではないのよ。神さまはあなたが願うより前に、あなたに必要なものをご存じなのだから」と母はいつも言っていました。最後に、感謝されないという気持ちについて、わたしはもう一つこんな発見をしました。自分がしたことへの承認や見返りを期待するのをやめると、それは雨あられと降り注がれるのです。

● 朝のワーク ●

今日の「感謝されないという気持ちについて」を読んで気づいたことは、

今日、心にとどめ、取り組んでみたいことは、

■朝のアファメーション■

わたしには分かち合うものが存分にあります。
わたしには分かち合うものが存分にあります。
わたしは、自分の最高の部分を存分に世界に与えることができます。
わたしが人のためにすることは、すべて
わたし自身の聖なる本質のためにしていることです。
わたしの与えたものはすべて増大し、十倍になって返ってきます。
わたしは深く感謝しています。
心から感謝します。

■■今日のポイント■■

人に与えているすべてのものは、自分に与えている。
わたしがしているすべてのことは、自分のためにしている。
わたしが人に奉仕するとき、わたしは神に仕えている。
わたしが自分に奉仕するとき、わたしは神に仕えている。
人に何かを与えたために、わたしが涸れ果てることはない。
人に何かをしたために、わたしがすり切れることはない。
宇宙は豊かな環境で、あらゆるものが十分にある。
わたしは宇宙的な存在であり、宇宙にあるすべてとつながっている。

●●夜のワーク●●

今日、自分が感謝されていないと感じたことは、

嬉しいことに、感謝されないとは感じなかったことは、

感謝されないという気持ちを感じることなく、もっとわたしが人に与えることを学べる方法とは、

Phase

5

プロセスをたたえましょう

＊

あなたが神を見つけられないのを神のせいにしてはいけません。

——ポール・フェリーニ『*Circle of Atonement*』

神を探すことに夢中になっている時に、神が現れても気づかないでしょう。

——ニール・ドナルド・ウォルシュ『神との対話』

プロセスをたたえましょう

7年間に及ぶ二人の交際が実を結び、素敵な結婚式が挙行されました。両方とも再婚でしたが、その結婚は現実的でいつまでも続くだろうと思われ、誰もが幸せに感じるものでした。二人は若くなく、成熟して知恵があり、どちらも素晴らしいスピリチュアルな道を歩んでいました。花婿は退職するところでした。二人はその後の人生設計を立てていました。花嫁は新しい仕事を始めようと新たなステージに入り、聖職者になるための学校に通っていました。そのため、しばらくは新居から離れた別の州に住まなければなりませんでしたが、卒業まで勉学を続けるのが一番いいと二人で決めたのです。卒業すれば本当に一緒になれるからでした。そのとき彼女はあと1年で学校を終えるところでした。ところが、最後の学期が始まって数カ月後、つまり二人の初めての結婚記念日の2、3カ月前に、彼が重い病いに倒れてしまったのです。それは心臓病でした。

それからの2カ月間、彼女は二つの重大なことをやり遂げるために、学校と家を飛行機で行ったり来たりしなければなりませんでした。彼女は疲れ、彼は孤独でした。二人は道のなかばで立ち止まらねばならず、目標はわかっているのに手が届きませんでした。でも、祈りが彼女を乗り越えさせました。そして彼女の愛と多くの祈りが彼をも乗り越えさせました。もし二人のどちらかでも、このようなことになるとわかっていたら、おそらくもう少し違った選択をしていたでしょう。パニックになっていたかもしれません。もしかして彼女は学校には行かなかったかもしれません。もしかして彼はずっと以前に食事の献立を変えていたかもしれません。もしかして二人は結婚しなかったかもしれません。もしかしてもっとお金を貯めたかもしれません。もしかして、もしかして……。その結婚生活は、二人が思い描いた通りにいっていないように見えました。心配していたことは全然起こらず、まったく心配もしていなかったような思わぬことが起きるのです。しかし二人は、自分たちが知らなかったとしても、神は知っておられることがわかっていました。また神は、知るべき時に知ることを、やるべき時にやることを知らせてくださるということもわかっていました。

なぜ道が曲がりくねっているのか、自分に問うたことはありますか。なぜすべての道はまっすぐではないのでしょう。なぜ街道は上がったり、下がったり、曲がりくねっていたりするのでしょうか。わたしの友人のホイアがそう尋ねたとき、わたしは人生の危機のただなかでさんざん自分を傷めつけていました。なぜ、あらかじめこうなるとわからなかったのか。どうしてもっと早く気づけなかったのだろう。「以前のあなたには、それに対処することができなかったからよ」とホイアは言いました。それが、道が曲がりくねっている理由なのです。道が曲がっているために、一度に少しずつ対処する機会を与えられます。わたしたちが前に進むと、それにしたがって景色が現れ、少しずつ視界が開けてくるのです。それが人生の展開の仕方です。自分ではもっとできると思っている時でさえ、あなたに対処できることが少しずつ現されるのです。これを神の恵みと呼びます。

人生のなかで、かつてわたしは自分をあまり素晴らしくないし、正しくも賢くもないと思っていました。自分自身や、自分がしたことのなかに、必ずどこか悪いところを見つけました。いつでも他にすべきはずのことがあり、いるべきはずの場所があると感じて、決して自分の体験に十分満足することがありませんでした。つまり、いつも何かしら不満を抱いていたのです。コップには常に水が半分しか入っていませんでした。その時のわたしの文句が、自分自身を含めどれほどみんなの神経にさわっていたかを、今では受け入れ、理解することができます。自分の言っている言葉が聞こえ、それを言ったことで自分を責めました。わたしは自分を信用できず、好きではありませんでした。今でも時としてこういう古いパターンに足をとられ、逆戻りします。でも、今のわたしはとりえを一つ持っています。それはコップにどのくらいの水が入っているにせよ、その時その瞬間においてはちょうどいい量なのだと知っていることです。

あなたがいるところが、まさにあなたのいるべきところです。もしあなた自身が他のところや違う環境にいたいと望んだとしても、今のあなたにはおそらく対処できないということを人生は知っているのです。ディーパック・チョプラは、「ある時点であなたが人生に引き寄せた人間関係はどれもすべて、その時のあなたに必要なものなのです」と書いています。あなたが新しいことを新しいやり方で実行する準備ができたとき、あなたは新しい人と一緒にそれをするのです。あなたがそうなった時のために待っている人がいます。でも今はまだ会う用意があなたにできていないのです。どんな瞬間も、わたしたちはそれぞれ「在ること」「なること」のプロセスにあります。その時の自分に可能なことだけを経験します。道は曲がりくねり、そして次の曲がり角付近で待っていることには対処する準備ができているのです。

「プロセス」とは、ウェブスター辞典によると、「緩やかに変化しながら徐々にある特定の結果に導かれていく自然な現象」と定義されています。これはまさに人生を適切に言い表わした文章です。わたしたちは少し体験し、そして変化します。人生や、自分自身や、人について少しずつわかり、ちょっとずつ変わっていきます。わたしたちが探し求めている結果は、自分が誰であるかを思い出すことです。それを思い出すために、わたしたちは自分が誰でないのかを知らなくてはなりません。人生は、自分が誰でないのかを認識するプロセスです。難題や障害や苦難に直面するたび、わたしたちは自分にできることと、できないことを学びます。大切なのは自分が何をするかではなく、与えられた環境と、その時点における知識や情報のなかで自分にできる最善を尽くすということなのです。わたしには、これがまったくわかっていませんでした。いつも何かもっと別なことをすべきだったとか、しなければならないと考えていました。わたしはプロセスを忘れていたのです。

今あなたの置かれている境遇が、あなたを規定することはありません。それらは自分が誰であり、そして自分が何になりたいかを思い出させてくれるのです。わたしは結婚生活で虐待を受けていたとき、自分が望むものはその生活にはなく、とどまる理由は何もないことを知りました。この経験がわたしに教えてくれたことは、わたしはぶたれるためにそこにいるのではないということです。わたしたちの経験は、自分が誰であるかを表わしているわけではありません。それはわたしたちが自分自身のことをどう考えているかを思い出させてくれるのです。自分が罰せられて当然と思っていると実際に罰せられ、攻撃されるかもしれないと考えていると実際に攻撃されます。わたしたちの一人ひとりが、自分は神聖な存在で、奇跡的で、生命のパワフルな表われであることを思い出すプロセスにいるのです。わたしたちは、転び、立ち上がり、喪失と回復を体験し、選択し、自分の心を変化させるたびに、この真実を学びます。あらゆる体験が人生の道に沿い、人生の曲がり角に置かれて、少しずつわたしたちを進ませるのです。

もしもわたしが19歳の時に自分の結婚生活があれほど暴力的なものになると知っていたら、圧倒されてしまって、どうすることもできなかったでしょう。そしてたぶんそんな情報は無視したでしょう。もしわたしが火曜日に、母が木曜日に他界すると知っていたとしたら、母の葬儀をすることもできなかったでしょう。もしたった一人の息子が3年半刑務所に入ると知っていたなら、とっくの昔にわたしは息をしていなかったでしょう。神さま、道に曲がり角をつくってくださって、ありがとう。わたしが対処できる時に対処できることだけをお与えになり、そのように愛してくださることに感謝します。人生のプロセスを、徐々に記憶が開示されていくゆっくりとした優しいコースにしてくれたことを、神に感謝します。わたしはやはり、自分がどれほど素晴らしい存在なのかをいっぺんに知ってしまったら、対処できるかどうか自信がありませんから。

day 31

「ありのまま」であることでプロセスをたたえましょう

＊あなたに役立つ定義

今日のテーマは「ありのまま」であることです。それは、真正であり本物であるということです。本来のオリジナルな姿に一致した、真の自己の自然な表出です。真実あるいはもともとの本質に根ざし、沿っていることです。

ありのままであることについて

「あなたはどんなゲームをしていますか?」と質問されたとき、最初はピンときませんでした。わたしのまるで論理的な脳は、まったく論理的な答えをはじき出しました。「ゲームは大好きです。でも仕事やそのほかで忙しくて、ほとんど遊んでいる暇はありません。わたしはすごく忙しいんです」「あなたはどんなゲームをしていますか?」今度は、冷水を浴びせるように言葉がわたしを直撃しました。彼の声は低く、目は鋭く、おまけにその口ぶりは、もうわかっているのだから素直に白状したほうがいいと言っているかのようでした。フルに頭脳を働かせなければならないのに、そういう時に限ってわたしの頭脳が遊びに行ってしまうのはなぜなのでしょう。彼が何を言おうとしているのかはわかっていました。でも、わたしの唇と舌はショッピングに出かけていて、連れ戻して調整し直さなくてはなりませんでした。わたしは恐れと恥ずかしさと罪悪感で目の前が何も見えなくなり、息が詰まりました。「あなたはどんなゲームをしていますか？」今度は頭と舌が動き出す前に、「気づき」により誰でもするようなことをしました。わたしは泣いたのです。

『妖精はおならをしない――間違いを隠す101のクリエイティブな方法』という題の本をわたしは書くつもりでいました。たいていの人は、自分がおならをするという事実を隠すために、突拍子もないことを思いつくというのがわたしの考えです。お尻の筋肉を真ん中に寄せて、音をたてないことを願いながらおならをして、立ち去り、臭いがついてこないことを願うのです。でもわたしは、音を出しておいて、責めるような眼差しで部屋中を見渡し、大声でこう言います。「あら、この臭いは？」わたしはこの題名の妖精は誰の中にもいると思います。妖精はいつも完璧で誤りをおかさず、不名誉などいっさい超越しています。つまり妖精は、おならのような下品なことはしません。おならをするのは誤りだからです。人は間違いをおかしますが、妖精は間違いをおかさないのです。不幸にも妖精は、間違いをしでかすのは生きていることの自然な流れの結果であるとは気づいていません。魅力的でも嬉しくもないかもしれませんが、間違いはおならと同じように自然です。それは本質そのものです。わたしたちの中の妖精が、人生の行動につきものの自然な結果を認めることを拒んだとき、わたしたちはゲームをするのです。わたしは告白します。わたしは、自分がゲームをしている妖精であることに罪悪感を抱いていました。そういうゲームに、はまっていたのです。

あなたはどんなゲームをしていますか。わたしは「わかりませんゲーム」をしていました。わからないでいる限り、間違えようがないからです。それから、「お金がないゲーム」もしていました。自分には必要なことをするお金がないというゲームです。何かをすることができなければ、そのことをして失敗せずにすみます。わたしはこのゲームを、約束を守らない言い分けにも使っていました。お金を借りて約束した通りに返しませんでした。これはたいてい、人をとても怒らせます。でも、わたしはこう言うことができました。「なぜわたしに怒るの？　だってわたしにはお金がないのよ」この時点でわたしは、約束までに返せるお金がないという理由で、わたしに腹を立てている相手に対して腹を立てることができたのです。これは実際には「見て、あの人はわたしにこんなことをしたのよゲーム」の偽装版です。人生のなかでわたしはずっと誰かの犠牲者になってきました。わたしの両親、夫、お金を借してくれた人は、みなわたしに何かしら「悪い」ことをしたのです。わたしが誰か他の人の犠牲者である限り、わたし自身が自分や人々にしていることを認めずにすんだのです。

それから、すべてのなかで最も巧妙で手のこんだゲームは、「わたしはこれ以上引き受けられないゲーム」でした。わたしは自分が人間としてできる以上、または望んだ以上のことを引き受けては、やり始めたことを完遂できなくて、人生にあらゆる種類の混乱を生み出し、人々がわたしに多くを望みすぎると文句を言っていました。こうしたゲームは、自分を認めてもらえないことへの恐れから生まれ、受け入れられないことへの恐れによって育ち、正しくやっていないのではないかという恐れで縛られ、そして自分はいい人ではないという信念でさらに大きくなります。これらのすべてに関わるのが、わたしの中の、自分は間違いをするはずがないという妖精でした。わたしはおならをしません――つまり、わたしはありのままではありませんということです。

ありのままであるためには、この人生で自分が考え、行ない、言ったことのすべてから発する自然の成り行きの結果を認識し、受け入れなくてはなりません。つまり、人前でのおならをあえて認めるということです。あなたのまわりの人々は、あなた自身のさまざまな面を映し出す鏡にすぎません。人はあなたが思っていることを言うのです。こうするのではないかとか、このようにされるのではないかとか、あなたが恐れていることをあなたにするでしょう。あなたの人生には、あなたと神のほかには誰も存在しません。現れることは何であれ、神の反映か、あなたの反映なのです。あなたの世界の人々が醜く感じられたり、醜い行ないをしているとき、それはあなたのある側面の反映です。だから、その人たちに怒りたいという誘惑に負けないでください。あなたの世界で起こっていることについて、そしてなぜそれが起こっているかについて、知らないかのようにふるまわないでください。おならとしてあなたの人生に現れた思考、言葉、行為の誤りを、あなた自身の心と頭の中に探してみてください。

ありのままであることはまた、たえず自分の感情に触れつづけることを求めます。あなた自身が感じていることを否定したり、隠しておくことはできません。ありのままであってください。感情がわいてきたら、自分がどう感じているのかを、まず自分自身にきちんと説明し、伝える方法を身につけてください。そうすれば必要に応じて、人に伝えることもできます。わたしたちは、おならをしたくないのと同様の理由で、あまり感情的になりたくないのです。特にその感情が自分を不快にするものなら、なおさらです。感情はあなたをありのままにします。それはあなたをほかの誰とも違う存在にします。最も重要なことですが、感情はあなたが生きているということを知らせてくれるのです。もしありのままの人生を生きたいと望むなら、あなたの中にいる妖精の要求から自由になって、あなた自身が感じることを許さなくてはなりません。

ありのままであるためには、ほかにも大切なことがあります。いつも真実を言うことです。ゲイ・アンド・キャサリン・ヘンドリックスはそれを「顕微鏡的真実」と呼んでいます。これは、どんな小さなことであっても真実を話すということです。おならをしたら、誰か他の人のせいにしないで自分だと認めてください。傷ついたら「何でもない」と言わないでください。あなたの痛みを認めてください。あなたの恐れを認めてください。内側も外側も、すべてはあなたが創造したものであることを認めてください。どんなものであれ、あなたの一部である感情のすべてを認識していてください。それは実際の行動を認識するのと同じだけの価値があります。あなたが自分の感じていることを認めると、その感覚をどう変えるかについて意識的に選択できる力が生まれます。そして他の誰かがあなたの感じていることを知ると、お互いの境界を創造し定める力が生まれます。ありのままであることは比較を求めません。つまり自分自身を、また自分がすることを、誰かと比較することはできないのです。あなたはあなたです。あなたみずからが真実の表現者であり、真の自己としてのオリジナルな部分を表わしているのです。あなたと同じ人は誰もいません。作家のオグ・マンディーノはあなたのことを「世界の最も偉大な奇跡」と呼びました。あなたが自分を他者と比べれば比べるほど、またあなたの行動が他者の行動に左右されればされるほど、あなたは自分自身をなくしていくでしょう。

最後に一番重要なのは、ありのままであるということは、あなたがすることはあなた独自のやり方で行なわなくてはならず、それと同時に、ほかの人も同じようにその人のやり方で行なうのを認めなくてはならないことです。わたしは過去に生きた多くの有名な作家のようになりたいと思っていた時期がありました。文体をまね、情報を組み換え、同じような技法を駆使しようとして、もう少しで自分をなくすところでした。今はただわたしがすることをしているだけです。わたしにはよき師と呼べる先達の人々がいて、その作品が大好きな作家もいますが、わたし自身は自分が書きたいように書きます。わたしは食べたいように食べ、着たいように服を着ます。神はわたしたち一人ひとりをこれほどユニークにおつくりになったのですから、全員をすべて同じやり方でするようにされたとは、とてもわたしには思えません。わたしたち一人ひとりが本来の自己に沿って生きていれば、みながその本質に基づいて行動し、一つの場所にばかり殺到することはないでしょう。本質そのままの自己という部分をわたしたち一人ひとりが自分のものにするとき、永久にお互いを楽しませ、支援しあい、教育しあい、癒しあうことができるようになります。それぞれが自分のおならを認めるとき、わたしたちは偏見や圧政や憎しみをなくすほうへと向かうのです。より多くのゲームをするほど、より多くのルールに従わねばならなくなります。そしてあまりに多くのルールは創造性の余地をなくします。創造性はありのままであることを必要とします。それなしでは、あなたの中の真の自己が本来の意味で認められることはなく、その栄光を表わすことができないのです。

● 朝のワーク ●

今日の「ありのままであることについて」を読んで気づいたことは、

今日、心にとどめ、取り組んでみたいことは、

■朝のアファメーション■

この惑星にわたしとまったく同じ人はほかに誰もいません。

わたしはオリジナルな存在です。

わたしはありのままです。

わたしはユニークで特別な才能を提供して生きている一人です。

わたしは、世界が神のユニークな表象であることを示すために生きている

ありのままの表われです。

わたしは神がわたしにそうあれと創造した通りに存在しています。

わたしはありのままです。

わたしはオリジナルな存在です。

わたしは神聖です。

わたしは深く感謝しています。

心から感謝します。

■■今日のポイント■■

わたしとまったく同じ人間は地球上に一人もいない。

わたしはもともとの真の自己のユニークな表現である。

間違いは自然な出来事の一部である。

ほかに誰一人として、わたしが生まれてきた目的を代わることはできない。

誰かが生まれてきた目的を、わたしがその人に代わって果たすことはできない。

わたしは神がそうあるべく創造したように存在している。

●● 夜のワーク ●●

嬉しいことに、わたしがありのままの自分でいられる時とは、

さまざまなゲームをする代わりに、わたしがありのままの自分でいられるためには、

今わたしが気づいた、自分がありのままでいられない時とは、

day
32

「忍耐強さ」によってプロセスをたたえましょう

＊あなたに役立つ定義

ゆるぎない確信の実践です。今日のテーマは「忍耐強さ」です。それは永続性であり、平静で落ち着いた心の状態です。信じる心の基盤になります。

忍耐強さについて

多くの人にとって、人生に望むものを見出すことはたやすくても、それが目に見える形で現れるのを待つのは難しいことでしょう。待つには忍耐がいり、それはわたしたちの多くがあまり身につけていない態度です。忍耐は信じる心を必要とし、信じる心は信頼を必要とします。そして信頼するためには真実を知らなくてはならず、真実は普通わたしたちの経験から来ます。忍耐はほとんどの場合、大きな困難にぶつかって初めて現実に必要となり、その時になって求められ、理解されるものと言えるでしょう。忍耐強さがないと、心配し、不平を言い、時には希望を失ってしまいます。現実化が遅れることは現実化できないのではなく、信じる心をもって真実を信頼していれば忍耐はずっとやさしくなるということに、わたししたちは気がつきません。

わたしは、アイラインを引き、ブラウスにアイロンをかけ、歯をみがきながらストッキングを探して家中かけずり回っていました。時間がないときには一度に驚くほどたくさんのことができるものです。ちょうど口紅をつけようとしたとき、電話が鳴りました。どうして時間がないときに必ず電話が鳴るのでしょう。「出てはだめ」と何かが囁きましたが、わたしはその声を無視しました。「もしもし」それは息子からでした。わたしのたった一人の息子です。神の休養施設、すなわち刑務所からのコレクト・コールでした。「つないでください」「母さん」「どうしたの」「大変なんだ」「あたりまえだわ、あなたは刑務所にいるんですもの」「そうじゃないよ。刑務所の中でトラブルが起こったんだ」「えっ。本当はわたし、15分前にはもう家を出ていなければならないのよ。話すなら早く」それは午後2時半で電話料金が一番高い時間帯でした。そしてわたしはぐずぐずして遅くなった自分に腹が立っていました。そんな最中に息子から電話がかかり、親子の心の対話を求めてきたのです。ただでさえ遅くなっているというのに、この電話で予定はめちゃめちゃです。わたしは自分がちょっと苛立ってくるのがわかりました。

息子は他の収容者に自分の好きなチャーリー・ブラウンの本を貸したのでした。その人は本をさらに別の収容者に貸しました。息子はその収容者のところへ返してもらいに行ったところ、まだ彼は読んでいる途中で、返すのを断りました。息子はその日気分が悪く、カッとなって相手をぶってしまいました。すると他の収容者になぐり返され、つづいて数人から袋だたきにあいました。息子はその場を逃れるために誰かの胸に噛みつき、部屋の戸口までその人を引きずって、立ちふさがるたくさんの手足をかろうじて振り切ると、どうにか逃げ出して電話をかけてきたのです。「ああ、神さま！」と言い、彼はこう続けました。

「母さん、僕は母さんに言われたことは全部したんだよ。本を読んで、祈って、瞑想した。深呼吸もしたし、許して、賛美したんだ。ポジティブに考えたし、ポジティブな言葉で話したし、ポジティブな行動をしたんだよ。でも母さん、だめだった」

忍耐強くあることの最大の難関は、努力が報われている証拠が目に見えるまで待つことができるかどうかです。わたしたちは、自分は何がほしいか、そしてそれが現れた時にはどうなるかについて固定的な観念を持っています。その観念にかたく縛られているあまり、望んでいたことが実際に現れても、それに気づけないのです。自分の思い通りではなかったり、想像した通りでないと感じた時は、仮に現れても気づくことができません。洞察力は忍耐の重要な一部なのです。わたしたちは現れてくることに気づけなくてはならず、望んだことの現実化を認識できなくてはなりません。これには内なる認識力が必要です。その認識力を忍耐と呼びます。

「母さん、最高のものを期待すれば、それを得られるって母さんは言ったよね。心から信じて願うことは何でもそうなると言ったよね。だから僕は家へ帰れると信じて、仮釈放の申請に二回も行ったんだ。なのに二回とも仮釈放は認められなかった。だめだよ。だめだったんだ、母さん!」わたしの時間はどんどん遅くなっていきました。息子はさらに日々の状態や仲間の性格の悪さ、生活環境担当者の態度のひどさなどについてとりとめもなく話し、あげくに「神の力も刑務所では無効だ」と結論づけました。わたしはもう、とんでもない大遅刻です。

わたしは真実を知っていました。そして今は息子が真実を知る時でした。わたしは神の叡智を全面的かつ完璧に信頼しており、刑務所にいるわたしの一人息子は選択と責任について重大なレッスンを受けていることを信じていました。自分の息子が刑務所にいる事実は嬉しくないけれど、その結果として、より大きなよさが現れるという全面的で完璧なゆるぎない確信を持っていたのです。その時点でわたしに必要だったのは、5分間座って、わたしが知っていることと信じていることを彼に分かち合う忍耐強さでした。わたしは深呼吸をし、キッチンのテーブルの下に靴を置くと、息子に次のことを思い出させました。

1．あなたは火の試練を受けている。選択する時にはいつでも、その選択の結果を体験する準備ができていなければならない。多くの場合、その結果の可能性はだいたいわかっているのだが、わからないことや予期できないこともある。こうした未知の予期できなかった結果が人生に現れた時は、宇宙の魂の法則の叡智を信じ、最善のことはまだ現れていないと知り、確固としていなくてはならない。信頼し、我慢強くなければならない。

2．あなた自身の核心を風に揺らされてはいけない。強風は枝から葉をもぎ取り、弱い枝を折るだろう。太い枝さえ折られてしまうかもしれない。でも風は、頑強な木の、内なるエッセンスである中心にまで影響を及ぼすことはできない。どんな強風も、海の底の暗く平和な静寂を乱すことはない。チャーリー・ブラウンの本がきっかけで人に噛みついた、あなたの中心は何だったのか。祈り、瞑想、呼吸法はただの口先だけだったのだろうか。突風が人生に吹くとき、自分の中心に帰らなくてはならない。あなたは折れてはいけない。信じる心を持ち、忍耐強くあらねばならない。

3．魂や、スピリチュアルな性質の物事は、あなたのスケジュール通りには運ばない。あなたのスケジュールが存在するという考えは、特定のことを特定の時期に特定のやり方で求めることで、それはつまり自分が人生をコントロールしていると信じ、魂はあなたに答えなくてはならないと信じていることになる。ところが、魂はあなたにコントロールできるわけではない。あなたは魂の展開のさなかにあり、そのプロセスでは、あなたが好もうと好むまいと魂はあらゆる体験を使って、あなたの成長が魂のスケジュールに則って確実に進むよう取り計らっている。時計やカレンダーを見ずに、自分の心を見、真実を知り、プロセスの展開に辛抱強くなければならない。

電話の向こうからは、彼の息づかいがかすかに伝わってきました。わたしは彼に、忍耐とはバスの停留場で45分待つ以上のものであることを説明しました。それは夜のニュースを見ながら4歳の子供を何人も面倒みるという以上のことです。忍耐とは、コントロールを神の叡智に全面的かつ完璧に委ねるというあなたの意志の実践です。それは嵐の中でも目標への歩みをはっきりと識別できる能力です。そして信念を支えてくれるような目に見える証拠がない時にも、努力は報われるのだと知っていることです。忍耐とは、難局にぶつかったり、自分の中の神聖な存在をたたえる真実のたくわえが尽きてしまった時でさえ、あなた自身の核である中心に帰れるということです。忍耐とは、自分が最善を尽くしていることを知り、すでに知っていることを試されているのだと知ることなのです。

そのとき、わたしは本当は自分自身に向かって話していたことに気がつきました。その日は神の計画にそって繰り広げられていたのです。わたしは必要があって、息子が電話をかけたとき家にいたのです。あわてたり、自分を責めたてる必要はなかったのです。なぜならその時には、わたしの計画よりもずっと重要なことが起こっていたのですから。わたしは委ねることを求められていたのでした。わたしが昼食会で間に合わないのは、歓迎のスピーチとしおれたサラダだけだということに気づきました。そのどちらも、スピード違反で切符を切られるほどの価値はありませんでした。わたしの頭をさまざまな考えがよぎり、そして息子が言いました。「僕はまだ家に帰る準備ができていないということなんだね。たぶん、もっと自分自身や、信じる心や、自律心について学ばなくてはならないことがあるんだ」その瞬間、わたしはあらん限りの愛と忍耐強さを奮い起こしてこう答えたのです。「人生のテストでAをとる必要はないのよ。ただパスすればいいの。あなたは喧嘩の最中にそれ以上とどまらないで電話をかけるという行動をとったわ。もしわたしが尋ねられたら、あなたはほんとに、よくやっていると言うわ」

● 朝のワーク ●

今日の「忍耐強さについて」を読んで気づいたことは、

今日、心にとどめ、取り組んでみたいことは、

■朝のアファメーション■

わたしは、神聖な秩序にそった時間の流れを進んでいます。
わたしはいるべき時にいるべきところにいて、
するべき時にするべきことをしています。
聖なる時間の神聖な秩序が、わたしの歩み、わたしの態度、
わたしの人生を導いています。
わたしは、神聖な秩序にそった時間の流れを進んでいます。
わたしは、神聖な秩序にそった時間の流れを進んでいます。
わたしは、神聖な秩序にそった時間の流れを進んでいます。
わたしはとても感謝しています。
心から感謝します。

■■今日のポイント■■

信頼、真実、信じる心は忍耐強さの基盤である。
あらゆることには季節がある。
わたしが何かをコントロールできるわけではない。
強い風も、わたしの中心を乱すことはできない。
聖なる時間と神聖な秩序は、わたしの神聖なよきことを確実にもたらす。
わたしにわかる以上のことが起こっている。

●●夜のワーク●●

今日、嬉しいことに、自分が忍耐強くいられたことは、

わたしが人に忍耐強くあるのが難しいところは、

わたしが自分自身に忍耐強くなれないところは、

day 33

「信じる心」によってプロセスをたたえましょう

＊あなたに役立つ定義

今日のテーマは「信じる」ことです。それは望んでいることを磁石のように引き寄せる力です。魂と心に確信をもたらす内なる認識です。自分の信念の実体あるいは基盤です。

信じる心について

信じる心とは、みずから取り入れたり強化しなくてはならないものではありません。それはわたしたちに生来そなわっているものです。わたしはかつて、自分の信じる心を強めるために努力しなくてはならないと思っていました。組織化された宗教によくある信仰には、次のようなものがあります。「強く信仰を持ちつづけなさい」「信仰を自分のために役立てなさい」多くの人々のように、わたしはきびしく統制された特定のやり方にとらわれていたので、信じる心とは実現したり、実現しなかったりするものだと思っていました。それは祈れば祈るほど強くなり、同じような考えの人と交流すればするほど強くなると考えていたのです。でも、こうした考え方とやり方ではある程度までしか行けません。わたしが発見したのは、信じる心とは、魂の法則の完全な働きについての理解とゆるぎない確信の結果だということです。宇宙の魂の法則を知り、理解したとき、その法則はあなたのために働いてくれると信じることができます。ところが魂の法則を知らないと、何かが、または誰かが何かを起こしたり妨げたりしていると信じるのです。もっと信心深くあろうとしたわたしの試みは、そのほとんどが疑い深くなることで終わってしまいました。疑いは魂の法則を無視した結果です。わたしは自分が起こってほしいことを現実化させるために正しい物事を正しく行なっているとは信じられませんでした。魂の法則を理解すれば、法則はただ働くから働くのであって、特定の正しいやり方があるわけではないことがわかります。

わたしたちはみな信じる心を持っており、ある人の信じる心がほかの誰かよりも大きいということはありません。ただ、自分の人生に現れるにふさわしい物事を望み、信じる心をそこに集中させる能力をマスターしている人はいます。その反対に、最悪のことが起こると信じている人もいて、それを心配と呼びます。わたしたちは自分の安全を心配し、子供たちについて心配し、お金について心配します。心配とは、望ましくない期待に関するふさわしくない思考を信じることです。信じる心をマスターした人は、みずからの思考を神のよきことと、あらゆるものの豊かさに合わせています。心を真実から外すことがありません。どんなことにも常に最高の体験ができるように意図し、期待します。そのような人々はわたしたちよりり多くのことを知っているわけではありませんが、心のパワーは自分の一番強い思考を反映し、現実に引きつけるということを理解しているのです。聖霊の活動はよきことであると知っており、自分の人間としての意志を聖霊の意志に委ねています。自分の望んでいることが人生における神の計画の一部であるなら、それが必ず叶えられることを知っているのです。信じる心の原則をマスターした人はまた、自分の思考と言葉と行為でみずからの世界を創造していることを理解しています。すると自分自身のより大きなよさに向かっていれば、そして自分や周囲の人々を尊重していれば、宇宙の法則は自分たちのために働くということがわかります。この認識を、信じる心と呼ぶのです。

わたしたちの多くは、「信仰」についてのことわざを知っています。「からし種一粒ほどの信仰があるならば……」「信仰を持ちつづけなさい」「信仰があれば、山さえ……」最近、わたしは山に向かって話しかけたことはありません。このところずっと何がどうなるのか、それはいつなのか、また、もしあれやこれやが起こったらわたしは一体どうなるのかなど、心配することがありすぎたからです。わたしたちはみな夜になると翌朝目覚めるかどうか疑いもせず眠りにつきますが、それでも信じることについて理解していません。眠るために横になるのも、息を吸い込んだり吐き出したりするのも、鼻先を手でつかむのも、すべて信じることの具体例です。わたしたちは自分がしたい時にしたいことができるものだと疑いもなく信じています。しかし、わたしたちの目指すところは、「信じる心を生きる」ようになることです。つまりどんな時にも、より満たされ、より豊かで、より意味のある人生を生きる能力と権利を信じるということです。

あなたは、信じる心が受肉したのです。神はあなたを深く信じており、そのためあなたは人生の贈り物と独自の使命を達成することを任されたのです。あなたは自分が果物の樹だった可能性を考えたことはありますか。もしかしたら耳から果物や花を生やしていたかもしれないのです。でも、そうはならずに、意識的に選択する権利と、思考や行為で創造する力と、ほかの被造物を統治する力を与えられました。それは神があなたの能力と可能性を信じていることの表われであり、あなたのなすべきことはその信頼に信頼で応えることです。必要な時にはいつでも必要なことが与えられるという認識とともに生きなくてはなりません。与えられるかもしれないのではなく、常に与えられているのです。いつでも素晴らしいことが進行中なのだと知ることによって、わたしたち一人ひとりが「信じる心を生きる」という実例になっていきます。どんな場合にも、あなたの思考の力、言葉の有効性、行為の目的性を信じて生きなくてはなりません。乗り越えがたい壁に阻まれた時には、あなたのアファメーションやポジティブな言葉に宿る真実は、必ず形になるということを信じて生きなければなりません。目標を設定したら、そこでは神の計画があなたの人生のなかで（あるいはあなたの人生として）展開されていき、もしその計画が魂の法則の知識に則ったものなら、結果として神聖さにつながるということを信じて生きなければなりません。信じる心を生きていくためには、自分自身の思考と行動を自分で指揮しなくてはならないのです。

　信じる心を生き、信じる心を持つうえで、いつでも意識していなくてはならない大切な要素があります。信じる心は、望んだものを何でもかんでも実現させるわけではないということです。それはあなたにとって何が神の定めたもので、何をあなたの神聖な独自性を通して創造するのか、その気づきと生きた経験をもたらしてくれるのです。たとえば、歌手になりたいと思っても声がよくなかったとしましょう。ちょっと音程がはずれているどころではなく、ミルクが腐り、赤ちゃんがびっくりして泣き出すような声です。でも本人はひどい声だということを知りながら、グラミー賞受賞を目指していたとします。さて、ここで忠告しておきましょう。信じる心は、そんなことを現実化させはしません。自分の才能や能力のレベルを超えたことを信じるのは魂の道でも適切なことでもないのです。では、あなたは美しい声を持っていますが歌の仕事につけなかったとします。この場合、信じる心はあなたを助けるでしょうか。たぶん助けてくれるでしょう。すべてはあなたの意図と期待によるのです。あなたはお金がほしいから歌いたいのでしょうか。それとも自分の才能を信じて、その贈り物を分かち合いたいから歌いたいのでしょうか。歌うことが好きだから歌いたいのでしょうか。魂の法則は告げます。「あなたは与えたものを受け取る」つまり、あなたがよい意図から何かを与えるとき、よい結果を受け取るのです。愛をもって何かを与えるなら、あなたはその十倍受け取ります。

魂の法則や目的に合致しない理由によって何かを望んでしまうことがあります。大勢の人が、自分の信じたことが現実化せずに失望してきました。肝心なことは、その望みの奥で、信じる心を生きていたかどうかです。それとも恐れを生きていたのでしょうか。望みが叶わないのではないかとか、叶わないかもしれないという恐れを持っていると、信じる心をすべて消し去ってしまいます。さらに重要な事項は、あなたの願いが魂の目的に合致しているかどうかです。わたしたちはしばしば現実になってほしいことを祈り、求め、嘆願します。しかし、神に祈り、求め、嘆願することは、信じる心の表われではありません。それはあなたの意志を神に押しつけようとする試みです。委ねる心は、信じる心の兄のようなものです。信じる心を生きるということが目に見える体験として現れるためには、恐れ、疑い、心配を神に委ねなくてはなりません。そして何より大事なのは、神の意志はあなたの悟りにあることを知って、あなたの意志を委ねるということです。

あなたが「信じる心」の生きた見本となるために唯一必要なのは、あなた自身に働きかけることです。真実を保持する能力と知識を広げるように働きかけてください。そして、神の子としてのあなた本来の独自性を認め、受け入れるように働きかけてください。あなた自身が神と切り離されていて神のよきことには値しないという思い込みを支える、すべての考え、概念、信念、判断をなくすように働きかけてください。自分に働きかけ、魂の法則への気づきを広げるにつれ、神の叡智を信頼する意志があなたを守る衣となり、はてしなく存在する神の恵みがあなたの最高の友となるでしょう。あなたに信頼、真実、恵みがあれば、信じていることは実現するに違いありません。

●朝のワーク●

今日の「信じる心について」を読んで気づいたことは、

今日、心にとどめ、取り組んでみたいことは、

■朝のアファメーション■

わたしは、信じる心の体現者として歩き、話し、生きています。

わたしは信じる心を呼吸しています。

わたしは信じる心によって生きています。

わたしはあらゆる物事を、信じる心の目で見ます。

わたしは信じる心とともに話します。

わたしは信じる心の中で聞きます。

わたしは自分だけではできないことでも、信じる心があればできると知っています。

信じる心は常にどんな環境でも、どんな状況でも、わたしの人生に宿る聖霊の祝福を受けた営みであることをわたしは知っています。

わたしは深く感謝しています。

心から感謝します。

■■今日のポイント■■

神はわたしを信じている。

わたしは信じる心を生きている。

魂の法則は、信じる心を生きている人に働く。

意識的な思考、パワフルな言葉、目的のある行為は、信じる心の証しである。

わたしには不可能でも、信じる心は可能にする。

委ねる心は、信じる心の兄である。

神の恵みは、信じる心の母である。

信頼は、信じる心の基盤である。

信じる心は聖霊の営みを呼び起こす。

●● 夜のワーク ●●

嬉しいことに、わたしが今日、信じる心を実践できたことは、

今日、わたし自身の信じる心が試された体験は、

わたし自身の信じる心をもっと大きくしたいと望んでいるところは、

day 34

「自律心」によってプロセスをたたえましょう

＊あなたに役立つ定義

今日のテーマは自分を「律する」ことです。それは秩序だった誠実な行為または行動様式です。精神的資質や品性を育んだり形成するように修練し、導くことです。

自律心について

しなくてはならないことをしないですむ逃げ道はありません。しばらくの間はそのことを避けたり、引き延ばしたりできますが、どうしてもする必要がある時は、それをしてしまうか、もしくはしないでその結果を受け取るかのどちらかです。でも、その結果は辛くて不快なものです。一般的な法則では、長く避けたり引き延ばしたりすればするほど、それはいっそう辛く不快になります。何かをする必要があるとき、一番いい方法はそれを実際にしてしまうことです。それが何であろうと、実行するためには自律心が必要です。しかし神さまが自律心を教えてくださっていたとき、わたしはきっとショッピングに出かけていたに違いありません。

あるとき、わたしは歯に熱いものや冷たいものがしみるようになったことに気づきましたが、すぐ歯医者に行くだけの自律心がありませんでした。そのため、あとになって2本の歯根の治療を受け、600ドルを支払うはめになってしまい、自律心の大事さを痛感しました。前夫の帰宅が遅くなりはじめた頃、時には2、3日帰って来ないこともあり、わたしは彼に言うべきことを一日最低20回、20カ月間以上も練習していました。では、言う必要のあることを言うだけの自律心がわたしにはあったでしょうか。もちろん「いいえ」です。子供が二人生まれ、肋骨を2回骨折し、顎を針金で固定したあと、ようやく自律心の意味を理解したのでした。わたしは、ベッドからやっとのことで這い出て大嫌いな仕事に体を引きずって行っていた時には、自分の心の望みにそって生きる必要があること、そしてそれには恐れを超えて自律心を身につける必要があるということに気づけませんでした。そしていつも遅刻してやる気のないところを示し、とうとうクビになったとき、やっとわたしにとって必要な証拠を見せられたのです。自律心とは基本的に、まわりから強いられてそうせざるを得なくなる前に、あえて必要なことをする勇気を持つことなのです。

わたしは、かつてオプラ・ウィンフレイが「自律心は実際に行動することからくる」と言うのを聞いたことがあります。それを知って、わたしはとても憂うつになりました。わたしは自律心について祈りつづけ、読みつづけ、ある日、目覚めたら自律心の最前列にいることを夢みていたのです。自分がずっと避けてきたことを実行するために必要な自律心を養う唯一の方法が、まさしく避けてきたそのこと自体を実行することだと発見したとき、ひどく釈然としなくて、どうも全然フェアではないように思えました。そのうえ、なぜ自分がその特定のことを避けているのか(信頼)、いかにそのことが自分には困難に思えるか(意志)、どれだけたくさんのことに同時に注意を向けるよう要求されるか(選択)を考えると、自律心をもってそれらに対処するなど大変すぎてわたしには到底無理だと結論づけたのです。

いったいわたしは何度ダイエットを始めては途中でくじけたでしょう。何度、朝のエクササイズと瞑想の日課ができなくて計画を立て直したことでしょう。自分自身に約束したのに実行できなかった約束はいくつあったでしょう。ぎりぎりになるまで放っておいて、ストレスまみれでヒステリーを起こしつつやったことは、どれだけあったでしょう。自分で「言わない」「しない」と約束しておきながら、それを言ってしまったり、してしまったために混乱や口論を招いたことは、いく度あったでしょうか。なぜ祖母が、歯をみがく前にベッドを整えるように言うのか、週末の朝には次の週に着る服にアイロンをかけるように言うのか、わたしにはまるで理解できませんでした。火曜日に髪を洗い、水曜日に銀製品をみがき、肉を食べる前に野菜を食べ、ヘアカーラーは後ろではなく前髪から巻くことに、いったい何の意味があるのかわかりませんでした。祖母はすべてのことを決まった時に決まった手順ですることにやかましいほど几帳面で、そのためふだんから何でもきちんとこなしていました。つまり祖母はとても自律心の強い人だったのです。一方わたしはと言えば、その逆でした。

長い間しなければならないことを避けたり引き延ばしたりしていた結果、多くの苦しい経験を通してようやくわたしが学んだことは、自分自身と人生を尊重しはじめた時に、自律心をもって自分自身と人生に臨めるようになるということです。自律心とは、ただやるというだけでなく、心をこめてそれを大切に扱うことです。あなたが自分自身を快く感じているとき、心をこめて優しく自律心をもって自分自身を大切にできるようになります。そして人生の贈り物をたたえ敬うとき、自律心をもって人生の出来事を大切にできるようになります。自分自身とその人生を愛すべきプロセスの一部として受け入れ、承認するとき、あなたは自分の人生の活動的な参加者でありたいと強く望むでしょう。自分の行為のすべてが、そしてそれにどう向き合うかという自分のあり方が、どのくらい遠くまで行けるか、どのくらい早くプロセスが進むかを決めているのがわかるでしょう。自律心を養うことは簡単ではありません。けれどもそれは育む必要のある性質です。あなたが自分自身に感じている価値を現実に示すことができる唯一の証しとなり、それはまたあなたがこの地球にいる理由でもあるのです。

●朝のワーク●

今日の「自律心について」を読んで気づいたことは、

今日、心にとどめ、取り組んでみたいことは、

■朝のアファメーション■

わたしはわたし自身を十分に愛し、自律心をもって
心をこめて自分自身を大切にしています。
わたしは人生を十分に愛し、自律心をもって
人生の出来事を大切にしています。
わたしは神を十分に愛し、自律心をもって
心をこめて自分自身と人生を大切にします。
神はわたしを十分に愛し、人生でわたしが自律心を育む必要のある
分野を見せてくれます。
わたしは喜んでそれをします。
わたしはそれを受け取ります。
わたしは深く感謝しています。
心から感謝します。

■■今日のポイント■■

自律心は実行することから始まる。
自律心とは自分を尊重することである。
自律心とは人生を尊重することである。
自律心とは神を尊重することである。
自律心はストレスをなくす。

●●夜のワーク●●

今日、嬉しいことに、わたしが自律心をもって行動できたことは、

わたしにもっと自律心が必要だと感じているところは、

わたしがもっと自律心を育むことによって期待できる結果は、

Phase

6

人生をたたえましょう

＊

蜘蛛が自分の存在の内から巣を広げていくように
わたしたちも自己の内側から神の神聖な叡智、神聖な喜び、
神聖な可能性を広げていかなくてはなりません。
神が自分の近くにいなくとも大丈夫と思ったその瞬間、
神はもうそばにいると気づくでしょう。

――ホエル・ゴールドスミス『*In A Parenthesis in Eternity*』

人生をたたえましょう

わたしはしばしば自分自身を、そしてみずからの人生を恥じてきました。釈明のしようもない、許されないことを自分が数々したと思っていたのです。わたしはさまざまな形でいく度も自分自身を危険にさらしてきました。挑戦的で、よく敗北や挫折を味わっていました。でも、ついにわたしは、自分がしたことと人生そのものとは直接関係ないことに気づいたのです。それはすべて大きな誤解でした。わたしは人生とは本当は何なのかをわかっていなかったのです。人生での自分の役割もわかっていませんでした。どう自分を尊重し、たたえればいいのかわからず、そうすることの必要性もわかりませんでした。混乱して救いがなく、とうとうわたしは神さまに死を願い出ました。ひざまずき、どうか命を奪ってくださいと祈ったのです。過去に2回自殺未遂をしており、もう同じ過ちをおかすつもりはありませんでした。ただもう地上にいたくなかったのです。そして神がわたしをこの世に生まれさせたのを知っていたので、ここから連れ去ってくださるようお願いしたのです。わたしは何時間も泣きながら祈りました。しかし、それでもわたしはまだ生きていました。それから2、3日後、わたしはテレビで福音伝道師が話しているのを見ました。彼は説教のなかでわたしを指さし、こう言いました。「神はあなたの人生を生きるように望んでいます。神はあなたに人生を与えました。神に与えられたものをたたえ、あなたの人生で何か意味のあることをしましょう」それは、その時まさにわたしが必要としていた言葉でした。でも、一体どこから始めればいいのか、わたしは途方にくれてしまいました。

人生とは、成長し、もっと成長し、そしてさらに成長しつづけるプロセスです。わたしはかつて、人生とは辛い重荷だと思っていました。でも今は、人生とはすべてを委ねるプロセスであると知っています。存分に生きるためには、自分の思考の限界を超えて、みずからの神聖な可能性にまで成長することが求められます。経験を乗り越え、経験を通して成長することは、魂の成長に欠かせないきわめて重要な側面なのです。究極的にこうしたステップは、正しい、間違っている、よい、悪い、必要、不必要という信念を超越してわたしたちを成長させます。みずからの神聖な自己にまで到達できる唯一の道は、わたしたちが自分自身に課した制限を取り払い、それを超えて生きることです。これは大変な仕事のように感じますし、そう見えます。それでも、これは神聖さに導かれた成長のプロセスなのです。

古代のミステリー・スクールでは、「何かを定義すると、それを理解できなくなる」と言われていました。あなたは人生をどのように定義するでしょうか。どんな形容詞や動詞、修飾語が、成長をかさねる神聖なプロセスを表現するのにふさわしいと感じますか。もし今、火星人があなたの前に立って、「人生と呼ばれているものは何ですか」と尋ねたとすると、あなたは何と答えるでしょう。人生の本質についてその異星人に十分納得のいく説明ができるでしょうか。わたしには、何から説明していいのかわかりません。どんな言葉を使っていいかもわかりません。いつも人生と呼ばれる奇跡的なプロセスにいるというのに、呆然として言葉が出てこないのです。

「流れとともにいなさい」「力を抜いて生きましょう」「一日一日を精一杯生きなさい」……今生きているということは、まだ物語の全体を知らないということです。わたしたちは、最後の結果を待つまでは全貌がわからないのです。人生をたたえるために、わたしたちは未知なるものを通して成長し、そしてもはや自分にはふさわしくないと知ったことを超えて成長する意志を持たなくてはなりません。人生をたたえるために、そのプロセスに委ねる意志を持ち、瞬間瞬間に新しい筋書きが展開される可能性、新しい人が現れる可能性に気づいていなくてはなりません。人生をたたえるために、人生のライブを製作している神聖なディレクター、プロデューサー、製作者に信頼を託し、神が最終的な結末とあなたが担う役割を知っていることを認め、受け入れましょう。神はわたしたちの人格の発達を助けます。ストーリーのもつれや、こんがらがった筋書きを明確にわかるようにして、わたしたちがステージでの役割を見失わないようにしてくれます。神の意志は、わたしたちの成長を見守ることによって、わたしたちをたたえているのです。人生とそのディレクターをたたえるために、ステージにのぼり、注意深い出演者であり続け、みずからの役割をすすんで学びましょう。

day
35

「バランス」によって人生をたたえましょう

＊あなたに役立つ定義

今日のテーマは「バランス」です。それは一つの物事と他の物事との調和がとれている状態です。一そろいの要素と他の要素が等しくなるように調整することです。

バランスについて

休息する、仕事をする、遊ぶ、学ぶ、教える、与える、受け取る、これを少し、あれを少し、止まる、行く、話す、聞く、少し泣く、もっと理解する、たくさん祈る、うんと喜ぶ。あなたが誰であれ、バランスを知っていようといまいと、人生はバランスをとることをたたえ尊重するよう、あなたに教えます。調和に到達するには不調和を通らねばなりません。光に向かうには暗闇を通らねばなりません。厳しい寒さがあってこそ暖かさを感じ、失敗して初めて成功とは何かを知ることができるのです。意識的にバランスをとろうと心がけている人もいるし、考えたすえバランスをとる必要に気づく人もいますが、バランスはその日の秩序であり、賢い人はみなバランスのいい毎日を送ろうとします。あなたはどうかわかりませんが、わたしは賢い生き方をしてきませんでした。人生の大半で、まったくバランスを欠いていたことを認めざるを得ないのですが、それは自分ではどうしようもないことだったのです。

わたしはとても幼い頃、自分が誰であるかということよりも、自分が何をしたかで自己価値を計るというバランス感覚を学びました。そして何かをすればするほど自分に価値があると感じました。そうすると、わたしはもっと何かをしようとしました。わたしは「やればやるほどいい」と考えるタイプの人間でした。でも、少なくとも自分が楽しめることをしたと思うでしょう。いいえ、とんでもありません。まったくそうではなかったのです。「やればやるほどいい」という人は、「やればやるほど、速ければ速いほどいい」という人間に変貌し、その結果やっていることがみんな骨の折れる仕事になってしまいます。つまり、すべてが労働になるのです。辛い苦役です。本当の話、そういうやり方でやっていれば、どんなことだって楽しくなくなります。ただどうしたらやめられるかわからなくて、やっているだけなのです。楽しみさえ労働になります。そして怖くて休めず、人の目から見て自分の価値が下がることが恐ろしくて、日の出から夜更けまで働き通します。もっと重要なのは、やっていることをやめてしまったとき、自分で感じている自分の価値が下がることへの恐れです。「やればやるほど、速ければ速いほどいい」という姿勢は、肉体、思考、感情、魂のバランスを崩す生き方です。そのようにし続けることは体にも大変な負担です。

兄はいつもわたしに「おまえは遊びすぎだ」と言って、わたしのアンバランスに寄与してくれました。学校の先生は、「あなたは勉強が足りない」と言ってアンバランスを助長してくれました。それから母は、「あなたは自分自身をどうしていいかわからないのね」と言って、最大の貢献をしてくれました。母の言ったことは本当でした。わたしは何をしたらいいのか、そしてどの程度したらいいのかわからなかったのです。一生懸命働けば金銭的な見返りがあるのを知っていたし、一生懸命勉強すれば成績がよくなるのを知っていました。それに、遊んだりぶらぶらしたり、楽しいことをしていると、もっと多くの見返りが得られる仕事と勉強のための貴重な時間が奪われてしまうことも知っていました。でも、一生懸命働けば働くほど自分が怒りっぽくなっていくのがわかりました。そして勉強すればするほど強迫観念に襲われるようになっていきました。わたしはいき場がなく、憔悴し、疲れて、敵意に満ち、ひどく怒りっぽくなったためにせっかちになり、何もかもうまくいかなくなりました。そんなある日、親友がわたしにバランスについて話をしてくれたのです。

「人生には、」と彼女は言いました、「たくさんの道があるわ。すべての道にちょっとずつ時間を割くかどうかはあなた次第よ」そしてこう続けるのです。「いつも同じ一本の道、一本の通りだけしか歩いていなかったとしたら、何が起こっているのかや、その道を歩いていることのよさが、どうやってわかるのかしら。裸足で道を歩き回らなくてはならない日もあるし、ハイヒールで元気よく飛び歩かなくてはならない時もある。本当は道で何が起こっているのか、それを知りたければ、すり切れたスニーカーを履いてみんなと親しくつきあってみる必要があるわ。ありふれたローファーでうろうろしている人がそこらじゅう大勢いる時にも、道に出てみることを忘れないで。あるいは、今まで見逃してきたかもしれないすべてのこと、失われた時間を見つめながら、金ラメの靴ですべるように道を歩いてゆく特別な機会、特別な時もあるかもしれない。でも何より、もしあなたが最高の人生を見つけ出したいなら、どの靴を履いて、どの道を歩けばいいのかを知らなくてはならないのよ」彼女が言ったせりふはとても素敵で、まるで詩のように聞こえました。でもその言葉は、四六時中働いていなければならないというわたしの気持ちと、一体どんな関係があるのでしょうか。

バランス。裸足で遊ぶ時間をとりましょう。そうすれば、輝くような自然や内なる子供の無邪気さに触れることができます。時にはハイヒールを履き、黒く光るスパッツを身につけて踊りに行きましょう。そうすれば、生命のリズムに触れることができます。たまには誰かを助けるために、後戻りしたり、手を差し伸べましょう。後戻りし、手を差し伸べ、心を通わせるとき、あなたは自分を捧げているのです。自分を捧げる時は謙虚でいましょう。穴のあいたスニーカーは謙遜さのシンボルです。あなたは人生の生徒です。毎日、何かしら新しく学ぶことがあります。よい生徒は、高次の学びには気取らないローファーが欠かせないことを知っています。そして時にはじっくり腰をおろし、深く交流する必要があります。自然、内なる自己、神と対話しましょう。金ラメの靴は魂の交流になくてはならないものです。それは、あなたが立っているのが神聖な大地であることをそっと思い出させてくれます。あなたの足元に光る金ラメの靴を目にしたとき、きっとあなた自身の真価を感じて、ぞくぞくするような戦慄が背中を駆け抜けるでしょう。あなたは生きていることに感謝し、そして生きているからこそ人生のあらゆる部分の経験をすべて味わいつくしたいと願うのです。

バランスは人生を味わい深いものにするための鍵です。バランスは、あなたが誰か他の人よりもうまく速く何かをすることを求めません。求められるのは、あなたが楽しんでそれをするための意識的な努力をし、人生のあらゆる部分に存在することを学び、そして毎日が何かしらで生き生きしていることだけです。

休息する。仕事をする。遊ぶ。学ぶ。教える。与える。受け取る。これを少し。あれを少し。止まる。行く。話す。聞く。もうちょっと泣く。もう少し理解する。もう少し祈る。うんと喜ぶ――バランスは啓発のための鍵になります。さらに啓発は、自己尊重と自己価値への鍵です。ゆるぎない自己価値の感覚を啓発された人は、さまざまの種類の靴を持っています。そしてふさわしい時にふさわしい靴を履いて、歩いたり、ぶらついたり、走ったり、飛び跳ね、スキップし、踊ったりしながら、たくさんの素晴らしい人生の道を行くのです。

◉朝のワーク◉

今日の「バランスについて」を読んで気づいたことは、

今日、心にとどめ、取り組んでみたいことは、

■ 朝のアファメーション ■

わたしはバランスのとれた生活をしています。

わたしには仕事をする時があり、遊ぶ時があります。

わたしには学ぶ時があり、教える時があります。

わたしには与える時があり、人生の惜しみない恵みを受け取ります。

わたしは自分自身とともに過ごす時間をとります。

わたしは神とともに過ごす時間をとります。

わたしは人とともに過ごす時間をとります。

わたしは自然の中で過ごす時間をとります。

わたしは人生が提供してくれるあらゆることを楽しむ時間をとります。

わたしはバランスがとれた人生を生きます。

わたしは深く感謝しています。

心から感謝します。

■■ 今日のポイント ■■

休息する。仕事をする。遊ぶ。学ぶ。教える。与える。受け取る。

人生は素晴らしいところで、すること、学ぶことがたくさんある。

わたしの価値は何をしたかで決まるのではない。

わたしの中には遊ぶのが大好きな子供がいる。

わたしの中には成長している存在がいて、休息を必要としている。

調和と不調和がハーモニーを生み出し、人生のバランスをとる。

●● 夜のワーク ●●

嬉しいことに、今日、わたしのバランスがとれていたところは、

今日、わたしがバランスをとるのは難しいと感じたことは、

今日、自分がバランスを崩していると気づいたところは、

day 36

「広がり」によって人生をたたえましょう

＊あなたに役立つ定義

今日のテーマは「広がり」です。それは量、領域、次元などを広げていくことであり、成長することです。自然な進化のプロセスです。

広がりについて

広がりをわたしの祖母は「空想」と呼びました。シャクティー・ガーウェインはそれを『*Creative Visualization*』という本にまとめ、リリジャス・サイエンス・アガペ教会のマイケル・ベックウィズ牧師は「ビジョニング」と呼びました。そしてわたしは、「明確にし、目的に達し、神の意志を行なうこと」と呼んでいます。広がりは何と呼ぼうと、どういう行動を選択しようと、究極的には自分がいるところを超えて成長するということに要約されます。でも、どのようにして成長するかは大きな問題です。どうしたら自分の最大限の可能性にまで成長できるのでしょうか。わたしはこの質問を自分にも周囲の人にも、多くの機会にいろいろな聞き方で尋ねました。そのたびにわたしは異なった回答を得たのですが、一番衝撃的だったのは、「神はあなたにとって最高のことだけを望んでいる。そして神だけが、あなたにとって何が最高なのか知っている」というものでした。

時として、今いるところを超えて自分自身を見るのはとても難しいことです。そしてどうすればその最高の可能性に到達できるかを理解するのは、さらに困難なことです。空想やビジュアライゼーション(視覚化)は、人生の視界を広げる方法の一つです。わたしの場合は不運にも、祖母が空想は時間の無駄だと言い、空想にふけって時間を浪費するくらいなら、ほかにたくさんすることがあると警告しました。そのため、わたしはじっくり考えたり夢見たりすること、そして少しでも時間を無駄にすることに対して、かなり懐疑的になりました。その代わり、一生懸命に頑張ったのです。勉強に精を出し、熱心にキャリアを積みました。自分が夢見たり手に入れたいものを買おうと、一生懸命貯金もしました。でも熱心に頑張ったからといって、必ずしもうまくいくとは限りません。状況は常に変化し、いつも難題が持ち上がります。わたしには望んでいるところへ到達するだけの時間とお金がまったくないように思えました。

わたしは、魂の旅のはじめにビジュアライゼーションを学びました。それは何かを心にイメージし、自分の現実として受け入れることです。自分の望みに判断を下さないで信じることを学び、努力や奮闘をしないで信頼することを学んだのです。時にそれは驚異的な結果につながることもありました。物事はたちまちわたしの人生に現れ、事態はうまく運び、障害は取り除かれました。けれどもその時どきによって人々が変化したり去ったりして、そのたびわたしは安堵したり、落ち込んだりしました。残念なことに、ビジュアライゼーションはいつもうまくいくわけではなかったのです。うまくいっても、次にうまくいく前に自分のイメージが消えてしまうこともありました。そうするとしばらくのあいだ、わたしは望みに到達できる道を見つけ出し、それを現実化させようと躍起になったものです。

わたしは自分の人生をどこへ向かわせたいのだろう。自分の人生をどんなふうにしたいのだろう。そしてわたしが人生で本当にほしいものは何だろうか。わたしの心は変わりつづけました。おそらくは、そのために物事が起こらなかったのだと思います。わたしはたくさんのことをお願いしましたが、気がつくとそれは本当に自分の心の中にあったものではなかったのです。お願いしたいことが何なのか、自分でよくわかっていないとしたら、どうやって願うことができるでしょう。自分の最高の可能性がわかっていなければ、どうしてその可能性に向かって成長できるでしょうか。あまりに頻繁に自分に問いかけてばかりいると、問うことにくたびれてしまいます。そしてあまりにたくさんの答えが浮かんでくるので、結局は混乱してしまいます。でも、わたしはそこに一つの答えがあることを見出しました。唯一の答えとは、成長と広がりへの問いかけをもたらし、それを存分に発揮できるようなものです。ところが残念ながら、わたしはその答えが好きにはなれませんでした。

人生とその全体験の目的は、自分自身がこうあるべきだと思うものになることではありません。自分がすでにそうであるものを展開していくことなのです。わたしたちはもうすでに力に満ちており、神聖で、賢明で、愛すべき存在です。なぜかと言えば、神の本質がわたしたちの中に宿っているからです。その本質はいつも表現されることを求めています。わたしたちはその表現のための器なのです。さまざまな人生の場面が進行していくとき、生まれついての神の性質にしたがって行動する責任がわたしたちにはあります。このようにしてわたしたちの魂の性質は成長し、みずからのビジョンを広げ、そして人生の意味を発見するのです。そのためには、自分自身を神の意志、神の目的に一致させていなくてはなりません。神がわたしたちをここへ送り、実現するように望んだことを現実化しなくてはならないのです。わたしは最初、このような考え方を好きにはなれませんでした。もし神が、わたしのなりたくないものになることを望んでいたら？　わたしのしたくないことをするように望んでいたら？　そこには、またもや自分が欲するものを望んでいるわたしがいました。そして自分が正しいと思うことに再びすがりついていたのです。わたし自身のせまい視野を超え、神がわたしを支えていてくださるという神聖な目で自分を見られるよう、成長し広がっていくことを拒絶していました。いつ、どのように神はわたしの願いを叶えてくれるのだろうか、と考えている自分がいました。わたしが何を話しているのか、あなたにはちんぷんかんぷんだったとしても無理はありません。

『*A Return to Love*』（邦訳『愛への帰還』太陽出版）の著者、マリアン・ウィリアムソンは、「あなたが神に何を願ったとしても、それは神があなたに与えようとしているものに比べれば、きわめて小さな視界にすぎないのです」と言っています。この言葉はわたしにとって平手打ち同然でした。女優のバーバラ・オーはかつてわたしに、「現在の一時的な必要性よりも、永遠に続く流れをお願いしましょう」と言いました。わたしは決してそんなふうに考えられませんでした。恥ずかしいことに、いつもあれこれの状況から助け出してくださいと神さまに懇願していたのです。でも、すべての状況から抜け出すのを願ったことはありませんでした。これが、広がりとは何かという点なのです。あなたが誰なのか、そしてあなたが何に値するかについての視野がある程度広がれば、制限された状況にみずからを戻すことは二度となくなるでしょう。今ここに一つの鍵があります。神にあなたの望みを願うよりも、神があなたのために何を用意しているかを見せてくれるように願ってください。そして、あなたのための神のビジョンを現実化するのに必要な性質や特性をあなた自身のなかに発達させてくれるよう、導きを求めてください。これが「ビジュアライジング」と「ビジョニング」の違いです。あなたが望むことを神に告げ、神があなたのために用意してくれたことへと広がるよう、意志を持ってください。

コメディアンのモンズ・マブレイは素晴らしいことを言っています。「いつもしてきたことを、いつもと同じようにやっていると、いつも得ているものをいつも通りに得るだけだ」わたしたちは、自分が誰であるかというビジョンを広げる責任を自分自身に対して負っています。自分に何ができるかという感覚を広げることは、神に全託することです。わたしは、人生の多くの場面で、自分がいたいと思うところにいない理由と言い分けにしがみついていたことに今では気づいています。他人を責めるのはいつでも簡単です。そして、成長せず、広がらず、自分が望んだようにならないことの完璧に論理的な言い分けを見つけるのはもっと簡単です。たとえばわたしは、自分がこれ以上よくは生きられない理由を自分自身に与えるために、この本であらゆる言い分けとごまかしを使ったような気がします。でもある日、わたしは危険をおかす決心をしました。真剣に何かを得ようと考えるなら、すべてを失うリスクを覚悟しなくてはなりません。わたしは自分の人生と、資源と、正しくなければならない必要と、間違えるかもしれない恐れを危険にさらし、神がわたしを見ている目でわたし自身を見られるようにと、神さまにお願いしました。そのビジョンはとても壮観でした。わたしはこの12年間、よいことが次々起こり、それを追いかけつづけてきました。わかるでしょうか。わたしが経験してきたことは、わたしが願ったことではなく、すべてわたしが願ったよりも素晴らしかったのです。これを神への広がりと言います。

● 朝のワーク ●

今日の「広がりについて」を読んで気づいたことは、

今日、心にとどめ、取り組んでみたいことは、

■朝のアファメーション■

わたしは、より大きな人生を望みます。

わたしは、人生が授けてくれるものをもっとたくさん受け取ります。

わたしは自分を見ること、自分を知ることを恐れず、
本来の神聖な自己でいることを恐れません。

わたしはみずからに課した制限を超え、
人がわたしに課すのを許してしまった制限を超えて広がります。

わたしは、真実の理解、喜びの体験、愛の実践を広げます。

わたしは今、人生がわたしのために用意してくれた神聖なよきことのすべてに気づけるよう、ビジョンを広げるために必要な導きを聖霊に求めます。

わたしは深く感謝しています。

心から感謝します。

■■今日のポイント■■

神は、わたしに最高のことだけを望んでいる。

神は、わたしにとって何が最高なのかを知っている。

わたしは、神がわたしを見る目で自分自身を見るようになる。

わたしが何を願おうと、神はそれ以上のことを用意してくださっている。

わたし自身が何を望んでいるのかわからなくては、神はそれを与えることができない。

神への全託は神聖である。

●● 夜のワーク ●●

嬉しいことに、わたしがビジョンの広がりを体験できたことは、

今、わたしの人生のなかで広がりを感じられない部分は、

わたしが今、自分の人生を広げるために体験したいことは、

day 37

「感謝」によって人生をたたえましょう

＊あなたに役立つ定義

今日のテーマは「感謝」です。それは謝意を認め表現することです。その状態でいることや、受け取ったことに対するお礼の気持ちであり、ありがとうという心です。

感謝について

「最近、誰かがあなたに何の見返りも期待せずに価値あるものをくれたのはいつですか」とある人がわたしに尋ねました。そして、「価値あるとは、値段が高いという意味ではありません」とつけ加えました。事実、そういう価値に値段はつけられません。でも、わたしはこの答えを出すのに考え込まなくてはなりませんでした。値段がつけられないと思ったものの多くは子供からしてもらったことで、目には見えないものでした。子供たちが言ってくれたり、してくれたことはお金では買えないものですが、子供たちのほうにはたいてい、お礼の言葉を含め何らかの見返りへの期待がありました。それでわたしは、「覚えていません」と答えたのです。ところがそれを言ったとたん、ある思いがわたしの心をよぎりました。「神さまだわ。神さまはわたしに命をくださった。でもそれに対して何も要求しないし、見返りも期待しなかった」ちょうど心の中でそう言い終わった瞬間、その人がまったく同じことを言いました。「それは神です」

プレゼントが中に入っていると知っているのに、包み紙に文句を言う人はいません。かわいいリボンと素敵なカードがついたきれいな包装紙は誰でも好きです。プレゼントがきれいに包まれていれば、紙を破らないよう時間をかけて丁寧に開けるでしょう。包装が素晴らしいと、きっと中身も素晴らしいに違いないと思うのです。でもプレゼントは必ずしも素晴らしいとは限らず、わたしたちが受け取った人生という贈り物も確かにそうとは限りません。人生の経験や境遇は包装紙であり、本質ではないのです。人生は値段のつけられない贈り物です。わたしたちが人生で不平を言い、心配し、ドラマをつくり出し、恐れていることの多くは、ただの見苦しい包装紙にすぎないのです。それらは、見た目や生活の上では心地よくなくとも、人生の本質には影響しません。わたしたちが人生の本当の意味や人生の贈り物の価値を考える際に唯一ふさわしい反応とは、感謝だけなのです。すでに書いたように、感謝とは言葉や身振りだけではありません。人生の贈り物に真に感謝して生きること自体が、一つの体験なのです。

40歳のとき、わたしは自分がしたこと、しなかったことについて、とても落ち込んでいました。わたしはいつも何かしているか、または何かするのを忘れていました。何かしていることをやめると、別にすることを見つけ出さなくてはなりませんでした。何をしても満足感がないので、絶え間なく何かをし続けていたのです。わたしたちはいとも簡単に、何かを「する」のが必要だという考えに夢中になって、それが「できる」能力に感謝するのを忘れてしまいます。歩くこと、息をすること、考えること、これらはみな贈り物です。見ること、聞くこと、感じることも値段のつけられない贈り物です。こうした贈り物それぞれが、何もせずに受け取れて、しかも見返りに何も求められない、わたしたちの命に生まれつきの要素として備えられているのです。これらの贈り物はあまりに気前よく与えられているので、わたしたちはまるで駄々っ子のようにふるまいがちです。自分に与えられた贈り物を当然のように見なし、感謝するのを忘れてしまうのです。

生きているというこの体験に感謝することを、まず学ばなくてはなりません。そうすると、いろいろ小さなことに気づくようになるでしょう。目がまばたきすること、髪が伸びること、皮膚が体の動きに応じて伸縮すること。感謝しているとき、あなたのハートが脈打っているのが聞こえ、手や足のつめの成長に驚き、自分に備わったあらゆることに気づくでしょう。そしてさらに重要なことに、自分が誰であるのか気づくのです。あなたは宇宙の創造主の、生きた表現なのです。あなたには細胞が22兆個あって、それぞれの細胞の中には何百万もの分子があります。さらにそれぞれの分子には、1秒間に1000万回以上も振動する原子が含まれています。こうした活動のすべては1350グラムくらいの脳にコントロールされており、そこには痛覚を司る400万の組織、触覚を司る50万の組織、温度感覚を司る20万の組織を制御する130億もの細胞が含まれるのです。もし誰かが誕生日に新しい車をくれたとしたら、きっとあなたはとても感謝するでしょう。でも、2年、5年、10年と車を外に置きっぱなしにしていれば、いずれ車は錆びついて壊れてしまいます。ところがあなた自身は決して錆びつきはしません。あなたを錆びないようにしてくれている生命の営みに、感謝しているでしょうか。

感謝は意識の状態であり、喜びの状態で生きる体験です。わたしは、交通渋滞に巻き込まれた人々の表情を見ることがあります。すると、どれほどイライラしているかよくわかります。何とか抜け出そうとして縫うように進もうとしています。そんなとき、車の中にいられることに、あるいは遅れそうな時間を知らせてくれる時計があることに感謝する人は、はたしてどのくらいいるだろうか、とわたしはよく考えます。感謝とは、死の恐怖なしに生きることです。わたしたちは死の恐怖にとりつかれていて、死ぬ時のことや、死ぬ前にしておかなければならないこと、自分が死んだらあれは誰がしてくれるかなどを心配して、わたしたちに与えられた今というこの瞬間に存分に生きることを忘れてしまいます。パニックや、ドラマや恐れのなかで生きることを選択すると、人生はそういうあなたのために便宜を図ってくれます。つまり、あなたが選択した心の状態を経験するのにぴったりの状況を与えるのです。平和に、喜びに満ちて豊かに生きたいなら、それをできるだけ頻繁に体験することを選択しなくてはなりません。そして、それに感謝しなくてはなりません。わたしの父は、「自分がほしいものを手に入れる前に、自分が持っているものをほしいと思わなくてはいけないよ」といつも言っていました。感謝は磁石のように、感謝したくなることをもっと引き寄せるのです。感謝すればするだけ、あなたは感謝できるものをさらに受け取ることになります。

電気は、あなたが電気を信じていようがいまいが、そんなことにはおかまいなしです。あなたが暗い部屋で光を体験したいと思えば、必要なのはスイッチを入れることだけです。コードの中を走る電流は、あなたが電流を好きかどうか、電流がどのように流れるかを知っているか、そしてその力を信じているかどうかなどには何も左右されません。光は、あなたがスイッチを入れた瞬間に接続する回路に反応するのです。人生もまた同じように働きます。人生は、あなたが人生を好きかどうかには無頓着です。人生がよいものだとか豊かだとか信じさせようともしません。あなたが人生を信じていないからと言って、人生が停止することもありません。そしてあなたが人生を信じていてもいなくても、たとえ5年間じっとしていたとしても、錆びたり崩れたりはしません。十分価値ある人生を生きるために必要なことは、スイッチを入れ、接続をするだけです。感謝は接続であり、あなたである人、あなたであるものと、素晴らしい人生を結びつけるのです。

◉朝のワーク◉

今日の「感謝について」を読んで気づいたことは、

今日、心にとどめ、取り組んでみたいことは、

■朝のアファメーション■

わたしは生きていることに深く感謝します。
わたしの人生が与えてくれた、あらゆる贈り物と能力に感謝します。
人生を今日あるようにしてくれた、あらゆる経験に感謝します。
自分が学んだレッスンに感謝します。
さらに多くを学べる機会に感謝します。
神聖な命がわたしのなかを通り抜けて流れ、表現されていることに
感謝します。
わたしは、自分に気づきがあることを感謝します。
わたしは、意識を持っていることに感謝します。
わたしの人生がどんな瞬間にも神聖な意識の反映であることに感謝します。
今日という日が、喜び、平和、かぎりない豊かさに満ちて生きるべき
ただ一つの機会であることに感謝します。
今日わたしは、神の喜びと栄光がいつか花開くことを知り、信じて、
わたしの人生に感謝の種を植えます。
これまでに受け取ったすべて、そしてこれから受け取るすべてに感謝します。
わたしは深く感謝しています。
わたしは深く感謝しています。
心から感謝します。

■■今日のポイント■■

人生はお金では買えない贈り物であることに感謝しよう。
自分が神の生きた器であることに感謝しよう。
わたしという生命の内なる奇跡的な働きに感謝しよう。
今日わたしにもたらされる、あらゆる経験に感謝しよう。
わたしが受け取ったすべてに感謝しよう。

●●夜のワーク●●

嬉しいことに、今日わたしが感謝を表現できたことは、

自分にとって感謝するのが難しいと気がついたことは、

わたしが感謝を表わしやすいことは、

day 38

「秩序」によって人生をたたえましょう

＊あなたに役立つ定義

今日のテーマは「秩序」です。それは宇宙の調和に適い、一致していることです。完璧にタイミングよく実現化し、物事が最適の配置にあることです。

秩序について

1、2、3、4、5。月、火、水。春、夏、秋、冬。受胎、妊娠、出産。人生のあらゆることには自然の秩序があります。人生に停滞はありません。それは秩序にそって繰り広げられ、展開していきます。時に人生は無秩序で理屈に合わず、不条理に見えることもあります。出産にともなう痛みや、嵐による損壊を考えてみましょう。痛みや損壊の目的は、論理的で合理的な頭で考えるとわかりません。しかしその時はどんなに破壊的であろうと、物事はいつも適切な場所へ収まり、秩序だってくるのです。

あなたもわたしも、人生という秩序だった展開のプロセスの生き証人です。人生での体験が秩序だって展開されるにつれ、肉体、思考、感情、魂を成長させてきたのです。わたしはかつて自分自身も人生もまったく無秩序だったことがあったのを自認しています。でも今になってみると、実はその無秩序がいかに自分の選択にそい、展開の必要に応じて秩序だてられていたか、よく理解できるのです。神の意志、神の計画に基づいた、神聖な秩序と物理的な秩序があり、わたしたち一人ひとりに強い影響を与えています。わたしたちの一人ひとりが神聖な自分の独自性について学び、思い出さなくてはならないのです。わたしたちの一歩一歩は、みずからの選択によって秩序だてられています。そしてその選択は経験によって秩序だてられ、経験は人生の神聖な目的によって秩序だてられています。わたしたち一人ひとりの目的とは、人生の神聖なプロセスを信頼することを思い出すというものです。

秩序は、まさに必要としていることを、ちょうど必要なその時に運んでくる神の恵みです。人生のための神の計画は、わたしたちの成長レベルに応じて秩序だって展開することを、神の恵みは確信させてくれます。自分ではもう準備できていると思っていたのに、あとになって本当は準備ができていなかったと、苦痛とともに気づいたことがあなたにもあったでしょう。もしかしたら、途中のステップを一つ二つとばしたのかもしれません。あなたは道から外れ、転びました。でも、それも秩序のうちです。あなたは次の経験の準備のために、それまで知らなかった何かを知る必要があったのです。

よく知っていなければならない秩序がもう一つあります。それは物理的な秩序です。物理的環境の秩序は、心の秩序や精神状態の反映です。澄んで開かれた心は、たいてい清潔で秩序だった環境に表わされます。身のまわりの状態や秩序は、あなたが学んだこと、考えていること、受け取る用意のあることを表わしているのです。あなたの周囲は散らかっていますか。それとも電池などが切れていたり、ストックがなくなったりしていますか。物でいっぱいになっていませんか。壊れたまま修理していない物がありますか。あなたがいる部屋、あなたの家、あなたの勤め先を見回してください。そして自分自身に向かって尋ねてください。「ここは本当にわたしが自分について考えていることの反映だろうか。この場所は、わたしが自分自身について信じ、感じていることの反映だろうか」もしその通りなら素晴らしいことです。もし違うなら、こう尋ねてください。「このような場所にいることを自分自身に許すということは、どういう思い込みをわたしは持っているのだろうか」あなたの体、頭、心が存在しているところは、あなたの思考、信条、感情の秩序あるいは無秩序の反映です。「わたしの成長レベルからすると、わたしは秩序のなかにいるのだろうか、それとも秩序から外れているのだろうか」といつも自分自身に問うてみましょう。

秩序とは、あらゆる物にふさわしい場所があって、その場所に物があるというだけではありません。はじめはそれだけもいいのですが、秩序とは、自分が秩序のなかにあり、その場所こそ自分のいるべきところだと認識する力でもあります。わたしたちは同じことの繰り返しに退屈し、卒業して前に進みたいと思います。時によって、自分に求められていることは自分にふさわしくないと思ったり、求められていることに自分の準備ができていないと感じたりします。神の恵みは秩序であり、あなたはいついかなる時にも恵みの現れのなかにいます。あなたが今その場所にいるのには神聖な理由があります。そしてきっと何かしら、あなたがするのを忘れていることがあります。あなたの才能、技術、長所で最近使っていないところはありませんか。おそらくその状況は、あなたにまだ前に進む準備ができていないことを気づかせるためなのかもしれません。もし今、自分がいるべきところにいないと心から信じているのなら、あなたはそこへ行くために何をしようと思いますか。あなたが今かかわっている出来事の順序は、あなたの神聖な展開にとって秩序だった進行であったとは思いませんか。あなたが今していないことで、何かするよう求められているものはないでしょうか。それを実行する、ちょうどいい機会ではありませんか。どんな体験も、わたしたちが誰であるかを教え、思い出させるために、神聖な仕組みのなかで恵みによって秩序だてられているのです。

あなたは一度に一つずつ集中し、それをやりとげ、準備する機会が与えられたことを感謝して、心を秩序だてることができます。そしてあなた自身が本当に体験したいことを承認し、その体験に自分を近づけるステップを一度に一段ずつ登ることで、人生を秩序だてることができます。また、場所をふさいでいる古い物、壊れた物、使えない物を片付けることで、環境を整えて秩序だてることができます。さらに恐れ、疑い、怒りに満ちた考えを、神の恵みに満ちた考えに置き換え、あなたのための神の目的と計画と意志はあなたの魂の独自性の秩序だった展開であるのを受け入れることによって、魂を秩序だてることができるのです。

● 朝のワーク ●

今日の「秩序について」を読んで気づいたことは、

今日、心にとどめ、取り組んでみたいことは、

■朝のアファメーション■

今日、わたしは自分の思考、言葉、プロセス、人生に
秩序がもたらされるよう、聖霊に願います。
今日、あらゆる体験のなかに神の恵みを認め、気づくことを望みます。
今日、わたしの人生における神の完璧な計画にそって
わたしが形成されるように望みます。
今日、わたしは自分の真実を求め、自分の真実を受け入れ、
自分であることの真実を生きます。
今日、神の恵みは人生の源であることに気づき、
すべてがうまくいっていることを認めます。
わたしは深く感謝しています。
心から感謝します。

■■今日のポイント■■

秩序は神の恵みである。

わたしがいるところは、学び、思い出すという秩序にそって、わたしがいる必要のある場所だ。

秩序は魂に始まり、心へと流れる。

秩序は、準備から生まれる。

わたしの考えは、神によって秩序だてられている。

わたしのステップは、神によって秩序だてられている。

わたしの人生には、わたしの選択によって秩序がもたらされる。

●● 夜のワーク ●●

嬉しいことに、自分が秩序をもたらすための手順をふめたことは、

今日、わたしの人生で無秩序を認識したところは、

今日、秩序がわたしの人生に現れていると気づいたところは、

day 39

「喜び」によって人生をたたえましょう

＊あなたに役立つ定義

今日のテーマは「喜び」です。それは嬉しくて満ち足りた状態です。楽しさでいっぱいの体験です。内側の歓喜が心地よく表現されることで、幸せでいる心です。

喜びについて

喜びと幸せは同じものではありません。喜びは内なるプロセスで、魂の真実に関する知識、神の叡智を信じる能力、人生の完璧で申し分ないプロセスへの信頼に根ざしています。一方、幸せとは普通、その時どきの外側からの刺激に対する思考や感情の反応で、それは必要や要求の認識からきています。喜びとは存在のあり方で、幸せとは、起こったり起こらなかったりする一連の現象によりもたらされる発想や表現です。喜びは魂のインスピレーションに反応する感情的な刺激ですが、幸せは物理的な刺激に反応する知的なインスピレーションです。この二つは似ているでしょうか。確かに似ています。同じような感じがするでしょうか。ときどきはそうです。では、喜びと幸せは人生に同じ結果をもたらすでしょうか。いいえ、断じて同じではありません。喜びは魂に根ざしているので、はるかに長く永続的な影響力があります。でも、幸せはしばしば物理的で目に見えるものに基づいているため、時によって来たり去ったりします。

喜びとは、今すべてこれでいいのだと「知っている」ことです。幸せとは、すぐに実現するのを「希望する」ことです。喜びは真実を見分け認識する能力で、幸せは過ちから真実を見つけ出そうとする試みです。見つかれば幸せですが、見つからないと幸せではありません。喜びはあなたがどこにいようと、何が起ころうと、あなたとともにあります。幸せはあなたがどこにいるか、そしてそこにいる間に何が起こっているかに対する反応です。喜びは無条件の愛の知識であり、幸せは一時的な嬉しさの追求です。では、幸せのない喜びというのはあるでしょうか。いいえ、あり得ません。喜びのない幸せはどうでしょう。ちょっとだけならあり得ます。喜びは幸せにつながりますか。はい、ほとんどいつもそうです。幸せは喜びへとつながるでしょうか。いいえ、それはまったくありません。あなたの存在のあり方が外側の要素に依存しているとき、それは一時的な状態であり、喜びとは呼べないのです。

喜びとは外側でどんな事態に直面しても、魂からの知識に立脚できる能力です。それなら、喜びとはいつも笑っていることでしょうか。いいえ、違います。いつも気分がいいことですか。いいえ、違います。二度と恐れ、疑い、恥、罪、怒り、孤独の時を味あわないですむことでしょうか。いいえ、決してそうではありません。あなたが危険な野獣に遭遇し、それまでの知識によって動揺させられ、衝撃に襲われたときにも、喜びは湧き出してきて、誰にも奪うことのできない「強さ」があることをあなたに思い出させてくれるのです。あなたの強さは、あなたを導き、守り、気づかせます。喜びとは、それが何であろうと進みつづける意志があることです。喜びとはそれに、行くなと忠告されたところへも果敢に踏み入る勇気です。喜びは、災難にしか見えないような状況のなかでも、意識的な選択ができる自由さと能力をもたらします。それはあなた自身が神聖な旅をしている創造的な存在であり、神以外の何者もあなたを制止することはできないと認識し、受け入れているからです。壁ぎわまで追い詰められ、狼に襲われようとしているそのとき、幸せはあなたに選択の力、創造の力、自分自身を支える力を与えてはくれません。けれども喜びは魂からくる美しい性質ゆえに、狼をじっと凝視し、おとなしくさせる力をあなたに与えるのです。

まわりがみんな悲しんでいる時に幸せでいるのは難しいことです。だからこそ、わたしたちには喜びが必要なのです。思いがけなく予期せぬ事件に遭遇したとき、幸せでいることはとてもできないでしょう。そこでは、内なる喜びの感覚を発達させなくてはなりません。失業した日に結婚生活がゆきづまり、子供が暴れ、車は壊れ、さらに地面には40センチ近くも雪が積もり、親友は遠くに出かけているとしたら、幸せを感じるのはまず無理に違いありません。ところが、もしこんなことが全部一度に起こったとしても、心の中に喜びがあれば、「朝がこない夜はない」という、魂に響く古い言葉を思い出すことができるでしょう。その朝が何日、何週間、あるいは何カ月、何年先であっても、喜びはあなたを支えつづけてくれます。つまり、幸せは環境や出来事への反応でいっぱいになってしまう感覚であり、喜びはあなたが生きているからというだけで満たされる存在のあり方です。喜びと幸せの違いはごく小さなもののように見えます。けれどもあなたが狼に追い回されたとき、それは抜け出せるか、食べられてしまうかの大きな分かれ道となります。

●朝のワーク●

今日の「喜びについて」を読んで気づいたことは、

今日、心にとどめ、取り組んでみたいことは、

■朝のアファメーション■

今日、わたしは喜んで、喜びにあふれています。
わたしは躍動する喜びです。
わたしは行動する喜びです。
わたしには、喜びを広げるための喜びに満ちた使命があります。
わたしは喜びの光の中を歩きます。
わたしは喜びの存在の中で活動します。
わたしは自分自身とまわりの人々のために、喜びの瞬間を創造します。
わたしがわたし自身であるほど、わたしはもっと成長します。
喜びは、わたし自身であることです。
喜びは、わたしが与えることです。
わたしは毎日のあらゆる瞬間で自分を支えるために
喜びを創造し、引き寄せ、取り入れます。
神の喜びはわたしの強さとなり、導きとなり、望みとなり、守りとなります。
わたしは深く感謝しています。
心から感謝します。

■■今日のポイント■■

喜びは存在のあり方である。
喜びは魂のインスピレーションからくる。
喜びは内面より生まれる。
喜びは人々や環境に左右されない。
喜びは永遠である。
神の喜びは、わたしが喜びを持つためにある。

●● 夜のワーク ●●

嬉しいことに、わたしが喜びの状態でいられたことは、

自分が今、喜びに満たされていないと気づいた理由は、

わたしが喜びに満ちた状態でいたいと願うことは、

day
40

「無条件の愛」によって人生をたたえましょう

＊あなたに役立つ定義

今日のテーマは「無条件の愛」です。それは神の存在を認識し、受け入れることです。惜しみなく与え、喜んで受け取ることです。

無条件の愛について

かつて、わたしがもし誰かに「あなたは無条件の愛について何も知らない」と言われたとしたら、おかしな人だと思って一蹴したことでしょう。わたしは4冊のスピリチュアルな本を書き、みずからの意識と人生の完全な変容を体験して、神による無条件の愛に生きることを公然と示していたのですから。そのうえアメリカ中でワークショップやセミナーや講演を行なっていて、その話はすべて無条件の愛の概念をもとにした多種多彩な内容でした。ですから、わたし自身が無条件の愛そのものだと思っていたのです。ところがそんなあるとき、わたしを無条件に愛するという男性が人生に現れました。そのとたん、わたしはショックに打たれ、恐れ、自己破壊的な気持ちに陥ってしまったのです。

『コース・イン・ミラクルズ』はこう教えています。「ただ一つの愛だけがあります。それは神の無条件の愛です」そして確か「愛は、愛には見えないようなものを送り込んできます」という言葉もあったと思います。わたしが無条件の愛と正面から向かい合って気がついたのは、自分という存在の中にあらゆる愛のない感情や考えが持ち込まれるだけでなく、無条件の愛はわたしを真っ向から揺さぶり、もともとわたしに属してはいないものを大胆に否定するということでした。神の愛にじっと見つめられたら、嘘をつくことはできません。しかし、自分自身にずっと嘘をついてきたことを認めるのはなおいっそう困難です。

その男性がわたしに誓いと無条件の愛を宣言したとき、わたしは彼の欠点をできるだけたくさん見つけ出そうとしました。彼はどこかおかしいに違いありません。そうでなければどうしてわたしを望んだりするでしょう。このことについてわたしは彼に何も言いませんでしたが、そのかわり心の中で100万回と1回、彼が欠点をさらけ出すようにおまじないを唱えました。そして彼に関する自分の考えがやっぱり正しかったと立証する、どんな些細なことも見逃すまいと目を光らせていました。ところが、彼はわたしの罠《わな》にはまるのを拒否したのです。彼は言葉通りに行動し、時間通りに現れ、耳元で甘い嘘を囁くことはありませんでした。いつも機会をとらえてはわたしへの関心と配慮を示し、その機会がない時にはみずから機会を作りました。どんな状況でも確固たる真実を語り、わたしが彼について知りたいと思えば、彼は自分自身について何でも語りました。——これは罠《わな》よ！　きっと狡猾で汚い手口に違いないわ。彼は絶対どこかおかしいはず。わたしは正しいはず。なのに裏付ける証拠が、いっこうに見つからないではありませんか。

わたしは自分の観察眼に裏切られたことを知ると、新しいアプローチをとりました。彼を批判しはじめたのです。彼の親切で愛にあふれる行為は無視しました。それがうまくいかない時には、彼の動機、性格、育ちを詮索しました。しかし彼は自分の母親にやさしく接していました。また、離婚しても父親として子供との関係は意識的に保っていました。彼は自分を強め成長させる魂の旅を続けており、その動機はただ自分を強め成長させるという以外、何もありませんでした。政治、スポーツ、音楽が好きで、子供を愛し、花を愛で、静かな読書の時間を好みました。老婦人が道路を渡ろうとすれば手を貸し、わたしが車を乗り降りする時にはドアを開けてくれ、ビルの入口ではうしろから来る人たちのためにドアを開けたままにしていました。彼は心から笑い、そして泣くことを恐れません。幸せな時も悲しい時も隠さずに表現します。こんな素晴らしい、神聖な愛の表われである男性が、わたしを妻にと望んでいるのです。彼は明らかに熱に浮かされた変人に違いないわ、とわたしは結論づけました。

もしあなたが、自分にはどこか恐ろしくおかしなところがあるに違いないと信じ込んで生きていると、無条件の愛はあなたにその通りの真実を見せてくれます。そして何をしても自分は十分ではあり得ないと確信していると、無条件の愛はそういう真実を見せてくれます。もしあなたが自分のエゴや人間的な習慣からくる要求に、ちょっと心をそそるようなニューエイジ風のお題目をつけていれば、無条件の愛はあなたが隠しているものすべてを白日のもとにさらし、目の前にぶら下げ、こっそりと耳打ちします。「さあ、それであなたはこれをどうするつもりなの?」

彼はわたしを信頼していたので、わたしの批判を受け入れました。そして、「クリエイティブな人はちょっと変わっている」と言って、わたしの気分の変動ともうまくつき合ってくれました。わたしが望めば一人でいさせてくれました。彼は自分のすべてを分かち合いましたが、これ以上与えるものはないと謝るようなことはしませんでした。そして彼自身の短所を認識しており、わたしの短所をわたしであることの一部として受け入れました。わたしが自分の欠点、弱さ、肉体的欠陥を数え上げるたび、彼は穏やかに優しく「君のそういうところが僕は一番好きなんだ」と言うのでした。わたしは彼を追い払うために思いつく限りのことをしました。それでも彼は去ろうとしませんでした。そしてとうとう、わたしのエゴの悪魔はとんでもなく馬鹿げたことをたくらみました。結婚式をキャンセルしようとしたのです。それでようやく、わたしは不快で骨の折れる難題に取りかかったのでした。

一体わたしのどこが悪いというの。これはわたしがずっと祈り、望み、願ってきたことじゃないの。自分の日記、愛に関する願い、宝の地図を見てごらんなさい。どれだけの回数、わたしは愛情あふれる優しい夫を望んできたと思うの。穏やかでスピリチュアルで、楽しみを愛する男性と一緒に人生を分かち合えることをあんなに願っていたじゃない。これまでわたしの期待通りでなかったからと言って、いくつ関係を終わりにしてきたかしら。今、やっと願いにかなう、ぴったりの人が現れたのに、わたしはまた彼に何か問題を見つけ出そうとしている。そして、もっとこういう人であったらとか、これをしてくれたらとか、すべて自分がしてほしいこと、そうあってほしいことばかり言って、彼を傷つけている。——ええ、そうよ、彼がもう少しお金持ちだったらよかったのに——ちょっと待って！　わたしにもう少し愛があればいいのよ。自分への愛、彼への愛、そして何よりも神への愛が。

彼は目の前にいる神だわ。わたしに何も求めず、自分のすべてを与えてくれる。それは神による無条件の愛の活動よ。恐れや自分で課した限界からわたしを連れ出し、一時的な肉体的欲望から脱け出させて、わたしのハートの未開発な部分へと導いてくれる。わたしは自分を開いて本気でこれを体験するつもりがあるだろうか。それとも、ただの言葉だけだったのかしら。今、わたしは事態をコントロールできなくなるのが怖くて、逃げ出したくなっているのだろうか？　自分に言っていた自分のガラクタのすべてが、本当にただのガラクタだったらどうしようと怯えているのかしら。それとも、神について、愛について、わたしが自分に言ってきたことのすべてが、本当に真実だったとわかってしまうのが恐ろしいの？

心の中で戦いが繰り広げられているとき、どこかしらで委ね、真実を言い、心の砦《とりで》を崩さざるを得なくなります。無条件の愛を追求していくと、あるいは無条件の愛の存在に出会ったら、わたしたちは委ねざるを得ません。真実を言わざるを得ません。エゴを手放さざるを得ません。わたしにその準備ができているかどうかは、自分の返事で明らかになりました。わたしは静かに「はい」と答えることを許していたのです。それでもまだ、無条件に愛されるというのは恐ろしいことでした。

愛があるところに恐れはありません。わたしはほんの少しだけ、神の無条件の愛という存在を感じることを自分に許しました。無条件の愛の存在を感じると、自分で悪いと思っていたところのすべてが思い出され、それから奇跡的にその全部がゆっくりと消えていきました。無条件の愛の存在を感じて、わたしは自分がこれまでにしてきた誇りにできないような行為のすべて、恥じていたり罪の意識を感じていたことのすべてを告白しました。すると、突如としてあらゆることが意味を持ちました。自分自身が今までそのような行動や経験を通じて、どれだけ成長してきたかを理解したのです。神の無条件の愛という存在を感じて、わたしは自分が人生で本当は何を望んでいたのか、そしてそれを手に入れるのをどれほど恐れていたのかを認める勇気をもらいました。わたしの恐れは、両親からのプログラミング、わたしの行動パターン、人を喜ばせたいという性癖、自己破滅的な態度などを土台にしています。自分がエゴの支配下へと滑落してしまったのを感じたとき、わたしは内なる存在からやってくる静かな声を聞きました。「わたしのもとへ来なさい。わたしの愛よりほかに愛はありません。わたしの愛があれば、愛のないものはみな消え去ります」

条件つきの愛というのは、すでにそうあるものでなく、より以上を信じるという愛です。でも、神に対して今よりもっと愛してくれるよう望んだり求めたりする必要はないのです。神がわたしたちを愛さなくなることはあり得ないのですから。神の愛は無条件です。それはいつでも、どこにでも存在します。神の愛を認め、受け取るためにわたしたちが直面するただ一つの挑戦は、エゴの要求です。

エゴはわたしたちの暗い影の側面であり、自分は誰にも愛されない、ましてや神に愛されるなどあり得ないとわたしたちに信じ込ませようとします。エゴはわたしたちを恥の意識、罪悪感の中に閉じ込め、真の自己について混乱させます。エゴは真実を語ることに抵抗させ、内外に虚偽の見せかけを使って心の中に恐れをはびこらせようとします。無条件の愛だけが、自分に対しても、人に対しても、エゴを溶かす唯一の方法なのです。そのためには、わたしたち自身と神についての真実を認識し、受け入れることが必要です。そして自分自身をたたえることにより、神をたたえることが求められます。無条件の愛とは、わたしたちが何をしようと、どうふるまおうと、神はわたしたちを愛しており、いついかなる状況でもわたしたちが愛を体現し表わすことを待ちつづけているのを知ることなのです。43年に及ぶエゴに基づいた人生のあとで、神はわたしの祈りに答え、無条件にわたしを愛する夫を人生に登場させてくれました。わたしは今でも自分が誰であるか、彼が誰であるかを忘れてしまう時があります。そしてまだ自分のエゴの罠《わな》にはまることがあります。毎日のように、恐れからくる決めつけやコントロールや、愛のない自分の態度、ふるまいに気づかされます。こうしたことを認識するたび、わたしは自分でそれを認め、神聖な無条件の愛の存在とエネルギーを呼び出します。するとその存在ゆえに、わたしはただ変化を願えばいいのだと思い出し、物事は自然に変化しつつ展開してゆくのです。

●朝のワーク●

今日の「無条件の愛について」を読んで気づいたことは、

今日、心にとどめ、取り組んでみたいことは、

■朝のアファメーション■

わたしが生き、活動し、存在するエネルギーの源は、神の無条件の愛です。
わたしの存在の中にあるすべての原子、細胞、分子に
しみわたっている力は、神の無条件の愛です。
わたしの人生が展開しているこの現実は、神の無条件の愛です。
神の無条件の愛よりも大きなエネルギーはありません。
神の無条件の愛よりも強い力はありません。
神の無条件の愛以上に知りたい真実というものはありません。
神の無条件の愛を受け入れ、認め、一致するにつれ、それは
わたしの人生を導く力となります。
わたしは深く感謝しています。
心から感謝します。

■■今日のポイント■■

ただ一つの愛、神の愛だけが存在している。
神のわたしへの愛は無条件である。
無条件の愛があるところに恐れはない。
何があろうと、神はわたしを愛している。

●● 夜のワーク ●●

今日、嬉しいことに、わたしが無条件の愛を表現できたのは、

わたしが愛に条件をつけていたと気がついたところは、

わたしが人生のすべての分野で無条件の愛を体験したいと思う理由は、

Phase
7
おわりに

＊

人生で見たり聞いたり体験したりすることは、すべてみなよきことで栄光に満ちた神の聖なる表われなのだと思える時が、ある日わたしにやって来た。わたしの好きな歌のタイトル「センチメンタルなムードで」は「スピリチュアルなムードで」になった。「あなたがセンチメンタルなわたしを愛するなんて思わなかったわ」という歌詞は、「あなたはわたしの魂を愛しているとしか思えないわ」に変わった。そして「わたしが自然のままの女だとあなたは感じさせてくれる」とか「こんな愛をわたしは知らなかった」という魅惑的でぞくぞくするような歌詞は、作詞家がイメージしたのとはまったく違う意味をもつようになった。わたしの心の中で、背が高くてハンサムで裕福な男性のイメージはどこかへいってしまった。そして神の存在を意識していたい、知りたいという願望がそれに取って代わった。グル・ムクタナンダの、「あなたが食べるとき、神に食べさせている。あなたが話すとき、神のために神に向かって話している。あなたが生きるとき、神の栄光を生きている」という言葉がわたしの人生における真実となり、現実となった。そう、まだわたしは恐れに圧倒され、エゴによって育まれた自分の不十分さ、価値のなさという思い込みの餌食になってしまいそうな時もある。けれども結局は真実がわたしの心を突き破って現れ、生まれつきの魂の本質を思い出させてくれる。わたしは自然のままの女だ。たえまなく神のスピリットに愛され、いだかれている。なんという恵みだろう。

死や失敗やあざけりへの恐怖が、選択と創造、そしてまた選択と再創造という自分自身の力の認識へと入れ替わる時が、わたしにやって来ました。わたしはインデックス・カードに、「自分自身を見ること、自分自身を知ること、自分自身であることを恐れません」と書いて、バスルームの窓台に置いています。そのカードをわたしは毎朝最初に見ます。わたしは人々の中に、出来事の中に、環境の中に自分自身を見ます。しばしば人生は、人がわたしを嫌っているとか無視するというふうに巧みに偽装して現れます。時には、お金や能力がないというふうに現れます。わたしが見たくない、知りたくない、直面したくないこととして現れるのです。人生で自分自身がそのようにして現れたとき、わたしは直面していることに関する自分の思考と感情を再び創造して、もう一度選択し直すのです。すると突然、奇跡のように人や出来事や環境が違ったものとして映ります。そしてそれはわたしが自分自身を、また自分がどう現れているかを、違ったふうに感じているからだと気づくのです。

人生で愛を感じ、知り、体験することに喜んで心を開く時が、わたしにやって来ました。夫や子供たちによる愛でなく、神さまがわたしを愛してくだっているということを受け入れたのです。神さまはわたしの中の、嘘をつき、お金を盗む、怯えた少女を愛していました。神さまは、わたしの中の挑戦的で気まぐれで、怒りっぽい混乱した反抗的なティーンエージャーを愛していました。わたしが何をしたか、なぜそれをしたかには関係なく、神さまはわたしを愛しておられるのだとわかるようになったのです。神の愛とは、わたしが呼吸しているその息でした。わたしの血管を流れているその血でした。神の愛は、わたしの心臓の鼓動であり、生命に欠かせない器官や組織の整然とした機能でした。これらはすべて神の愛のしるしです。神さまは、わたしがおならやげっぷをしたことを知っていても、わたしを愛していました。その日、その瞬間、すべてのことが明瞭になったのです。人生の原則こそ、わたしの親だったのです。その人生の原則のもとにあるのは神の法則であり、それがわたしを導いていたのでした。人生の原則の根本である法則は、神の愛から湧き出たもので、神の愛がわたしの存在の基盤をなしていたのです。神さまは、わたしをつかまえたり、罰したりするために存在していたわけではなかったことが、ようやく明らかになりました。神の聖なる活動とその存在は、わたしがよりよい選択や決断ができるように、愛に開いているように、自分自身を裁かず自分のすべてを抱きしめられるように、そして一番大切なのは、こうしたことを忘れた時に恐れに陥らないようにと、常に導き、勇気づけてくださっていたのです。わたしは、やっとわかりました。わたしの目、耳、手、足、体はすべて神の聖なる器であり、この人生での唯一のわたしの仕事は、自分自身が神聖な器であるのを認めて、その神聖なエネルギーを自分と人々のよりよい人生を創造するために役立てること、そしてそれができる機会に感謝することなのです。

明瞭であると、本当に素晴らしいことがどんどん起こります。正しくあり一番であり、速く進み、人にまさる必要がなくなります。明瞭であると、自分が間違ったことをしているのではないかと恐れることがなくなり、持っている才能の最高を発揮する力が与えられます。もはや「する」ことが重要なのでなく、「ある」ことがすべてです。明瞭であると、すべてそのままでいい、すべては神である、ということがわかり、自分自身のすべてを好きになれる恵みに満ちた神聖な力が育まれます。神はわたしたちに、自分が誰でないのかを知ることによって、自分が本当は誰なのかを明確に悟ってほしいと願っています。これほどの明瞭さがあれば、わたしたちは恐れの拘束と制約から抜け出して、神の目的である原則に魂を一致させて生きる勇気と強さを持つことができるのです。あなたが明瞭であるとき、信頼する意見はあなた自身となります。表現したいと憧れる創造力はあなた自身です。そして感謝はあなた自身に向けられ、あなたが誰でなく、何でないのかを思い出させ、自分の真実を認め保つための方法となります。明瞭であると、自分自身に忍耐強くあれます。それはあなたの心に自律心を養います。するとすべての物事、すべての人々を、あなた自身の反映として、あるいは自分の中でもっと強さを育まねばならない部分の反映として愛するようになるのです。明瞭であることは、全文明の全地域の全倉庫にあるすべての黄金を合わせたよりも価値があります。明瞭であれば、あなたの思考と感情からあらゆる線引きが取り払われ、自分は本来、神聖なのだという気づきに導かれます。その知識とともに、あなたに健全さが甦り、神聖さが息を吹き返し、人生はあなたの存在における真実の知識の顕現となります。わたしにとって、世界がこれほど澄みわたって明瞭になったとき、魂が開き、神の平和、喜び、愛がなだれ込んできました。わたしはもはや二度と同じではなく、前と同じ選択することもなくなりました。

人類の多くの仲間と同じように、わたしは人生の大半で自己の内側のさまざまな悪魔と格闘してきました。自分は役立たずで不十分だという感覚。恐れ。自分への無価値感。傲慢さ。自律心のなさ。反抗心。そのうえ本当は自分が特別でありたいと思っているのに、それを認めるのは嫌でした。わたしは魂のレベルで分裂症だったのです。人生が提供してくれる最高のものを望みながら、それを認めるのが怖かったのです。こんな自己中心的で欲深い人間は、どこかおかしくて何の価値もないのだから、わたしが望んだことなど実現するわけはないと思っていました。わたしは自分の世界で戦争をしていたのです。それは無意識のうちに創造したものでした。精神的にも感情的にも自分の骨折りを無駄にするようなことをしながら、もっと多くをこなすように自分に強いていました。何であれ、よいことが起こると自分に言い聞かせ信じ込ませることはできましたが、すぐに信じないように言い直すことも可能でした。この戦いは、20年以上も続いたのです。それは血のにじむような戦いであり、その破片はわたしに突き刺さって人生の道端を血潮に染めました。自分を完膚なきまで打ちのめすための武器をみずから作り出して使った凶暴な戦いでした。そして戦いがまさに終わろうとし、悪魔が勝利を宣言しようとしたその瞬間、これまでは執念深く、罰を与え、選り好みすると信じていた神が、わたしの心に現れたのです。わたしは「助けて！」と究極の祈りを捧げていました。神はわたしが完全に忘れ去っていた真の姿で、その祈りに答えてくれました。「座りなさい。そして黙って聞きなさい」父なる神の言葉がわたしの耳の中に大きく鳴り響きました。

わたしはあなたを知っています。あなたを愛しています。あなたであるところのすべてはわたしが創造したのですから、あなたについて知るべきことはみな知っています。少しわたしに信頼を託してごらんなさい。無からあらゆるものを創造したわたしは、あなたの中に存在する、「わたしなるすべて」によって何かをすることができます。わたしはあなたが自分に負わせた傷を癒すことができます。あなたの無知からきた誤りを正すことができます。愛をもって方向を示すことにより、あなたが恐れから選択した進路を変えることができます。あなたが墜ちた時には救い上げることができます。墜ちたところへ行き、あなた自身で起き上がるために必要なものを授けましょう。わたしは聞くことができ、語ることができ、いつでも語ります。わたしには時間や空間という制約はありません。世論の趨勢や人々の意見に妨げられることもありません。わたしには計画があります。なぜなら、わたしが計画であるからです。わたしはすべてを創造したのですから、わたしからあなたに求めるものは何もなく、あなたの求めるものはすべてわたしの中にあります。今、あなたは助けを求めました。わたしはあなたを助けることができます。これまでにも助けてきました。今、助けを求めたあなたを、わたしは助けましょう。お返しは何もいりません。わたしにはもうすべてがあるので、あげたものを返してもらう必要はないのです。あなたに思い起こしてほしいことは一つだけです。あなたが本当にわたしの助けを求めるなら、わたしの邪魔をしてはいけません。わたしの助けを、あなたの恐れや怒り、憎しみなどで制限しないでください。あなたの心と頭を開き、あなた自身が考え、行ない、言ったことのすべてに愛を与え、愛をもって存在するのです。わたしに、いつまでに助けてほしいと予定を述べたり、誰をなぜ助けなくてはならないかと訴えたりしなくていいのです。あなたが本当にわたしの助けを求めるなら、わたしが人々の言葉を通して話すのを聞いてください。音楽の中に、風の中に、そして何よりも静寂の中に、わたしの声を聞きなさい。あなたが本当にわたしの助けがほしいとき、今まさにあなたがしたように、あなたの真心でわたしのところへ来て、助けを求めなさい。あなたは再びやって来るでしょう。あなたが来るたび、ここにわたしが存在し、答えることを知っていてください。わたしが答えるとき、あなたは聞く勇気を持ってください。

流れ落ちる涙をぬぐい、床から体を引きずり起こしたとき、一つの思いがわたしの心をひたひたと満たしていきました。「ああ！　すべてが明らかになったわ」　わたしの新たな課題は、いかにこの明瞭さを保ちつづけるかになりました。

明瞭な日々のために

わたしは、この本全体を5ページで書けたらいいのにと思っていました。でも残念ながら、それでは出版社は本と見なしてくれないでしょうし、読者のみなさんにはあまりにシンプルすぎて本当の価値が伝わらないでしょう。わたしたちは大変なことが好きです。物事を長引かせることが好きで、賛成したり反対したりするのが好きです。証拠だて、議論し、物事を細かく断片化して、それが自分の信じること、聞いたこと、言われていることと一致するかどうかを確かめます。そのため、真実であるにはシンプルすぎるというだけの理由で、シンプルさの価値を忘れてしまうのです。わたしは5ページで言えたかもしれないことを、こうして400ページにもわたり述べさせてもらったことに感謝しています。それは忘れがちなことを思い出させ、避けていた物事を実行する助けになってくれました。おかげで、必要な時にはいつでも、わたし自身が自分の助けになれるということを確信できました。

そしてわたしは、人間であるがゆえにぶつかる試練をみなさんにお話しできたことに感謝しています。この機会によって、わたしがあなたと一つであると思い出すことができました。一つであることは、わたしを強くし、勇気づけます。真の自己自身を明瞭に知る途上でも、それを保つための探求の道でも、わたしは一人ではないとわかります。この本を手にしているあなたが、わたしにその真実を思い起こさせてくれるのです。それでも、あなたがここで読んだことを全部覚えて、それを毎日直面する場面に応用していくのはどれだけ難しいことか、わたしにはよくわかります。そこで、今まで書いてきたことを数ページに要約しておきたいと思います。

真実を語りましょう

祖母はわたしが10歳になるまで、毎日「本当のことを言いなさい」と言っていました。祖母はまるでわたしの嘘を感知するレーダーを持っているかのようでした。わたしが何かすると祖母はわたしを厳しく罰し、それからくるりと背を向けたのを覚えています。わたしはすぐに顔をしかめたりアカンベーをしたものでした。祖母はその場で振り向きもせず、「何か文句があるの」と尋ねました。わたしは考えるいともなく「いいえ」と答えていました。それは真実ではありませんでしたが、もし「はい、おばあちゃん。わたしはあなたにアカンベーをしました」と答えたりしたら、もう大変なことになると思っていたのです。わたしたちは、何か言えば大変なことになると恐れて真実が言えなかったことが何度あったでしょう。あなたが何を感じているのか、真実を言ってください。何を考えているのか、真実を語ってください。あなたが何をしているのか、なぜそれをしているか、本当のことを話してください。あなたが自分自身の真実を語る時のみ、神の真の目的に一致するための必要な助けを得ることができるのです。

素直に従いましょう

「言われた通りにしなさい」とよく祖母は言ったものです。ある考えがやって来て、それは願望へと育ちます。そして目覚めている時間のすべてに浸みわたり、昼も夜もあなたを引っぱります。でも、そうした思いがあなたを自由にするわけではありません。あなたの心は、あなたが自由になるために行動しなくてはならないことを語ります。あなたの心が語りかけてくるとき、それに従ってください。あなたの考えに耳を傾けてください。それは高次の世界からの呼びかけです。素直に従ってください。もしかしたら、あなたもわたしと同じように、どうやって自分の考えていることが、自分のするべきことだとわかるのだろうと疑問に思うでしょう。それには、いくつかのガイドラインがあります。まず、それはあなた自身や誰かを傷つけることなしに、あなたに喜びをもたらすでしょうか。次に、それはあなたや世界によいことをもたらすでしょうか。そして、それはあなたがいま抱いている恐れを乗り越えさせるでしょうか。もしこれらの答えが「はい」なら素直に従ってください。「どうすればできるか」と問うよりも、ただ「やりましょう」と言ってください。

自分の心と体とあり方を律しましょう

今朝、あなたが起きた理由は何ですか。今日一日の終わりまでにあなたは何を体験したいでしょうか。

こうした問いに答え、人生の神聖な目的に自分自身を合致させるためには、自律心を身につけなくてはなりません。何かをすると言ったら、すると言った時に、すると言ったことをしてください。些細なことでも自分の意図の実現に向けて、意識的、創造的に一日を組み立ててください。みずからの思考、言葉、行為に統制がとれていなくてはなりません。自分自身によいことをするように、意識して自分を訓練しましょう。息をする。歩く。食べる。休息。仕事。遊び。聞く。創造。祈り。瞑想。穏やかに話し、平和に生きるようにあなた自身を律しましょう。自律心は、争い、混沌、混乱を回避する唯一の方法です。何をしなくてはならないか、いつしなくてはならないか、そしてなぜそれをしなくてはならないかが明瞭にわかっていると、その意図に一致しないことは離れていくのを感じるでしょう。自分の目的を実現するために、意図したところで意図したことをしているとき、自己の中心から遠ざかることはありません。自律心は、精神を鎮め、心を開き、エゴから魂に向かう道を整えてくれます。平和、喜び、調和、バランス、広がりを探求しながら自律心を育んでいけば、恐れ、怒り、恨み、制約、罪悪感、恥などといったとらわれから解放されます。自律心を身につけることは、魂の腹筋運動を１００回するようなもので、魂の強さ、魂の筋肉を鍛えるのです。

人生に秩序をもたらしましょう

秩序。それは天の最初の法則であり、人間の意志を神の意志に一致させる方法です。魂の強さを探求するなかでは、自分の心、体、そして出来事のすべてが整然としていなくてはなりません。あなたの身のまわりのあらゆるところをきれいにし、整理してください。ベッドの下、たんすの中、車のトランク、家の地下室、屋根裏部屋、ガレージ、鏡台の引き出し、かばんの中、財布の中、車のダッシュボートの小物入れ、台所の雑貨品の引き出しを点検してみてください。そこは整頓されているでしょうか。すべてのものに収まる場所があり、決まったところに片付けられていますか。それとも、もう役に立たなくなったものがとってあったり、壊れたまま修繕していないものがありますか。将来使うかもしれないと思って、使えないものも保存してありますか。身のまわりの様子は心で進行していることの反映だとしたら、自分にこう尋ねてみてください。「わたしの心は整理されているだろうか」

人生に秩序と十分なスペースがないとき、神の意志が展開するチャンスはほとんどありません。過去にしがみつき、その荷物を現在まで引きずっていれば、未来を締め出してしまいます。何がどこにあるのかわからないと、探しものを見つけるだけで心がいっぱいになり、何も受け取ることができません。秩序。クローゼットを掃除することは心のゴミをなくすよい方法です。地下室を掃除することは潜在意識をきれいにします。かばんや財布から古いレシートやいらない電話番号を捨てることは、恐れ、恥、罪の意識や、過去に活用しそこなった悔いを消し去ります。一日を秩序だて、確実なことを確実な時に確実な手順で実行していると、あなたはまさに必要な場所にいて、まさに必要なことをしているようになります。つまり、神がその時あなたのために秩序だてた祝福を、ちょうどよく受け取るのです。

新しい選択をしましょう

自分の状態を見て、選択したことがうまくいっていないと感じたら、新しい選択をしましょう。あなたの考えたり感じたりしていることが、望んでいたような思いや感情ではないとわかった時には、新しい選択をしてください。あなたのしていることが何であろうと、どんなに長い時間を費やし、どれほどのエネルギーを費やしたのだろうと、それがうまくいっていなければ新しい選択をしましょう。選択し直すというのは、投げ出すとか諦めることではありません。気まぐれとか、地に足がついていないことと同義語でもありません。選択とは、今経験している葛藤や混沌や苦痛は過去の選択から創造したものであると認めるという意味です。そこで新しい選択をすることによって、古い体験を取り除くことを選択するのです。

終わったら手を洗いましょう

次のことをする前に手を洗いましょう、という注意書きをわたしたちは日々あちこちで見かけますが、この言葉のスピリチュアルな意味はあまり重要視されていません。洗い流すことは、人間としての行為であると同時に魂の行為でもあります。人生で何かや誰かが去っていったり、手放した時には、手を洗って先に進んでください。何かが終わった時は終わったのです。本当に終わったかどうかを監視しつづける必要はありません。水に流し、手を洗って、先に進みましょう。何らかの物事を取り上げては、それが何なのか、なぜ、どうやってその時そうなったのかを見極めようと、調べ、ひっくり返し、ひねり回す習性が人間にはありますが、それはやめましょう。助けはあなたに届きます。知る必要がある時に、知る必要のあることを知るでしょう。今は真実を語ってください。それは終わりました。終わったのです。手放す時です。手を洗い、次のことに取り組んでください。

自分は知っていると知りましょう

自己不信は、人生で失敗への道を踏み出すもとになります。自己不信は、無価値感と不適格感という癌になる可能性を秘めた病原菌のようなものです。自己不信は夢を奪い、希望を否定し、信じる心を抹殺します。自分がしていることを自分は知っている、ということを知ってください。自分にとって正しいと感じることをしているとき、それは自分にとって正しいと知っているのを知ってください。今以上を望み、それを得るために必要なことをするつもりなら、自分が望んでいることは正しい道にあると知ってください。いついかなる時も、どんな状況でも、荘厳で力強く創造的な生命の源といつもつながっていることを知ってください。神はあなたが知っていることを知っている、ということを知ってください。なぜあなた自身が知っていると知っているのか、または知っていることについて何をすればいいのかがわからない時には、明晰さを求めて尋ねることができ、その明晰さがやって来るのを知ってください。自分は知っていると知っていることが、信じる心なのです。

恐れを取り払いましょう

この人生でわたしたちがおかす最大の過失は、恐れにしがみつき、そのなかに自分を閉じ込めて生きてしまうことです。わたしの友人であり恩師でもあるヘレン・ハノンが、「失うことはできない」と言ったのを思い出します。何が起ころうとも、失うことはないのです。あなたのために神聖に秩序だてられたものや人を手放しても、あなたに受け取る準備ができた時にそれは帰ってきます。そして、あなたのために神聖に秩序だてられたのではないものや人を手放せば、人生に神が現れるスペースを作ることになります。自分が悪いとか、何かを失うとかいう恐れに、決して正当な理由はないのです。あなたの中の神はみずからを否定することがありません。それは実現され、認識されます。恐れは実現を遅延させるだけで、破壊もできません。恐れは、神にできないことや知らないことがあるという信念による巧妙な作戦です。それらは、神は信用できないとか、神の愛はあなたを支えるほど十分ではないという考えにかぶせた口実にすぎません。恐れとは、わたしたちが家族への忠誠のために身につけたパターンで、ついには首に絡みつくひもとなって、人生でわたしたちを窒息さ、せ、る、のです。恐れてはいけません。それが何であっても、あなたがどうふるまい、何を経験していようとも、助けはやって来ています。あなたは失うことができないのです。

あらゆることを愛の中でしましょう

今日、あなたを愛していると言う人が誰もいなかったら、わたしがその最初の人になりましょう。今日、わたしはあなたを愛しています。わたしはいつでもあなたを愛してきました。でも、わたしはそれが愛だとは知らなかったのです。わたしはただ自分自身と出版社をちょっと豊かにしたいだけの一人の著者にすぎないと思っていました。自分の間違った考えを手放して語れるほど、自分自身を十分愛しているとは思っていなかったのです。あなたへの信頼、あなたへの愛によって、あなたと一緒に自分の人間であるがゆえの落とし穴を次々と明かしていくことになろうとは、考えていませんでした。でも、わたしたちはみな、お互いに毎日こういうことをしています。わたしたちは愛し合っているがゆえに、太りすぎたり痩せすぎたり、年を取りすぎたり若すぎたり、不十分で賢明でなくて、ふさわしくなくて、価値がない自分を、毎朝ベッドから起き上がらせては、仕事、遊び、商売、歴史、経済、政治などの世界へ連れ出すのです。わたしたちは愛し合っているがゆえに、カウンター越しに、人の列に、電話の向こうに、車、トラック、列車、バスの中に姿を現しつづけます。わたしたちはいつも、何が悪いのか、何が欠けているのか、もっと自分に時間やお金やチャンスがあれば何が得られたか、何を得たはずだったか、何が得られるのに、ということで心がいっぱいで、自分が愛を表わしていることに気づいていません。もし自分が姿を現さなかったら、自分がその日提供するはずだったこと、尋ねるはずだったこと、やるはずだったことに出会えない誰かがいる、ということを忘れてしまいます。あるゆる状況において、わたしたちは行動する愛であり、すべての状況の中でさまざまな自分自身の現れ方を探っているのだということを認識していません。わたしたちはこれを快復させることができるのです。わたしたちが愛と愛することを人生での最優先事項にするためには、ただ一つのことをするだけです。それは、あなたの必要性や、望み、思考、感情を表わす言葉をすべて「愛」に置き換えればいいのです。

「あなたなんて嫌い」は「あなたを愛しているわ」に言い換え、「もっとお金と時間があったらいいのに」は「もっと愛があればいいのに」、「わたしの車に、人生に、預金に、あなたが何をしたか見てごらんなさい」は、「わたしの愛にあなたが何をしたのか見て」と言い換えることができます。あらゆる不一致、不調和な言葉や意図や目標のなかに「愛」という言葉を入れていくと、神の存在の活動である、愛の魂が呼び起こされます。神の存在によって真実が姿を現し、秩序と調和とバランスが回復され、平和が解き放たれ、人生は目的ある一連の出来事となるのです。あなたがキーボードをたたいていても、書類整理をしていても、料理、運転、配達をしていても、教えたり看護していても、歌ったり踊ったりしていても、編み物をしていても、治安を取り締まっていても、投票していても、ボートを漕いでいても、もっともっと愛を表わしてください。愛が存在すると、愛のない部分がすべてが明らかになり、もう一度新しい選択をする機会が与えられます。どんなことも愛の中で行ない、愛によって意識に存在させることを選択したとき、わたしたちは聖霊の招きを呼び起こし、魂を開いてもっと大きな愛を人生に見出すようになるのです。

訳者あとがき

この本は、アメリカで１９９８年にベストセラーになりました。人々に生きる希望を与え、どんな環境で育っても、どんなに今までの人生が辛くても、宇宙の意志とともに歩めば、新しい生き方が開けることを教えてくれる本です。本来の自分を思い出し、自分が宇宙の神聖なエネルギーそのものであることを自覚したとき、それまでわからなかった宇宙の意志が目の前に明らかにされ、その時とるべき行動がわかるのです。わたしたちは、一人ひとり宇宙で唯一のユニークな存在で、自分だけのために用意された道があり、そして自分の道を歩むときに、宇宙全体がそれを応援してくれ、心から幸せだと思えるということを教えてくれる本でもあります。

時として、わたしたちは、嘆き、悲しむようなことに出会い、それを運命のなせるわざと考えがちです。でも本当は、わたしたちはみずからの運命を選択することができるのです。そんなとき、宇宙に向かって自分の声を聞いてほしいと思い、頼み、祈るかもしれません。すると宇宙は、その祈りを聞いてわたしたちにその答えを教えてくれます。その時わたしたちは心を素直にし、選択することを選択することができるでしょう。

また場合によっては、わたしたちは何をしたらいいのかわからない時もあるに違いありません。そんなときは、自分の内なる声をよく聞いてください。他の人の意見ではなく、あなた自身の心に忠実であってください。あなたは本当に自分の声がわからないのでしょうか。そして、本当に自分自身で決められないのでしょうか。

それに、わたしたちには恐れがあり、その恐れによりわたしたちはその時における最高の選択ができなくなりがちです。ですから時として、立ち止まり自分の内なる声を聞く必要があります。そうすると、どんな状況においても、何が自分にとって最善なのかがわかるのです。宇宙の啓示にしたがえば、宇宙はわたしたちの歩むすべての道で守ってくれるでしょう。そうすると、わたしたちは光、平和、愛そのものになり、宇宙の聖なるアイディアを表現することができるようになります。そして、それが自分の存在の現実になるのです。

この本自体、著者の生き方、考え方、そのパワーにおいて感動的な一冊です。しかし、わたしはまたこの本を精神世界の流れにおける一つのキーとなる一冊だとも信じています。

シャーリー・マクレーンのシリーズにより、この未知なる世界への興味が人々に呼び起こされ、『聖なる予言』で内なる直感にしたがうこと、『神との対話』により人生の「選択」の可能性が示されました。そしてさらにこの本により「真の(Best)の選択(聖なるエネルギーとつながること)」へと導かれるのです。

この本の構成はご覧の通り40のテーマを一日一つずつとして、著者の日常生活や人生経験を例に、理解しやすく解説しています。読者のみなさんはその人生の真理、宇宙の真理に触れ、きっと何度も涙するでしょう。この本を使うときは、あなたのそばに置いて、気の向いた時に、あるいは朝起きた時に、その日のテーマあるいは自分の読みたいところを開き、そこを読んでみてもいいでしょう。そのあとそのテーマについて考え、一日を過ごしましょう。きっとあなたは作者の訴えに心を深くうたれ、新しい魂の歴史の一ページを開き、その人生を変えるでしょう。

この本を訳しているとき、わたし個人には不思議な出来事が連続して起こりました。ちょうどこの本で訳している内容に関することが、現実にシンクロして起こってきたのでした。たとえばこの本を訳しはじめた頃、突然わたしの魂が開き、聖なるエネルギーが胸になだれこみ、涙とともに宇宙の意志がわかるようになったばかりか、毎日が輝きに満ちたものとなり、そのうちにメッセージが届けられ、ついには光の意識との交信が始まりました。この本は、あなたの世界観、生き方、人生を変える一冊となるでしょう。

本書の出版にあたり、ナチュラルスピリット社社長の今井さんと、本創りに携わっていただいたすべてのみなさんに深く感謝いたします。特に今井さんには、初対面のわたくしとのたった二言、三言の会話でこの本がいかに感動的で重要であるかを直感的に感じ、翻訳出版をその場で迷うことなく決心してくださったことに心から感謝したいと思います。

2003年7月

荒木美穂子

■著者

イアンラ・ヴァンザント Iyanla Vanzant

ヨルバ教の聖職者であると同時に、自己発見、自己啓発、ヒーリングに関する数々のベストセラー本の著者。インナービジョンズ・スピリチュアルライフ・メインテナンス・ネットワークの創始者・理事長として、全米でワークショップ、セミナー、レクチャーを開催。弁護士、ラジオのトーク番組のホスト役を経て、現在は機能不全家族、虐待、貧困という自身の生い立ちの経験を活かし、インスピレーションあふれる愛と癒しのメッセージを世界に伝えている。彼女はすべての人に、自分を見つめ、自分を笑い、自分のために泣き、自分を癒すステップを歩むようにと勇気づける。そのメッセージは宇宙の法則、自己決定、魂のパワーに基づいた実践的なものである。３人の子供の母であり、孫が４人。夫のアデヤミ、猫のミスター・ココとともにメリーランド州シルバースプリングに在住。

■訳者

荒木美穂子 Mihoko Araki

チャネラー、ヒーラー。

東京都に生まれる。上智大学外国語学部を卒業。外資系会社勤務を経て、翻訳、ヒーリング関係の仕事に長らく携わる。比較宗教学、ヨガ、気功、TM、SKY (Simplified Kundalini Yoga) 瞑想、ヒプノ、スリー・イン・ワン、アバター等を学び、現在は本来の自分を思い出すための光の意識のエネルギーとメッセージを取り入れた独自のチャネリングセッションに携わる。

ホームページ http://homepage2.nifty.com/cosmic/

ある日、わたしの魂が開いた

●

2003年10月20日　初版発行

著者／イアンラ・ヴァンザント

訳者／荒木美穂子

カバー絵／ブルック・スカダー

発行者／今井博樹

発行所／株式会社 ナチュラルスピリット
〒150-0001　東京都渋谷区神宮前4-28-18-103
TEL 03-5410-7731　FAX 03-5410-7732
E-mail: info@naturalspirit.co.jp
ホームページ http://www.naturalspirit.co.jp
印刷所／株式会社シナノ

ISBN4-931449-22-0 C0010